国家双高"铁道机车专业群"系列　活页工作手册式立体化教材
——城市轨道交通车辆应用技术专业

# 列车运行管理与安全

主　编　◎　易　楠　　刘峻峰

副主编　◎　张明康　　赵　慧　　刘腾飞

西南交通大学出版社
·成　都·

### 图书在版编目（CIP）数据

列车运行管理与安全 / 易楠，刘峻峰主编. —— 成都：西南交通大学出版社，2023.11
国家双高"铁道机车专业群"系列　活页工作手册式立体化教材. 城市轨道交通车辆应用技术专业
ISBN 978-7-5643-9561-2

Ⅰ.①列… Ⅱ.①易… ②刘… Ⅲ.①列车-运行--安全管理-高等职业教育-教材 Ⅳ.①U284.48

中国国家版本馆 CIP 数据核字（2023）第 209665 号

---

国家双高"铁道机车专业群"系列
活页工作手册式立体化教材——城市轨道交通车辆应用技术专业
Lieche Yunxing Guanli yu Anquan
**列车运行管理与安全**

| 主　编／易　楠　刘峻峰 | 责任编辑／宋浩田 |
|---|---|
| | 封面设计／何东琳设计工作室 |

西南交通大学出版社出版发行
（四川省成都市金牛区二环路北一段 111 号西南交通大学创新大厦 21 楼　610031）
营销部电话：028-87600564　　028-87600533
网址：http://www.xnjdcbs.com
印刷　四川森林印务有限责任公司

成品尺寸　185 mm×260 mm
印张　19　　字数　471 千
版次　2023 年 11 月第 1 版　　印次　2023 年 11 月第 1 次

书号　ISBN 978-7-5643-9561-2
定价　54.00 元

课件咨询电话：028-81435775
图书如有印装质量问题　本社负责退换
版权所有　盗版必究　举报电话：028-87600562

# Preface　前　言

我国大中城市人口密集、资源紧缺，而城市轨道交通具有节能、环保、快捷、高效的特点，是解决城市交通拥堵问题的有效方式。随着城市化进程的进一步加快，中国的城市轨道交通建设迎来了黄金发展期。截至2020年年底，我国除港、澳、台地区外，已有四十多个城市开通并运营城市轨道交通，运营线路里程达到7 969.7 km，新增城市轨道交通运营线路36条，累计达到244条，运营车站达到4 681座。据不完全统计，2020年城市轨道交通累计完成客运量175.9亿人次。

而地铁交通的运行需要庞大的系统支持，这不仅包含电力系统、通信系统、动力系统、控制系统等，还要求具有科学、完善的安全管理体系和应急管理预案，在保证地铁基本运行的前提下，能够对地铁运行中存在的问题和隐患风险及时地排查和解决，做好事故的预防和处理，避免地铁交通系统的事故发生，一旦出现紧急情况，能够及时启动应急预案，采取高效、科学的救援行动。本书以实际工作任务为引领，编写内容包括：行车组织和安全管理基础知识，安全管理系统——ATC、BAS、FAS、PSCADA、PIS、ISCS以及城市轨道交通控制中心系统，城市轨道交通正常情况下和非正常情况下的行车组织，城市轨道交通的日常安全管理——行车、施工、消防、设备、应急五个方面的安全管理相关内容，城市轨道交通事故的处理与预防等。旨在培养学生的基本安全知识、安全技能与综合安全素质。

城市轨道交通行车组织工作是城市轨道交通运营的核心内容之一，需要在多工种的协同配合才能顺利完成，无论是站务员、车站值班员、行车调度员、列车司机还是检修等岗位，都需要掌握城市轨道交通行车组织相关知识才能胜任。本书以城市轨道交通运营企业行车、客运岗位群所需的理论知识和操作技能为主，通过岗位职业能力分析，针对行车组织工作所需的理论知识和应用技能，依次介绍行车组织的基础知识，并对运营期间的正常、非正常的行车组织做了重点介绍。

城市轨道交通是一个复杂的、技术密集型的公共交通系统，其高效运作主要依靠先进的技术设备，要保障这个"大联动机"安全、高效运营，必须依靠与之相协调的高素质的应用型人才。目前，虽然很多职业院校开设了城市轨道交通相关专业，但市场上缺乏较为系统全面的与专业岗位所需的安全管理知识及行车组织工作紧密结合的专业系列教材，为此西南交大出版社联合郑州铁路职业技术学院、郑州地铁集团有限公司，校企合作，结合教学与现场工作需要，在经过多次修改和完善后，将本书编写完成，以满足当前行业对城市轨道交通应用型人才培养的需求。

本书由易楠、刘峻峰任主编，张明康、赵慧、刘腾飞任副主编。具体编写分工如下：郑州铁路职业技术学院易楠负责编写项目三、项目六；郑州铁路职业技术学院刘峻峰负责编写项目四、项目五；郑州铁路职业技术学院张明康负责编写项目一；郑州铁路职业技术学院赵慧负责编写项目二；郑州地铁集团有限公司刘腾飞负责编写项目七；在编写过程中，易楠、刘峻峰负责设计全书框架及编写思路，易楠负责全书的资料整理工作。

本书在编写过程中参考、引用了相关专家、学者发表、出版的关于城市轨道交通安全管理与行车组织相关的文献，吸收了郑州地铁、西安地铁等城市轨道交通企业的运营资料，在此向相关作者表示衷心的感谢。

由于编写时间仓促，编者水平有限，难免存在不足之处，敬请读者批评指正，方便后续的修订完善。

编 者

2022 年 10 月

数字资源列表

| 序号 | 项目 | 任务 | 资源名称 | 资源类型 | 页码 |
|---|---|---|---|---|---|
| 1 | 一 | 一 | 轨道结构 | 三维动画 | 5 |
| 2 | | | 跨坐式单轨 | 三维动画 | 11 |
| 3 | | | 磁浮系统 | 三维动画 | 14 |
| 4 | | 二 | 道岔 | 三维动画 | 16 |
| 5 | | | 行车组织的设施设备——线路与道岔 | 微课视频 | 16 |
| 6 | | | 车站分类 | 二维动画 | 18 |
| 7 | | | 行车组织的设施设备——车站与车辆 | 微课视频 | 18 |
| 8 | | | 行车组织的信号显示 | 微课视频 | 20 |
| 9 | 二 | 一 | 列车编组 | 二维动画 | 40 |
| 10 | | | 列车交路方案 | 二维动画 | 45 |
| 11 | | | 列车折返 | 二维动画 | 45 |
| 12 | | | 列车正线运行 | 微课视频 | 48 |
| 13 | | 二 | 列车运行图要素概述 | 微课视频 | 56 |
| 14 | | | 列车运行图的编制 | 微课视频 | 59 |
| 15 | | 三 | 闭塞 | 二维动画 | 61 |
| 16 | | | 行车闭塞法 | 二维动画 | 62 |
| 17 | | | 行车闭塞法概述 | 微课视频 | 62 |
| 18 | | | 传统自动闭塞 | 微课视频 | 63 |
| 19 | | | 移动闭塞 | 二维动画 | 66 |
| 20 | | | 移动闭塞 | 微课视频 | 66 |
| 21 | | | 电话闭塞 | 微课视频 | 69 |
| 22 | 三 | 一 | ATC | 二维动画 | 72 |
| 23 | | | ATO 子系统 | 微课视频 | 73 |
| 24 | | | ATP 子系统 | 微课视频 | 74 |
| 25 | | | ATO | 二维动画 | 74 |
| 26 | | | ATP | 二维动画 | 74 |
| 27 | | | ATS 子系统 | 微课视频 | 74 |

| 28 | 四 | 一 | 联锁 | 二维动画 | 106 |
|---|---|---|---|---|---|
| 29 | | 三 | 车站接发列车作业 | 微课视频 | 120 |
| 30 | | | 接发列车作业 | 二维动画 | 120 |
| 31 | 五 | 三 | 特殊情况下的列车运行 | 微课视频 | 151 |
| 32 | | 四 | 救援列车的开行 | 微课视频 | 160 |
| 33 | 六 | 三 | 灭火的基本方法 | 二维动画 | 200 |
| 34 | | | 灭火器 | 二维动画 | 201 |
| 35 | | | 室内消火栓的操作方法 | 二维动画 | 206 |
| 36 | | | 室内消火栓系统 | 二维动画 | 206 |
| 37 | | | 干粉灭火器的使用方法 | 二维动画 | 208 |
| 38 | | | 二氧化碳灭火器使用方法 | 二维动画 | 209 |
| 39 | | | 泡沫灭火器 | 二维动画 | 210 |
| 40 | | | 火灾致死因素 | 二维动画 | 210 |
| 41 | | 四 | 触电事故 | 二维动画 | 218 |
| 42 | | | 电气安全常识 | 二维动画 | 219 |
| 43 | | | 雷电的危害 | 二维动画 | 224 |
| 44 | 七 | 三 | 消防安全 | 二维动画 | 268 |

# 目 录

## 上篇 理论篇

**项目一 行车组织与安全管理概述** ··········· 003
　　任务一　城市轨道交通的基本认知 ··········· 004
　　任务二　行车组织的设施设备 ··········· 015
　　任务三　安全管理基础知识 ··········· 022

**项目二 行车组织的基础** ··········· 034
　　任务一　运输计划 ··········· 035
　　任务二　列车运行图 ··········· 050
　　任务三　行车闭塞法 ··········· 061

**项目三 城市轨道交通安全管理系统** ··········· 071
　　任务一　列车自动运行控制（ATC）系统 ··········· 072
　　任务二　环境与设备监控（BAS）系统 ··········· 077
　　任务三　火灾自动报警（FAS）系统 ··········· 081
　　任务四　电力监控（PSCADA）系统 ··········· 086
　　任务五　乘客信息（PIS）系统 ··········· 089
　　任务六　综合监控（ISCS）系统 ··········· 093
　　任务七　城市轨道交通控制中心系统 ··········· 097

**项目四 城市轨道交通正常行车的组织办法** ··········· 104
　　任务一　正常情况下的列车运行组织概述 ··········· 105
　　任务二　控制中心的行车组织 ··········· 107
　　任务三　车站的行车组织 ··········· 116
　　任务四　车辆段的行车组织 ··········· 123

## 项目五 非正常情况下的行车组织 ···································· 136
- 任务一　ATC 设备故障时的行车组织 ···································· 137
- 任务二　车站联锁设备故障时的行车组织 ·································· 143
- 任务三　特殊情况下的行车组织 ···································· 151
- 任务四　救援列车和工程列车的开行 ···································· 159

## 项目六 城市轨道交通的日常安全管理 ···································· 171
- 任务一　行车安全管理 ···································· 172
- 任务二　施工安全管理 ···································· 186
- 任务三　消防安全管理 ···································· 195
- 任务四　设备安全管理 ···································· 217
- 任务五　应急安全管理 ···································· 239

## 项目七 城市轨道交通事故的处理与预防 ···································· 253
- 任务一　事故分类和构成条件 ···································· 254
- 任务二　城市轨道交通事故的处理 ···································· 256
- 任务三　安全事故案例分析 ···································· 260

## 下篇　实 训 篇

- 任务 1　室内消火栓的操作方法 ···································· 277
- 任务 2　干粉灭火器的使用方法 ···································· 282
- 任务 3　心肺复苏操作方 ···································· 287
- 任务 4　信号系统的模拟演练 ···································· 292
- 任务 5　编制客流计划 ···································· 293
- 任务 6　人工联锁 ···································· 294
- 任务 7　正常情况下的行车组织 ···································· 295
- 任务 8　非正常情况下的行车组织 ···································· 296

# 上篇 理论篇

# 项目一　行车组织与安全管理概述 ▶▶▶

2010年，郑西高铁通车，标志着郑州市正式进入高铁时代；2022年，作"'米'字形最后一撇"的济郑高铁（濮阳至郑州段）开通，让郑州成为全国首个被"米"字形高铁快速路网围绕的城市。

2013年，郑州地铁1号线一期芳华初绽；2022年，郑州地铁从26.2 km的"东西长龙"延伸为215.4 km的"米字+环"结构。极速飞驰的地铁，以城市为名，向美好而行。

2013年，首班中欧班列（郑州）发车；2022年上半年，中欧班列（中豫号）共计开行914班，形成了"十六站点、七口岸"的国际物流网络体系，成为丝绸之路上一张靓丽名片。

2014年，"郑州—卢森堡"国际货运航线开通，开启了郑卢"空中丝路"；2022年，郑州机场已形成横跨欧美亚三大经济区、覆盖全球主要经济体、多点支撑的国际货运航线网络。

从传统交通要道到现代综合交通枢纽，四通八达交通网的优势再造，带来的不仅是时空与观念的巨变，还有经济版图的重塑、城市人民获得感的提升。

郑州，这座昔日被火车唤醒的古都，凭借强大的交通枢纽优势，成为衔接全国和参与和世界各地经济交流的中枢之地和开放之城。

图1-1　郑州城郊线地铁与高铁交汇的场景

城市轨道交通简称城轨交通，包括地铁、轻轨、单轨、有轨电车、磁浮、自动导向轨道系统等。城市轨道交通是近代科技的产物，大多数借助封闭道路、立体交叉、自动信号控制调度系统和轻型快速电动车组等科技产品和手段，凭借其安全、快速、准时、大运量、无污染的优势在世界范围内得到快速的发展。

城市轨道交通客流具有流量大、阶段性高峰明显及变化大的特点，同时，城市轨道交通线路又具有站间距离短、车站配线少、列车交路种类多和车底出入库频繁等特点。因此，与铁路行车组织相比，城市轨道交通的行车组织有其自身的复杂性。

城市轨道交通安全管理就是通过科学的方法来保障轨道交通运营安全，是安全科学的一个分支。近年来国内外城市轨道交通事故也时有发生，严重时，造成了巨大的生命和财产损失。城市轨道交通安全管理工作越来越受到城市轨道交通运营和管理部门的重视。

本单元的主要内容为城市轨道交通系统的基本知识介绍、行车组织的相关设施设备的初步认知及安全管理基础知识介绍。

# 任务一　城市轨道交通的基本认知

### 任务描述

城市轨道交通是城市公共客运交通系统的重要组成部分，是城市大运量的客运交通工具。它包含地铁、轻轨、磁悬浮和有轨电车等多种形式，其中，地铁和轻轨较为常见。城市轨道交通不仅能够改善城市交通环境，而且对于带动城市经济发展，引导城市空间布局具有重要的作用。近年来，在党和政府的大力支持下，城市轨道交通得到快速发展，全国各大、中等城市均在规划和建设轨道交通，在当前和今后的一个较长的时期内，轨道交通都是全国各城市公共交通发展的重点。

### 任务目标

1．知识目标

（1）了解城市轨道交通系统的基本含义。
（2）熟悉城市轨道交通的分类。

2．能力目标

（1）熟悉国内外城市轨道交通的现状和发展趋势。
（2）掌握城市轨道交通的主要特征。

3．职业素养目标

（1）精益求精、严谨细致、操作规范。
（2）安全意识、协作意识、服务意识。

> 知识储备

## 一、城市轨道交通定义

关于城市轨道交通的概念并无统一标准,其表述也在不断变化。《城市公共交通分类标准》（CJJ/T 114—2007）将城市轨道交通定义为：采用轨道结构进行承重和导向的车辆运输系统,依据城市交通总体规划的要求,设置全封闭或半封闭的专业轨道线路,以列车或单车形式,运送相当规模客流量的城市公共交通方式。

《城市轨道交通技术规范》和《城市轨道交通运营管理规范》都将城市轨道交通定义为：采用专用轨道导向运行的城市公共客运交通系统,包括地铁系统、轻轨系统、单轨系统、有轨电车、磁浮系统、自导向轨道系统和市域快速轨道系统等轨道结构。

轨道结构

虽然城市轨道交通在定义上存在差异,但总体来讲,城市轨道交通系统包含以下几点通性。

### 1. 属于公共交通运输系统

城市轨道交通服务于社会大众,属于公共交通运输系统,城市内任何合法个体,均可通过购票的方式乘坐城市轨道交通。

### 2. 定位于城市交通

城市轨道交通服务于城市内部或城郊之间,主要满足城市内部日常上下班通勤、购物、探亲走访等出行需求。城市轨道交通具有大容量、准点等特点,承担了大量城市内部的交通需求,特别是日常通勤客流,对于缓解城市交通拥堵意义重大。

### 3. 必须行驶于轨道之上

城市轨道交通最基本的特点为均行驶于轨道上。在轨道上行驶,城市轨道交通往往具备较为独立的行驶路权,即该轨道上仅行驶固定的交通工具,这点使得城市轨道交通的运行能不受其他交通方式的影响,具有速度快、准点性高等特点。

## 二、城市轨道交通发展历程

### （一）国外城市轨道交通的发展

#### 1. 初步发展阶段（1863—1924 年）

1860 年英国伦敦开始修建地铁,三年后建成通车,线路长 6.4 km,世界第一条地下铁路诞生时采用蒸汽机车牵引的形式（见图 1-2）。1874 年英国伦敦首次采用盾构法施工,1890 年首次采用电力机车牵引,大大改善了地下铁道的运行环境。自此以后,英国伦敦和格拉斯哥、美国纽约和波士顿、匈牙利布达佩斯、奥地利维也纳及法国巴黎等城市先后建成地铁,城市轨道交通进入了连续发展时期。这一阶段,欧美的城市轨道交通发展较快。

图 1-2 伦敦地铁开工建设

**2. 停滞萎缩阶段（1924—1949 年）**

这一阶段发生的大规模战争及汽车工业的发展，造成了城市轨道交通发展陷入了停滞萎缩阶段。汽车凭借驾驶的灵活、便捷的特性，让汽车工业得到了快速发展。城市轨道交通因投资大、建设周期长和运营成本高，曾一度失宠。这一阶段世界上只有 5 个国家发展了城市地铁，有轨电车的发展也停滞不前，部分线路还被拆除。

**3. 再发展阶段（1949—1969 年）**

这一阶段世界各国经济开始进入飞速发展时期，汽车工业发展迅速，汽车的过度增加使城市道路异常堵塞，行车速度下降，严重时还会造成交通瘫痪，还有不断增大的石油资源消耗和造成的空气污染等问题，此时人们又开始意识到，缓解城市客运交通问题必须得依靠占地少、污染少、运力大的城市轨道交通。这一阶段很多国家的城市修建了地铁，范围也从欧洲国家扩展到亚洲国家。我们国家的第一条地铁线路——北京地铁 1 号线也是在这一阶段开始的修建。

**4. 高速发展阶段（1970 年至今）**

随着各国城市化进程的不断加快，人口高度集中、客流量不断攀升、道路交通压力增大等问题日趋严重，需要城市轨道交通高速发展以适应日益增加的客流运输需求，同时科学技术的进步也为城市轨道交通的发展奠定了良好基础。这一阶段，城市轨道交通的发展遍及世界各地，从欧洲、美洲、亚洲扩展到澳洲，从发达国家扩展到发展中国家。此外，还出现了多种其他形式的城市轨道交通，如自动导向交通系统、磁悬浮列车等。

### （二）国内轨道交通的发展

1969 年 10 月，北京地铁 1 号线试运行，成为国内第一条地铁线路。发展至今，不含港澳台地区的国内城市轨道交通的发展大致分为以下五个阶段。

**1. 以战备为目的的起步阶段（1949—1978 年）**

这一阶段，城市轨道交通的建设主要以战备目的为主，由中央政府主导建设。1953 年，北京市委首次提出修建地铁。1965年，北京地铁一期建设正式开工（见图1-3）。1969年10月1日，北京地铁一期建成通车。

图1-3　北京地铁1号线开工典礼

在起步阶段，除建设北京地铁一期工程外，还建设了天津地铁一期工程。1970年6月5日，天津地铁正式破土动工。1976年1月，天津轨道交通1号线新华路至海光寺3.6 km段试通车，天津成为继北京之后第二条建成地铁的城市。由于国家当时实行停缓建政策以及受唐山大地震的影响，相关工程被迫停建（于1981年工程重新启动）。

**2. 曲折发展阶段（1978—2003年）**

这一阶段从改革开放到2003年国务院办公厅《关于加强城市快速轨道交通建设管理的通知》（国办发〔2003〕81号）发布。随着改革开放的逐步深入和城市化进程加快，大城市交通需求剧增，导致城市道路交通供给能力严重不足，供需矛盾突出，制约了城市经济以及社会的发展。为满足城市发展需要，缓解道路交通紧张状况，政府加大了城市交通基础设施建设的投入力度，强调轨道交通对于解决城市交通问题和引导城市发展的重要性。1993年，上海地铁1号线开通运营，上海成为我国第三个开通地铁运营的城市（见图1-4）。

图1-4　上海地铁1号线开通运营

受当时经济发展水平和国家财政状况影响，中央政府担心全国各地出现地铁建设一哄而上的局面，1995年12月国务院办公厅发布《关于暂停审批城市地下快速轨道交通项目的通知》（国办发〔1995〕60号），提出必须严格控制城市快速轨道交通的发展，除北京、广州和上海外，其余城市暂停建设。2002年10月国务院办公会议决定冻结各城市地铁立项，国内城市轨道交通的发展经历了一段曲折的过程。这一阶段，北京、上海、广州、大连、长春等城市轨道交通相继建成，但基本以单线为主。

### 3. 规范发展阶段（2003—2008年）

这一阶段从2003年国办发81号文件到2008年发生全球金融危机结束。根据2003年9月国务院办公厅通知要求，对城市轨道交通的建设进行严格控制，人口规模、交通需求和经济水平成为衡量一个城市能否建设轨道交通的三大基本要素，缺一不可，确立了"量力而行、规范管理、稳步发展"的建设方针，明确提出项目申报要报国家发改委（国务院）批准。在此阶段，北京、上海、天津相继开辟了城市轨道交通新线运营，深圳、武汉、南京、重庆等城市轨道交通相继首次开通。

### 4. 快速发展阶段（2008—2018年）

该阶段是我国城市轨道交通发展的黄金时期，我国城市轨道交通进入快速发展的新时期，城市轨道交通运营规模、客运量、在建线路长度都创历史新高，城市轨道交通系统制式结构多元化。这一阶段，除已开通轨道交通运营城市继续开辟新线外，许多城市首次开通轨道交通运营，如沈阳、成都、佛山、西安、苏州、杭州、昆明、哈尔滨、郑州、长沙、宁波、无锡、青岛、兰州、南昌、福州、东莞、南宁、合肥、石家庄、珠海、贵阳、厦门、乌鲁木齐等。

### 5. 有序发展阶段（2018年至今）

2018年6月，国务院发布《关于进一步加强城市轨道交通规划建设管理的意见》（国办发〔2018〕52号），强调要坚持"量力而行、有序推进，因地制宜、经济适用，衔接协调、集约高效，严控风险、持续发展"的原则，标志着国内城市轨道交通行业步入有序发展阶段。

截至2021年年底，我国（统计数据不含港澳台地区）共有50个城市开通运营城市轨道交通，线路数量为283条，运营里程共计9 206.8 km，其中上海、北京、广州、成都、武汉、杭州等城市轨道交通运营线路里程位居前列。

## 三、城市轨道交通类型

依据《城市公共交通分类标准》（CJJ/T 114—2007），城市轨道交通主要有地铁系统、轻轨系统、有轨电车、单轨系统、磁浮系统、自动导向轨道系统和市域快速轨道系统七种制式。城市轨道交通的不同制式具有各自的特点和适用性，制式的选择方面，要与功能定位和环境条件相适应。本节主要介绍常见的几种城市轨道交通形式。

### 1. 地铁系统

"地铁系统"是"地下铁道交通系统"的简称（Metro，underground railway 或 subway），

指在城市中修建的快速、大运量、以电力牵引、采用钢轮钢轨的轨道交通系统。它的线路通常设在地下隧道内（见图1-5），也有的在城市中心以外地区从地下转到地面或高架桥上。城市地铁一般采用双线运行，正线最大坡度一般为3‰，最小曲线半径一般为300~400 m，轨道较多采用焊接长钢轨，混凝土整体道床。

图1-5 郑州地铁

地铁有以下特征：

（1）全部或大部分线路建于地面以下。国外许多城市的地铁在市中心区时，车站和区间线路均设于地下，当线路延伸到近郊时，常采用高架或路堤的修建形式，以节约线路建设的投资费用。

（2）建设费用大、周期长、成本回收慢。新建地铁线路投资为一般每千米3 000~10 000万美元；一般建造一条地铁线路约需10~15年，成本回收约需20~30年。

（3）行车密度大、速度高。由于线路全隔离全封闭，可以实现行车调度、信号控制的自动化，行车间隔最短达1.5~2 min，车辆最高时速达80 km以上，旅行速度不低于35 km/h。

（4）客运量大。单向每小时最大客运量可达3万~8万人次，这对于大城市中心区客流高峰期乘客的疏通十分有效。

（5）地铁列车的编组数决定于客运量和站台的长度，一般为4~8辆。站台长一般为100~200 m，站间距一般为0.5~1.5 km。车辆按有、无动力装置可分为动车与拖车，一般列车采用动车与拖车混合编组的动车组，并为电力驱动。

（6）地铁车辆的基本类型为A型车、B型车、C型车三种，每种车型的车辆宽度、长度、轴重也都不一样。

（7）地铁车辆对消音减振和防火均有严格要求，要求既安全又舒适。

（8）受电的制式主要有直流750 V第三轨受电或直流1 500 V架空线受电弓受电。对于发车频率高、列车取用电流大的线路，受电额定电压一般采用1 500 V，以利于减少线路电压降和电能损失，加大牵引变电站的距离，提高列车再生制动的电能回收率。

地铁具有运量大、速度快、正点率高、安全舒适等特点，适用于客流密集、大中城市中心区域的骨干线路。

## 2. 轻轨系统

轻轨系统是一种中运量的轨道交通系统，采用钢轮钢轨体系，主要在城市地面或高架桥上运行，线路采用地面专用轨道或高架轨道，遇繁华街区也可进入地下或与地铁接轨，如图1-6所示。

图1-6 大连轻轨

城市轻轨交通有以下特征：

（1）它是以钢轮和钢轨为车辆提供走行的一种交通方式，通过电力为车辆提供牵引动力，可以采用直流、交流或线性电机驱动。

（2）轻轨的建设费用要比地铁少得多，通常每千米线路造价仅为地铁的1/2～1/5。

（3）轻轨交通的每小时单向运输能力一般为2万～4万人次，它介于地铁和公共汽车（每小时4 000人次～8 000人次）之间，属于中等运能的一种公共交通形式。

（4）轻轨线路可以为地面、地下和高架混合型，一般与地面道路完全隔离，采用半封闭或全封闭专用车道。在通过交叉路口处，采用立体交叉形式，以保证车辆以较高速度运行。

（5）轻轨交通对车辆和线路的消音和减振有较高要求。采用弹性车轮、空气弹簧、自导向和迫导向径向转向架等措施，以减轻列车运行和通过曲线时的噪声。采用无缝长钢轨线路，弹性钢轨扣件和路基弹性层，达到减少噪声和振动的传递的目的。必要时在轨道两侧设置隔音挡板。国外对轻轨车辆的噪声控制范围：车内噪声范围为67～75 dB，车速达到50 km/h时，距离车辆7.5 m处的噪声应为76～80 dB。

（6）电压制式以直流750 V，架空线（或第三轨）供电为主，也有部分采用直流1 500 V和直流600 V供电。

（7）轻轨车站分为地面、高架和地下三种形式，要根据线路位置、地形条件、行车组织要求和乘客流量来决定车站的形式和规模。

轻轨系统既免除了地铁的昂贵投资，又具有中运量、速度快、准时等特点，从我国国情来看，选择轻轨作为中等城市公共交通的主要发展对象是适当的和势在必行的。截至2019年年底，国内仅有天津、武汉、大连、长春4个城市开通运营轻轨系统，轻轨系统具有广阔的发展前景。

### 3. 有轨电车

有轨电车是由电力牵引、轮轨导向、单车或两辆铰接或多辆铰接运行在城市道路路面上，车辆与其他地面交通混合运行的低运量的城市轨道交通系统，如图1-7所示。

图1-7 大连有轨电车

有轨电车有以下特征：

（1）有轨电车与地面其他交通混合运行，遵守地面交通信号灯。

（2）小运量：是单方向高峰每小时客运量在1万人次以内的低运量轨道交通系统。

（3）速度低、通行能力低：由于路权混用，易与地面交通工具发生冲突而引起交通堵塞，隔离程度和安全性较差，准时性较差。

（4）车辆多为低地板车辆，底板面高度小于或等于350 mm，以单线运行为主，运行速度低。

有轨电车不享有专用路权，适用于低运量、中小城市的线路。1899年国内第一条有轨电车在北京建成通车，随后上海、沈阳、哈尔滨、长春、大连等城市相继修建了有轨电车，到20世纪50年代末，国内很多大中城市纷纷拆除有轨电车，仅剩长春、大连等没有完全拆除。目前，国内很多大中城市除考虑修建地下线路外，也有部分城市重新把注意力转移到地面轨道交通，截至2019年年底，国内有北京、天津、上海、广州、大连、长春等10多个城市的有轨电车还在正常运营中。

### 4. 单轨系统

单轨系统是以单一轨道来支撑或悬挂车厢并提供导向作用以实现运行的轨道交通系统，又称为独轨系统。单轨系统是一种车辆与特制轨道梁组合成一体运行的中运量轨道运输系统，轨道梁不仅是车辆的承重结构，也是车辆运行的导向轨道。

跨坐式单轨

单轨系统采用高架轨道结构，按结构形式不同主要分为两种：一种是走行装置（转向架）跨骑在轨道梁上运行的方式，其车体重心处于走行轨道的上方，称为跨座式单轨系统（见图1-8）；另一种是车体悬挂在轨道梁下方运行的形式，其车辆中心位于轨道的下方，称为悬挂式单轨系统（见图1-9）。

单轨系统有以下特征：

（1）占地面积少、空间利用率高。独轨铁路线路占地小，线路支柱占地宽度仅1~1.5 m，因此可充分利用城市空间，适宜在大城市的繁华中心区建线，对城市的景观及日照的影响极小。

图 1-8　跨座式单轨

图 1-9　悬挂式单轨

（2）建设成本低。由于独轨线路构造较简单，因此建设费用较低，仅为地铁的 1/3 左右。

（3）能适应复杂地形要求。能够实现大坡度（60‰）和小曲线半径（50 m）运行，可绕行城市的建筑物。

（4）为降低线路和站台的建设费用，一般采用轻型车辆，列车编组为 4～6 辆。

（5）独轨铁路车辆的走行装置采用空气弹簧和橡胶轮结构，并采用电力驱动，故运行噪声低，无废气产生，乘坐舒适。

（6）独轨铁路架于空中，视野宽广，具有交通运送和旅游观光的双重作用。

（7）运能较小。一般每小时单向最大客运量为 1 万～2 万人次。

（8）道岔结构复杂、笨重、转换时间较长，从而延长了列车折返时间，且独轨线路不能与常规的地铁、轻轨等接轨，一旦发生事故，救援比较困难。

2005 年，重庆轨道交通 2 号线（跨座式单轨）建成通车，重庆成为国内首个开通单轨运营的城市。发展至今，国内只有重庆（重庆轨道交通 2、3 号线）、芜湖（见图 1-10）拥有单轨系统，可见单轨系统应用范围相对有限。

图 1-10　芜湖单轨系统

### 5. 市域快轨系统

市域快速轨道系统是一种主要服务于城市郊区和周边新城、城镇与中心城区，并具有通勤客运服务功能的中、长距离的大运量城市轨道交通系统，简称市域快轨（见图 1-11）。市域快轨兼具城际交通、城市轨道交通双重属性,服务范围一般为大城市、特大城市、超大城市中心城区及其周边新城、城镇等与中心城区经济、人口交流紧密的地区,以及与城市联系密切的各城镇地区。

图 1-11 市域快轨系统

市域快轨系统有下列特点:

(1) 市域快轨列车主要在地面或高架桥上运行,必要时也可通过隧道。

(2) 运量大。市域快轨系统是一种大运量的轨道交通系统,一般不采用高峰小时客运量的概念,最大客运能力可达 50 万~80 万人次/日。

(3) 适用于城市群、城际之间的中、长距离的客运交通,线路较长,站间距较大,一般选用最高运行速度在 120 km/h 以上的快速专用车辆。

(4) 牵引动力因地制宜,可选用电气化铁路 AC 25 kV 或城市轨道交通 DC 1 500 V 的供电方式。

### 6. 自动导向轨道系统

自动导向轨道系统是一种车辆采用橡胶轮胎在专用轨道上运行的中运量运输系统。列车沿着特制的导向装置行驶,车辆运行和车站管理采用计算机控制,可实现全自动化和无人驾驶。线路形态方面,其在繁华市区采用地下隧道,在市区边缘或郊外采用高架,适用于城市机场专用线或城市中客流相对集中的点对点运营线路。

自动导向轨道系统适用于大坡道和小曲线半径线路,采用橡胶车轮,噪声低,安全性好,占地面积小,建设费用比地铁低,是一种既节省人力,又节省费用的有轨快速客运系统。

自动导向轨道系统的车辆外形类似于公共汽车,采用电力驱动、橡胶轮走行,并设有专用的导向轨导向。车辆的导向方式有两种:一种是导向轮导向(见图 1-12),另一种是虚拟轨道导向(见图 1-13),通过在地面上设置好导向标线,通过车载光学仪器识别地面导向标线,实现和铺设轨道一样的固定行驶线路,2019 年 12 月正式投运的四川宜宾智轨就采用的这种虚拟轨道导向。

自动导向轨道系统有下列特征:

(1) 自动导向轨道系统的车辆一般较小,车长大部分为 5~12 m,列车编组辆数也少,因此其运能相比于独轨铁路略低。

图 1-12　上海 APM 线列车　　　　　　图 1-13　宜宾智轨

（2）从日照、景观、建设成本等方面作比较，独轨铁路相比于新交通系统更为有利。

（3）自动导向轨道系统自动化程度更高，可实现无人自动运转。

（4）自动导向轨道系统导向机构简单，靠导向轮引导列车运行，维修简单方便。

### 7. 磁浮系统

磁悬浮技术源于德国，早在 1922 年，Hermann Kemper 就提出了电磁悬浮原理，并于 1934 年申请了磁浮列车的专利。进入 20 世纪 70 年代以后，随着世界工业化国家经济实力的不断增强，为提高交通运输能力以适应其经济发展的需要，德国、日本、美国、加拿大、法国、英国等发达国家相继开始筹划进行磁悬浮运输系统的开发。

磁浮系统

磁浮系统是利用电磁系统产生的排斥力将车辆在轨道上托起，利用电磁力进行导向，用直线电机驱动列车运行的新型城市轨道交通系统。磁浮系统主要由悬浮系统、推进系统和导向系统三大部分组成，如图 1-14 所示。

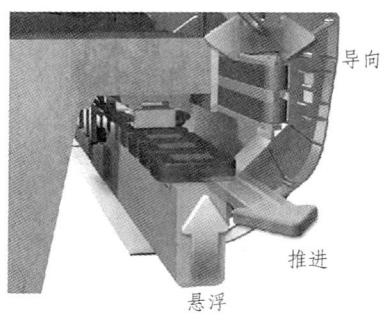

图 1-14　磁悬浮列车的悬浮、推进和导向原理

与传统机车车辆一样，磁悬浮列车属于地面有轨交通运输，具有轨道、道岔和车辆悬浮架（转向架）及悬挂系统等结构，但车辆在牵引运行时与轨道之间无机械接触，从根本上克服了传统机车车辆的轮轨黏着限制、机械噪声和磨损等问题，所以它是一种理想的陆上交通工具。

近年来，磁浮系统在国内发展迅速。2002 年，上海磁浮列车开通运营，成为全世界唯一一条投入商业运营的高速磁浮线路（见图1-15）。2016年5月，国内首条拥有完全自主知识产权的中低速磁浮线路在长沙开通运营（见图1-16）。2017年12月，北京地铁S1线开通运营，北京成为国内第3个拥有磁浮系统的城市（见图1-17）。2022年5月，我国首条旅游观光磁浮线路在湖南凤凰县建成并开通运营。2022年8月，我国首条永磁磁浮空轨"兴国号"投入使用（见图1-18）。

图1-15　上海磁浮

图1-16　长沙磁浮

图1-17　北京磁浮S1线

图1-18　永磁磁浮兴国号"空轨"

## 任务二　行车组织的设施设备

### 任务描述

城市轨道交通行车组织工作是城市轨道交通的核心工作，即在运输生产过程中，为完成运送乘客任务所进行的一系列与运输有关的工作。它担负着指挥列车运行、保证行车安全、提高运输效率等重要任务。行车组织的设施设备是指列车运行中所牵涉的各种基础设施，如线路、车站、车辆段、列车信号等。作为城市轨道交通运营管理人员，我们需要熟悉行车组织的设施设备，掌握基本的运营知识。

### 任务目标

1. 知识目标

掌握主要行车设备的概念、分类及功能。

### 2. 能力目标

熟知道岔的组成、车辆段的功能以及固定信号的显示意义。

### 3. 职业素养目标

（1）精益求精、严谨细致、操作规范。
（2）安全意识、协作意识、服务意识。

**知识储备**

## 一、线路

（一）基本概念

线路是列车运行的基础，它是一个由路基、桥梁、隧道建筑物和轨道组成的整体工程，是所有行车线路的总称。线路主要由路基、桥隧建筑物和轨道三部分组成。

行车组织的设施设备
——线路与道岔

路基指的是按照路线位置和一定技术要求修筑的作为路面基础的带状构造物，是铺设轨道的基础，它直接承受轨道传递的压力，并将其传递到地基。路基是用土或石料修筑而成的线形结构物，从材料上看，路基可分为土路基、石路基和土石路基三种。

桥隧建筑物是桥梁、隧道、涵洞、明渠、天桥、地道、跨线桥和调节河流建筑物等的总称。

轨道是指用条形的钢材铺成的供火车和电车等行驶的路线。轨道作为铁路线路的重要组成部分，起着列车运行时导向的作用，直接承受车轮传来的巨大压力，并把它传给路基或隧道。它由钢轨、轨枕、联结零件、道床、防爬设备和道岔六部分组成。目前，我国铁路正线轨道分为特重型、重型、次重型、中型和轻型五种类型。

道岔

道岔是使列车从一条线路转入或跨越另一条线路的连接及交叉设备。道岔表示法如图 1-19 所示，共有三种：双线表示法、中心线表示法和中心线加开通方向表示法。

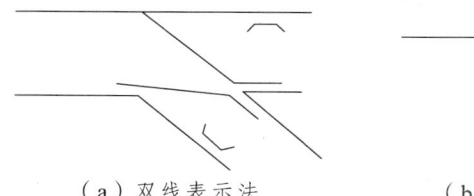

（a）双线表示法　　　　（b）中心线表示法　　　　（c）中心线加开通方向表示法

图 1-19　道岔表示法

道岔定位是指开通直股或经常开通的位置，如图 1-20 所示。道岔反位是指道岔开通侧向或不经常开通的位置。列车经过道岔时一般执行道岔呼唤的流程规范：呼唤时机为接近道岔 30 m 内并能看清道岔开通方向，呼唤内容为道岔定位或道岔反位。

顺向道岔是指使列车先经过岔心、后经过尖轨的道岔。逆向道岔则是指使列车先经过尖轨、后经过岔心的道岔，道岔结构如图 1-21 所示。挤岔一般指列车顺向经过道岔且道岔位置不正确，列车车轮挤过道岔使尖轨与基本轨分开的情况。掉道是指列车逆向经过道岔且道岔处于四开状态，车轮一个在直轨上，一个在曲轨上，由于轨距加大造成车轮脱离钢轨的情况。

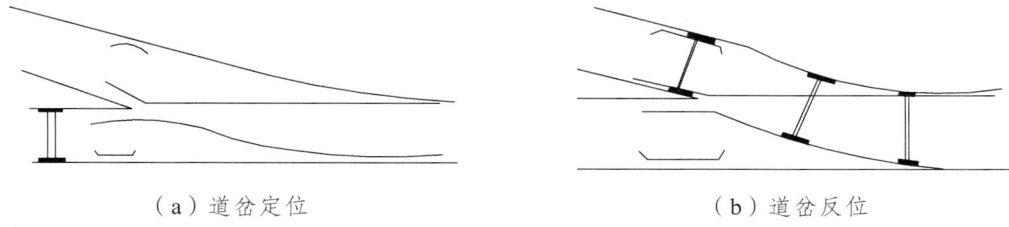

（a）道岔定位　　　　　　　　　　（b）道岔反位

图 1-20　道岔定反位

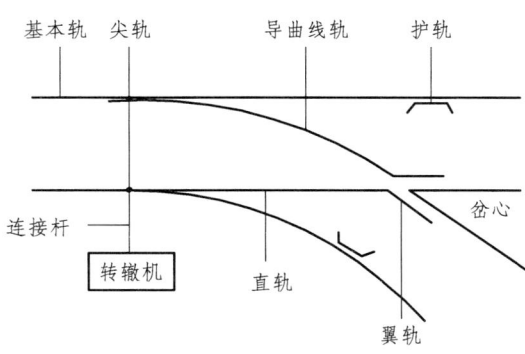

图 1-21　道岔结构

在使用过程中，一般道岔都有预先、完全、区段、单独、引导、机械及人工等几种锁闭方式。

预先锁闭是指利用控制台办理进路，信号开放，列车仍未进入接近区段；完全锁闭是指进路锁闭，列车进入接近区段时的锁闭；区段锁闭是指列车在道岔区段运行时的锁闭；单独锁闭是指使用有锁闭功能的按钮锁闭道岔；引导锁闭是指使用有锁闭功能的引导信号按钮锁闭道岔；机械锁闭是指手摇道岔时，操作到位，尖轨与基本轨密贴，转辙机锁闭道岔；人工锁闭是指手摇道岔时，转辙机故障不能锁闭道岔时，使用道岔钩锁器将道岔加锁。

（二）分类

按照线路的使用功能不同，分为正线、到发线、岔线、站线、专用线、渡线和联络线等。

（1）正线：连接车站并贯穿或直股伸入车站的线路。正线分为区间正线和站内正线（站内正线兼作到发线）。

（2）到发线：用于接发列车的线路。

（3）岔线：由车站或区间分支出去的，有其他用途的线路。如在区间或站内与铁路接轨，通往路内外单位（厂矿企业、砂石场、港口、码头或货物仓库）的专用线路等。

（4）站线：是指车站内正线及指定其他用途的线路，如折返线、停车线及库线等。

（5）专用线：在区间或站（段）接轨，通向地铁以外单位的线路，且该线路未设有车站。

（6）渡线：由两个单开道岔组成的连接两条平行线路的连接设备。

（7）联络线：连接两条独立运营线的线路或正线与车辆段间的线路。

（三）线路其他情况

城市轨道交通车站的站距各有不同，一般建设在市中心的车站站距较短，最短的甚至不到 0.5 km；而建设在市郊的车站站距则可达到几千米，甚至超过 10 km。另外，一般车站站台的有效长度最小为 118 m。线路的最小曲线半径一般为 150 m，正线最大坡度达到 24‰，联络线最大坡度甚至达到 30‰。

## 二、车站

（一）基本概念

1. 车　站

行车组织的设施设备
——车站与车辆

车站是城市轨道交通路网中一种重要的建筑物，它是供旅客乘降、换乘和候车的场所，应保证旅客使用方便，能安全而迅速地进出车站，并有良好的通风、照明、卫生、防火等设备，给旅客提供舒适而清洁的环境。车站应容纳主要的技术设备和运营管理系统，从而保证城市轨道交通的安全运行。

2. 分界线

分界线即隔离开列车运行的固定设备，为相邻区间或闭塞分区分界线。它包括进（出）站、防护信号机、超速防护自动闭塞的分界标及自动闭塞的通过信号机。

3. 站　界

站界即车站与区间的分界线。在单线线路上，以进站信号机机柱的中心线作为车站与区间的分界线；在双线线路上，以车站同方向的进站、出站信号机机柱的中心线作为车站与区间的分界线。

4. 站　内

将一条线路划分为若干个线段后，车站把线路划分为站内和站间区间，站内就是同一方向进站信号机至出站信号机之间的线路。

5. 站间区间

站间区间为相邻两个车站间的线路，即同一方向车站出站信号机至下一个车站进站信号机之间的线路。

（二）车站分类

（1）按站台形式不同，可分为岛式、侧式和混合式三种。
① 岛式站台：线路在两边，站台在中间。
② 侧式站台：线路在中间，站台在两边。
③ 混合式站台：即岛式、侧式兼有的形式。

车站分类

（2）按车站作业性质不同，可分为始发（终点）站、中间站、换乘站和折返站等。

① 始发（终点）站：即列车起始运行或终止运行的车站。

② 中间站：指办理正线接、发车及客运业务的车站，是列车运行图中经过的车站。

③ 换乘站：除办理中间站的接、发车乘降作业外，同时也是乘客换乘不同线路列车的场所。

④ 折返站：除办理中间站的接、发车乘降作业外，由于配有折返线、存车线，所以还可办理列车折返、转线作业。

### 三、车辆段

车辆段是车辆停放、检查、整备、运用和修理的管理中心所在地，主要担负着一条或几条线路的城市轨道交通车辆的停放、检查、维修、清洁和整备等任务。若运行线路较长，为了有利于运营和分担车辆的检查、清洗工作量，可在线路的另一端设停车场，负责部分车辆的停放、运用、检查和整备工作。当技术经济合理时，也可以两条或两条以上线路共设一个车辆段。城市轨道交通除车辆保养基地以外，尚有综合维修中心、材料总库和职工技术培训中心等基地，有条件时，尽量将它们与车辆段规划在一起。车场可为正线运行列车提供各类运营保障与服务，确保正常的运营秩序，也可为运营相关人员提供后勤保障与服务。

#### 1．车辆段的主要业务

（1）列车在段内调车、停放，进行日常检查、一般故障处理和清扫洗刷。

（2）车辆的技术检查、月修、定修、架修和临修试车等。

（3）列车回段折返与乘务司机换班。

（4）段内设备和机具的维修及调车机车的日常维修。

（5）紧急救援抢修队和设备。

#### 2．车辆段的主要设施

车辆段的常见设施设备包括线路、信号进路和控制设备、运转日常管理及各类机电设备、检修设备、列车存放库和其他辅助设备。

（1）停车场车辆段应有足够的停车场地，以确保能够停放管辖线路的回段电动车辆和工程车辆。

（2）车辆段内须设检修库，包括架、定修库和月修库；列检作业应在列检库或停车库（线）进行。

（3）洗车设备在车辆段内一般安装自动洗车机，用于完成自动清洗、喷淋及去污等洗车作业。

#### 3．运营管理用房及其他设施

根据运营管理模式的要求，多数运营单位在段内设有相应的办公室，包括乘务队办公室、运转值班室、信号值班室、乘务员备乘休息室和内燃机工程轨道车司机休息用房等。段内还应有设备维修车间，负责段内的动力设施及通用设备维修作业。在车辆段内还有测试列车综合性能的试车线和存放内燃机车、工程车的车库，以及机关办公楼与其他服务设施等。

## 四、列车和列车信号

### （一）列车与车辆

#### 1. 基本概念

（1）地铁车辆：即完成地铁运输工作的工具，是行车组织工作的直接对象。

（2）车组：即连接在一起、走向相同的两辆以上的车辆。

（3）列车：车组组成的动车组配上乘务员和列车标志就成了列车。

（4）轨道车：即轨道设备维修、大修、基建等施工部门执行任务的主要运输工具。

#### 2. 编组

城市轨道交通车辆一般可按有无动力装置分为动车和拖车两类。城市轨道交通动车的受电方式有两种：第三轨受流和受电弓。按有无驾驶室分为带驾驶室车和不带驾驶室车两类，用"Tc车"表示是有驾驶室的拖车，用"Mp车"表示是带受电设施的动车，用"M车"表示是不带受电设施的动车。通常1辆"Tc车"加1辆"Mp车"加1辆"M车"即能组成一个车辆单元，两个车辆单元组成一列六编组的地铁列车。车辆连接顺序略有差异，比如某市地铁1号线车辆连接顺序为"Tc—Mp—M—M—Mp—Tc"，另一市地铁4号线车辆连接顺序为"Tc1—M1—M3—Tc3—M2—Tc2"。

每个城市每条线路动车组编组可能不同。比如某市地铁1号线、2号线按全动车设计，6辆为一固定编组。另一市地铁分为带驾驶室的拖车（A型）、无驾驶室带受电弓的动车（B型）和无驾驶室不带受电弓的动车（C型）三种。6节时既可按"A—B—C—C—B—A"编组，也可以编成"A—B—C—B—C—A"，各节车辆之间均互相贯通，以方便乘客流通。当为8节编组时，既可以编成"A—B—C—B—C—B—C—A"，也可以编成"A—B—C—C—B—B—C—A"。

### （二）信号显示

#### 1. 基本概念以及信号种类

铁路信号是指用特定的物体（包括灯）的颜色、形状、位置，或用仪表和音响设备等向铁路行车人员传达有关机车车辆运行条件、行车设备状态以及行车的指示和命令等信息。铁路信号广义上是指保证铁路行车安全的技术和设备；狭义上是指用于向行车人员指示行车条件的符号；也可以是铁路上信号显示、联锁、闭塞设备的总称。

行车组织的信号显示

信号按声光方式不同，分为视觉信号和听觉信号；按动静方式不同，分为移动信号（手信号属于移动信号）和固定信号；按设置位置不同，分为车载信号和地面信号；按使用时间不同，分为昼间信号、夜间信号和昼夜信号。

（1）视觉信号：以信号的颜色、形状、位置和显示数目来表达某种意义。如信号机、信号灯、信号牌、信号表示器、信号标志、火炬及信号旗等。

（2）听觉信号：以不同器具发出的音响及其响的长短和次数等表达某种意义。如列车鸣笛、车内蜂鸣器和电铃发出的声响。

（3）移动信号：当线路发生故障或在站内及区间进行施工临时禁止列车驶入时，应在所有可能来车的方向一端设置移动停车信号牌进行防护，要求开来的列车立即停车。

（4）手信号：即用信号灯、信号旗或徒手显示的信号。手信号分为列车手信号（用以指挥列车运行时使用的手信号）调车手信号（仅在调车工作中，由调车指挥人员指挥调车作业时使用的手信号）和联系手信号三种。

（5）固定信号：安装在某一固定的位置，长期起作用，来指示列车运行和调车工作的信号，如地面信号和机车信号。

**2. 信号显示制度**

地铁一般采用三显示加一个防护区段的显示制度。列车占用后，除用红灯显示来防护有车占用区段外，再增加一个红灯防护区，即红、黄、绿的显示制度。

（1）正线的固定信号。

① 黄灯——允许通行，进路上的道岔开通侧向。

② 绿灯——允许通行，进路上的道岔开通直向。

③ 红灯——禁止通行，列车须在该信号机前停车。

④ 黄灯+红灯——引导信号，允许列车以不超过规定的速度越过该信号机，并随时准备停车。

（2）车辆段与停车场的固定信号。

进车场时：

① 黄灯——允许进车场，前方进路道岔开通侧向。

② 绿灯——允许进车场，前方进路道岔开通直向。

③ 红灯——禁止越过，列车须在该信号机前停车。

④ 黄灯斗红灯——引导信号，允许列车以不超过规定的速度越过该信号机进车场，并随时准备停车（有的城轨公司引导信号为红灯+白灯）。

出车场时：

① 黄灯——允许出车场，前方进路道岔开通侧向。

② 绿灯——允许出车场，前方进路道岔开通直向。

③ 红灯——禁止越过，列车须在该信号机前停车。

④ 黄灯+红灯——引导信号，允许列车以不超过规定的速度越过该信号机出车场并随时准备停车。

⑤ 红灯——停车，禁止列车越过该信号机。

⑥ 白灯——允许列车越过该信号机调车。

（3）车载信号。

车载信号如图1-22所示。

（4）手信号。

手信号行车人员应严格遵守手信号的指示。

（5）信号标志牌。

在轨道旁设置有关信号标志牌，如停车标、接近车站预告标、限速标、鸣笛标和一度停车标等，以提示驾驶员有关注意事项，确保行车安全，驾驶员须严格执行。

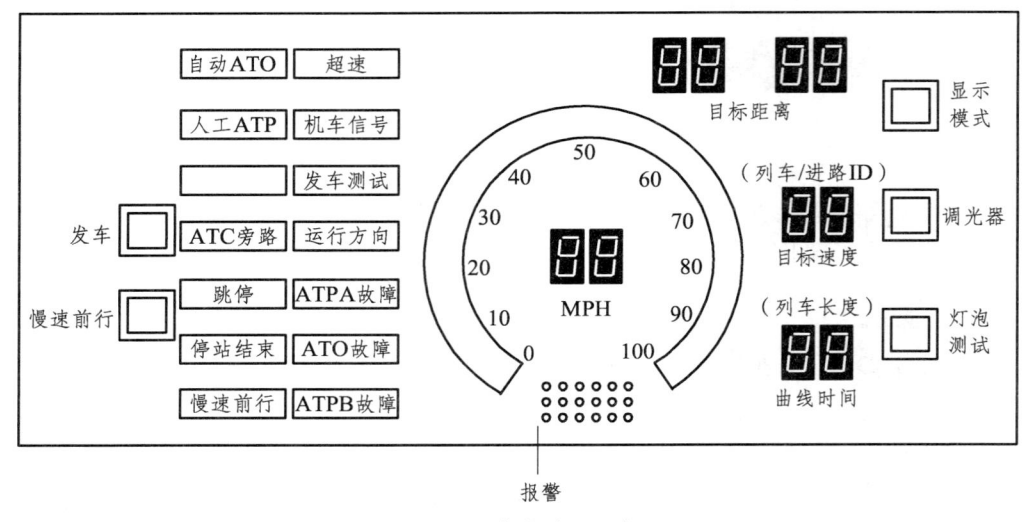

图1-22 车载信号面板

# 任务三　安全管理基础知识

### 任务描述

目前，城市轨道交通系统的公共安全问题已被世界各国纳入国家安全战略研究的范畴。城市轨道交通安全管理就是通过科学的手段和方法，对城市轨道交通系统中的人、设备和环境进行合理的管理，消除轨道交通系统中的安全隐患，防患于未然，将轨道交通事故扼杀在萌芽阶段，这对于提高城市轨道交通的安全性具有重要意义。

### 任务目标

1. 知识目标

（1）理解城市轨道交通安全管理的必要性、特殊性和重要性。
（2）掌握安全生产的"五要素"。

2. 能力目标

熟悉城市轨道交通企业安全管理的基本方法并能在实践中灵活运用城市轨道交通安全管理的原则和手段。

3. 职业素养目标

（1）精益求精、严谨细致、操作规范。
（2）安全意识、协作意识、服务意识。

> 知识储备

## 一、安全管理的必要性

城市轨道交通的快速发展，为缓解城市拥堵起到极大作用。然而随着运营规模的扩大和运营里程的增长，城市轨道交通中的运营事故也越来越多。例如：2009年12月27和28日长春轻轨连续发生两起运营事故，27日11时31分，长春轻轨两列列车发生追尾，造成46人受伤，其中两人伤势严重，28日16时20分，轻轨三期工程施工现场发生火灾，幸运的是未造成人员伤亡；2009年12月22日，上海地铁1号线上海火车站发生两列列车侧向冲撞事故，造成1节车厢脱落，幸运的是没有造成人员伤亡；2011年9月27日，上海地铁10号线发生两列列车追尾事故，造成40余人受伤。

城市轨道交通的快速发展，带来了更多的安全隐患，安全必须始终放在运输生产的首要位置，容不得半刻松懈。"安全第一，预防为主"是我国城市轨道交通系统运营的安全管理方针，因此，运营安全管理工作是城市轨道交通管理的重中之重。

### 1. 城市轨道交通运营安全影响重大

由于城市轨道交通行业的快速发展，其承担的客运量在城市公共交通中所占的比重越来越大，所以城市轨道交通运营过程中一旦发生事故，影响的乘客群体也是庞大的，且目前城市轨道交通为网络化运营模式，在此情况下，所发生的事故将影响到全线乃至全网络，危害性较大的事故必然对整个城市的地面交通造成较大压力，甚至影响到整个社会的和谐稳定。例如，1995年的日本东京地铁毒气事件，日比谷线、千代田线、丸之内线3条线路的5节车厢均遭受毒气危害，导致13人死亡，约5 500人中毒，影响极其恶劣。

### 2. 城市轨道交通运营安全涉及面广

城市轨道交通运营涉及车辆、供电、通信、信号、机电设备、线路、员工、乘客以及周边社区环境等诸多因素，涉及面极广，其中任一环节出现问题，都有可能造成轨道交通运营事故，进而影响运输安全。此外，轨道交通承载的乘客是城市交通客流的重要组成部分，一旦轨道交通出现事故停运，其应承担而无法承担的客流必然对路面交通产生不可估量的影响。

### 3. 城市轨道交通运营风险较大

城市轨道交通系统站点多且分布广，如北京、上海等，其城市轨道交通几乎分布在城市各个角落。城市轨道交通一天的运营时间一般达到20 h，运营时间较其他交通方式更长，加之城市轨道交通行车密度较高、承载负荷较大，因此，城市轨道交通的运营风险更大，其运营安全更应受到重视。

## 二、安全管理的意义

城市轨道交通安全管理的意义是多方面的，保障运营安全，既是对运输生产者自身生产质量的要求，也是社会赋予运输生产者的责任和义务。

### 1. 安全是城市轨道交通运营适应经济和社会发展的先决条件

城市轨道交通作为一种新型公共交通方式，在城市的公共交通系统中起到了重要作用。它更好地解决了城市传统交通方式（如道路交通）所存在的运量不足、污染严重和道路拥堵等一系列问题，为城市居民出行带来了极大的便利。

随着城市的发展，城市的人口聚集能力不断提高，对于城市交通的需求量也越来越大，同时为了保证城市的可持续发展，必须注重交通的集约性、经济性和环保性等特性。城市轨道交通具有运量大、成本低和污染小等特点，使其成为城市未来发展必然选择的工具，可见城市轨道交通的建设是城市未来发展的先决条件。

城市轨道交通的发展对于带动城市经济发展的作用显著，轨道交通车站沿线的房地产、商业开发为城市经济发展带来了动力，同时也为城市的空间再布局起到了引导作用。因此，城市轨道交通的建设是城市适应经济发展的先决条件。

### 2. 安全是城市轨道交通运营服务最重要的质量保证

城市轨道交通运营的根本任务是将乘客安全及时地运送到目的地，其本质为运输生产，所以保证乘客的安全是运输生产的首要任务。运输生产质量包含安全工作质量，两者交互作用，互为因果。安全第一，质量第一，两个第一并不矛盾。安全第一是从保护生产因素的角度提出的，而质量第一则是从关心产品成果的角度强调的。

### 3. 安全是城市轨道交通运营各项工作质量的综合反映

城市轨道交通线网复杂，车站数量多，分布密集。城市轨道交通运营系统由车务、车辆、工务、机务和电务等专业部门组成，犹如规模庞大的联动机，不停在运转，作业环境复杂，项目繁多，情况多变。安全工作贯穿于运营生产全过程，涉及每个作业环节和人员，任何的差错和失误都会影响生产安全。因此，安全是城市轨道交通运营各项工作质量的综合反映。

### 4. 安全是城市轨道交通事业又好又快发展的重要保证

加快城市轨道交通运营事业又好又快发展，必须要有一个稳定的运营安全局面。安全形势不稳、不断发生事故，势必打乱运营秩序，扰乱总体部署，分散工作精力，社会舆论也会反应强烈，城市轨道交通事业就处于被动状态，发展也就失去了重要前提和基础。例如，在城市轨道交通运行控制技术改进方面，在确保电话闭塞安全的前提下，改进为固定闭塞，再在固定闭塞安全运营的前提下，改进为移动闭塞。"7·23"甬温线事故的发生，就导致了高铁降速运行，影响了技术的进步。因此没有稳定的安全形势，就很难发挥城市轨道交通运营高效快捷的优势，其发展必然受阻。

### 5. 安全是法律赋予城市轨道交通运营的义务和责任

为保证城市轨道交通运营的良好秩序，于2018年7月1日施行《城市轨道交通运营管理规定》。

《城市轨道交通运营管理办法》专门设置了第三章"安全管理"，对城市轨道交通安全管理的责任和义务做了明文规定，具体条文如下所述。

第十五条　城市轨道交通运营单位应当依法承担城市轨道交通运营安全责任，设置安全生产管理机构，配备专职安全生产管理人员，保证安全生产条件所必需的资金投入。

第十六条　城市轨道交通运营单位应当按照反恐、消防管理、事故救援等有关规定，在城市轨道交通设施内，设置报警、灭火、逃生、防汛、防爆、防护监视、紧急疏散照明、救援等器材和设备，定期检查、维护，按期更新，并保持完好。

第十七条　城市轨道交通运营单位负责城市轨道交通设施的管理和维护，定期对土建工程、车辆和运营设备进行维护、检查，及时维修更新，确保其处于安全状态。检查和维修记录应当保存至土建工程、车辆和运营设备的使用期限到期。

第十八条　城市轨道交通运营单位应当组织对城市轨道交通关键部位和关键设备的长期监测工作，评估城市轨道交通运行对土建工程的影响，定期对城市轨道交通进行安全性评价，并针对薄弱环节制定安全运营对策。

在发生地震、火灾等重大灾害后，城市轨道交通运营单位应当对城市轨道交通进行安全性检查，经检查合格后，方可恢复运营。

第十九条　城市轨道交通运营单位应当采取多种形式向乘客宣传安全乘运的知识和要求。

上述条文，分别从安全管理组织、安全管理技术、安全分析与评价等多个方面对城市轨道交通安全管理进行了规定，赋予了城市轨道交通运营单位相应的安全义务和责任。

## 三、安全生产的"五要素"

### （一）安全的定义

安全是指在生产活动过程中，能将人或物的损失控制在可接受水平的状态。换言之，安全意味着人或物遭受损失的可能性是可以接受的，若这种可能性超过了可接受的水平，即为不安全。该定义具有下述含义：

（1）这里所讨论的安全是指生产领域中的安全问题，既不涉及军事或社会意义的安全与保安，也不涉及与疾病有关的安全。

（2）安全不是瞬间的结果，而是对于某种过程状态的描述。

（3）安全是相对的，绝对安全是不存在的。

（4）构成安全问题的矛盾双方是安全与危险，而非安全与事故。因此，衡量一个生产系统是否安全，不应仅仅依靠事故指标。

（5）不同的时代、不同的生产领域，可接受的损失水平是不同的，因而衡量系统是否安全的标准也是不同的。

### （二）安全生产的定义

安全生产是指在生产过程中消除或控制危险及有害因素，保障人身安全健康、设备完好无损及生产顺利进行。在安全生产中，消除危害人身安全和健康的因素，保障员工安全、健康、舒适地工作，被称为人身安全；消除损坏设备、产品等的危险因素，保证生产正常进行，被称为设备安全。

总之，安全生产就是使生产过程在符合安全要求的物质条件和工作秩序下进行，以防止人身伤亡和设备事故出现及各种危险的产生，从而保障劳动者的安全和健康，以促进劳动生产率的提高。安全生产是从企业的角度出发，强调在发展生产的同时，必须保证企业员工的安全、健康和企业财产不受损失。

### （三）安全生产的"五要素"

安全生产是一个系统工程，要将安全寓于生产、管理和科技进步之中，要注意克服体制机制的弊端，注重源头治理，实现本质安全。在城市轨道交通运营中，应促进安全生产"五要素"的落实。

所谓"五要素"，即安全文化、安全法制、安全责任、安全科技及安全投入。安全生产"五要素"既相对独立，又是一个有机的整体，相辅相成甚至互为条件，既有宏观战略的高度，也有微观战术的深度。可以说，抓住了"五要素"，就基本上抓住了安全生产工作的要害和重点。

#### 1. 安全文化

安全文化是安全生产的根本。安全文化的最基本内涵就是人的安全意识，即加强安全文化建设，强化全民安全意识，提高全民安全素质。要把安全意识提到全社会的层面上来，使安全宣传教育深入人心，保证公民人人具有自我保护意识，真正做到警钟长鸣，居安思危，言危思进，常抓不懈。

（1）企业安全文化建设，要紧紧围绕"以人为本"这个中心，以"安全理念渗透和安全行为养成"为目标，内化思想，外化行为，不断提高广大员工的安全意识和安全责任，让"安全第一"常驻每个员工的内心。安全理念决定安全意识，安全意识决定安全行为。

（2）切实落实"安全第一，预防为主"的安全生产方针。要确立具有自己行业特色的安全生产管理原则，落实各种事故防范预案。要加强职工安全培训，确立安全生产理念。在班组园地和各科室张贴安全职责、操作规程，还可在班组安全学习会上不断向员工灌输安全知识，真正把安全文化渗透到每个职工心里。

#### 2. 安全法制

安全法制是保障安全生产最有力的武器。建立和完善安全生产法规体系是安全生产的制度保障，是生产管理和技术在安全保障上应用的制度化和标准化。从全局的角度来看，应以安全生产法作为核心，与相配套的法规、规章、制度共同形成全社会的安全法律体系；从生产经营单位来看，安全生产法规的落实和安全生产标准的规范执行，是生产经营的最基本的要求和前提条件。

（1）广为宣传以《安全生产法》为代表的关于安全生产的各种法律法规，使安全的法治精神深入人心。

（2）结合实际建立和完善安全生产的规章制度，要将那些被实践证明切实可行的措施和办法上升为规章制度，真正做到有章可循、有章必循、违章必究，体现安全监管的严肃性和权威性，使"安全第一"的思想观念真正落实到日常运输生产中。

### 3. 安全责任

安全责任是安全生产的灵魂，是安全生产法规的具体体现。安全责任制的实质是"安全生产，人人有责"。建立健全安全生产责任体系不仅要强化问责制的行政责任追究制度，还要依法追究安全事故罪的刑事责任，并随着市场经济体制的完善，强化和提高民事责任或经济责任的追究力度。

（1）政府主管部门是安全生产的监督管理主体，要切实落实地方政府监管责任，科学界定国家安全生产监督管理总局的综合监管职能，建立严格而科学合理的安全生产问责制，严格执行安全生产责任追究制度，深刻吸取事故教训。

（2）企业第一责任人要切实负起职责，制订和完善企业安全生产方针和制度，层层落实安全生产责任制，完善企业规章制度，治理安全生产重大隐患。

（3）必须层级落实安全责任，逐级签订安全生产责任书。生产责任书要有具体的责任、考核和奖罚办法。对完成责任书各项考核指标、考核内容的单位和个人应给予精神奖励和物质奖励；对没有完成考核指标或考核内容的单位和个人应给予处罚。

### 4. 安全科技

安全科技又叫作科学安全文化，它影响着安全文化的品质和功能，是实现安全生产的手段。安全是企业管理、科技进步的综合反映，安全需要科技的支撑，即"科技兴安"。

安全科技是事故预防的重要力量。只有充分依靠安全科学技术的手段，生产过程的安全才有根本的保障。

城市轨道交通企业要采用先进设施设备，并组织研究开发安全生产技术，从而要提高安全管理水平。在日常运输生产中，为提高运输效率和运输服务质量，必须加大安全科技投入，运用先进的科技手段来监控安全生产全过程。如安装闭路电视监控系统、先进列控系统、自动售票机、检票机和行车记录仪等，把现代化、自动化、信息化全部应用到安全生产管理中。

### 5. 安全投入

安全投入是安全生产的基本保障。安全是生产力，安全需要成本，安全的成本也是效益。安全生产的实现要靠投入的保障作为基础，即想要提高安全生产的能力就需要为安全付出成本。设备老化、安全设施缺失、安全人才的匮乏等，安全隐患无处不在。隐患不除，永无宁日。要建立企业、地方、国家多渠道的安全投入机制，并加快技术改造，消除安全隐患。

安全投入包括两个方面的内容：一是资金投入，二是人才投入。

（1）要按规定从成本中列支安全生产专项资金，用于改善安全设施，更新安全技术装备、器材、仪器、仪表以及其他安全生产投入，以保证生产经营单位达到法律、法规、标准规定的安全生产条件，实现最关键的本质安全。本质安全是指在设备、设施和安全生产过程中，能够从根本上防止事故发生的功能。

（2）城市轨道企业一方面通过招聘安全管理和城市轨道专业人才，提高公司安全管理队伍的素质以及技术水平，为实现公司安全和谐发展打下坚实的基础。另一方面，企业应创造机会让安全工作人员参加专业培训，组织安排他们到安全工作搞得好的单位参观、学习、吸取经验。

## 四、城市轨道交通安全管理原则

加强安全管理的目的是在安全生产过程中,通过对人员、设备、材料、作业过程、环境等因素的有效管理,提高现场自控能力,实现安全管理的目标。

### (一)安全管理原则

**1. 以人为本的原则**

以人为本的安全管理包括两方面的内容:一是城市轨道交通服务关系到千百万乘客的生命安全,确保乘客和员工的人身安全是重中之重;二是要把安全管理的压力和职工的主人翁地位统一起来,注意关心职工的正当权益和合法诉求,尽可能满足职工的合理需求。

**2. 抓生产必须管安全的原则**

抓生产必须同时管安全,这体现了生产和安全的辩证关系以及安全生产的重要性。企业要达到安全生产的目的,就必须要坚持"五同时",即在计划、布置、检查、总结、评比生产的同时,必须要有安全生产的内容。企业的生产、技术、物资、财务以及党、政、工、团等部门的工作范围内,都必须有保证安全生产的工作内容。

**3. 坚持教育与惩罚相结合的原则**

实行奖惩制度,把思想工作同行政、经济手段结合起来。在奖励上,坚持精神鼓励与物质奖励相结合;在处罚上,坚持以教育为主、惩教结合的原则,行政处分和经济处罚可以一并进行。

**4. 防微杜渐的原则**

从生产实践来看,小事故发生的频率远远高于较大事故、重大事故、特别重大事故。"抓小防大"就是不放过任何小事故和事故苗头,其目的在于防止大事故的发生。对已发生的事故,要如实汇报,组织按照"四不放过"的原则(事故原因不查不放过、事故责任者得不到处理不放过、整改措施得不到落实不放过、事故教训不吸取不放过)对事故进行调查分析,制定防范措施,严肃认真处理。

**5. 责、权、利统一对等的原则**

加强班组安全管理,保持班组安全的长期有序可控,首先,要保证班组责、权、利的统一和对等,明确班组在安全生产中的地位和作用。同时,要确定统一考核标准,规范工作流程,奖罚分明。

### (二)安全管理关键

**1. 落实干部逐级负责制**

逐级负责制实行谁主管谁负责,旨在落实分工负责,主要针对领导班子;谁分管谁负责,旨在落实专业负责,主要针对车间和机关干部;谁的岗位谁负责,旨在落实岗位负责,主要针对广大职工。对安全问题,按其性质实行分层管理:车站领导班子主要控制超前性、关键性、倾向性和具有全局性的问题；安全室主要负责前沿性、基础性、达标性的问题；班组主要负责岗位性、随机性问题。

**2．实施安全百日考核**

安全百日考核包括公司大百日考核，车站、班组百日考核和个人岗位百日考核。实施的目的是要将安全工作的要求落实到每个车站、班组和岗位。

**3．细化干部的工作标准**

解决干部队伍中工作标准不高、安全责任落实不到位的症结。

（1）着力强化干部的责任意识。重点强化在安全工作上没有"局外人"的责任意识。

（2）狠抓干部的管理标准。要求各科室、各班组必须克服工作不细、作风不实、标准不高、管理不狠、责任不明、政令不畅、考核不严、奖惩不当的倾向。

（3）努力克服官僚主义、形式主义、老好人主义及经验主义。

**4．严格职工的作业标准**

（1）深入开展标准化活动。对全公司各工种的作业标准进行补充修订完善后，下发给职工，要求背熟，使每项作业符合标准要求，并按标准用语进行作业的联系对话。对职工背标、用标的熟练程度进行考核。

（2）规范表格及簿册的填写。将车站、班组的表格、账册、调度命令的规范样式及填写要求统一印发给班组，安全管理干部每到一岗点必须查看表格及簿册的填写内容并签字确认。

## （三）安全管理内容

（1）乘客安全：保证乘客在车站和旅行中不发生人身和财产安全事故。

（2）职工安全：通过改善劳动条件和采取一系列措施，保证职工在生产过程中的健康和安全。

（3）行车安全：它是衡量生产和管理水平的重要标志，对城市轨道交通企业具有特殊重要的意义。如果行车发生任何差错和事故，会直接关系到乘客安全，影响企业声誉和城市交通，影响国民经济发展。

（4）设备安全：保证运输安全运行的物质基础，必须管好、用好、养护好设备。

（5）防火安全：在站内和列车运行途中，不发生任何火灾事故。

（6）意外事件：防止进出站口因拥挤造成人身伤亡事故，防止站内、列车上坠落物伤人等。

# 五、城市轨道交通安全管理手段

由于城市轨道交通自身的特点，其安全性已越来越受到广大公众的密切关注。因此，及时有效地分析轨道交通运营安全及故障原因，制订相关对策及处理措施，对改善城市轨道交通运营的安全现状，预防事故发生和降低事故损失都具有重要的意义。对于轨道交通来说，做好安全生产工作是一项重要的政治任务，这关系到国家和人民的生命财产安全，关系到和谐社会的构建，其安全管理的手段主要体现在"防、治、控、救"。

## （一）防止事故发生

预防事故发生，必须牢固树立"安全第一，预防为主"和"隐患险于明火、防范胜于救灾"的思想。

### 1. 开展公众安全宣传教育，推进轨道交通安全文化建设

大力开展公众安全宣传教育，积极推进建设运营安全文化，努力提高全体职工和乘客的安全意识。通过各种方式，宣传"安全第一，预防为主""以人为本、安全至上"的安全理念，大力营造"关爱生命、关注安全"的氛围，将城市轨道运营安全管理中的"全员"概念延伸至"全民、全社会"，致力于建造"安全型社会"，从而确保运营安全。

### 2. 加强员工培训，提高处理突发事件能力

对每个有不同岗位要求的工作人员而言，高质量地完成本岗位的工作要求，是保证轨道交通系统安全高效运营的关键。因此，必须加强工作人员的业务素质和道德培养。对于运营关键岗位，尤其是乘务、站务、调度这种关键性操作岗位，员工业务水平的高低直接影响地铁运营安全，通过开展对此类岗位的各种业务比武、知识竞赛、岗位操作资格证年审等活动，增强关键岗位的业务能力和应急处理经验，对于保证轨道交通安全运营关系重大。总之，重视员工培训是实现安全运营的基础和条件，是安全运营的成功经验之一。同时要定期进行安全教育，教育内容主要包括：安全思想教育（安全生产方针、政策、重要意义、劳动纪律、作业纪律、各项规章制度和典型事故案例教育）、安全生产技术知识教育和事故应急处理教育。

### 3. 充分依靠科技成果，加强硬件设备的安全防范措施

采用科学技术成果是城市轨道交通安全生产工作的重要保障。从设备角度考虑，可以增强机械设备的安全系数。比如：采用先进的阻燃材料、使用安全屏蔽门以减少因为拥挤而失足落下站台的危险、采用防滑花岗石防止因滑倒而导致的事故、增加车站和列车上的安全监测和预防设施、自动售票机（AFC）、防灾报警系统（FAS）等。

## （二）治理安全隐患

"治"是治理，即检查、整顿、消除安全隐患和不安全因素。

### 1. 完善城市轨道交通安全标准体系

目前我国城市轨道交通建设与管理的安全标准尚未完善。根据我国城市轨道发展的情况，应尽快修改和完善影响城市轨道交通系统安全的有关车辆、消防、报警、监控、通风、排烟和应急照明等的设计规范，建立轨道交通安全技术标准和安全检查规范，补充完善安全设计、安全施工、安全运营，提高规划设计和施工的安全标准，以提高城市轨道交通整体安全水平。建立防火、防爆等安全防范与应急措施。

### 2. 加强对城市轨道交通运营企业的安全评估工作

开展对企业的安全评估工作是强化企业安全管理的基础，是保障城市轨道交通企业安全运营的重要措施。有关部门应尽快制定和实施《城市轨道交通运营企业安全评价标准和办法》，

并以此为依据，开展企业安全评估工作。对评估中发现的问题要立即整改。对需要一段时间整改的要制订计划、落实责任、限期整改，并确保按期完成。要将评估报告和处理意见报送当地政府，以督促有关部门对事故隐患的整改，提高城市轨道交通运营企业的安全管理水平。

### 3. 加强日常管理和检查，加大查处力度

在日常工作中，要加强对员工作业情况的检查。可以通过日常检查和定期检查相结合、专项检查和综合检查相结合的方式，来检查员工是否按作业标准工作，要杜绝违章违纪现象，及时发现隐患并加以整改。在城市轨道交通中，乘客跳轨、携带危险品等都会对运营安全带来较大隐患，工作人员和公安必须对此加大查处力度，及时对此类行为进行阻止，设置安全栅、门，严禁"三品"上车。

### 4. 通过"6S"管理减少安全隐患

"6S 管理"是指企业在运营安全管理工作中，及时开展整理（Seiri）、整顿（Seiton）清扫（Seiso）、清洁（Seiketsu）、素养（Shitsuke）和安全（Security）的活动，是企业行之有效的现场管理理念和方法，其作用用是：提高效率，保证质量，使工作环境整洁有序，以预防为主，保证安全。6S 的本质是一种执行力的企业文化，强调纪律性的文化，不怕困难，想到做到，并力争做到做好，作为基础性的 6S 工作落实，能为其他管理活动提供优质的管理平台。

通过 6S 管理活动，对现场进行全面的规范和排查，从"人、机、料、法、环"各个方面深入查找不安全的活动场所、设备和不安全环节，对于与安全有关的操作、作业场所、作业过程进行必要的目视化提示与警示，对重要的操作进行现场目视化指引，通过划分管理区域和确定管理责任人等措施，让员工一开始就养成事事"讲究"的习惯，减少因现场混乱或误操作造成的故障或事故。

## （三）控制不安全因素

"控"就是控制，即控制各种隐患和不安全因素、控制突发事件和运营风险。

### 1. 实时监控措施

城市轨道交通运营公司必须具备专业的维修保养业务监督验收能力。通过诸如工作进度表、工作总结会议和年审会议，对外包活动进行适时的调整和监控，包括总结合作经验、制订改进方案等复杂的工作。保持和稳定双方良好的合作，达到避免风险，实现双赢的目标。

### 2. 依据 ISO 9000 质量控制体系，严格执行并提高管理水平

为确保系统处于良好的运营状态，为乘客提供安全、舒适的出行环境，对安全管理工作应实行目标化管理，即"人员配备专业化、业务技能熟练化、设备管理规范化、设施运营正常化、日常养护制度化、事故救援快捷化、安全管理目标化、安全服务人性化"。同时，依据 ISO 9000 质量体系，制订安全管理工作控制程序并严格执行。

### 3. 保持与其他单位的良好协作，控制外部因素干扰

城市轨道交通系统往往要穿越复杂的城市建筑，受到的约束条件很多。与施工单位保持

良好的协作关系,可以提前了解施工范围和内容,对侵入轨道限界的工程应及时制止和控制,以免给运营安全带来影响。通过建立警地联动机制,共保地铁一方平安。目前,国内拥有地铁的城市大都建立了相应的公安部门,地铁运营单位要加强与地铁公安的合作,充分依靠公安力量,保障地铁的平安秩序,明确联动例会制度、工作联系机制及联动应急机制,与地方供电局保持良好沟通,密切关注有关停电信息,以便及时调整运营策略。

**4. 及时有效地采取措施,将事故控制在萌芽状态**

事故发展的初期是有效控制事故、避免事故恶化的关键阶段。在事故或故障发生时,应正确及时地采取有效措施,将事故、故障控制在一定范围内,最大限度地减少损失,降低影响,防止事态恶化。

### (四)救援事故与险情

"救"是救援,即在发生险情及事故时,以最快、最有效的办法确保安全,减少损失,恢复正常,维持服务。

**1. 正确处理**

当事故和险情发生时,城市轨道交通运营人员应根据有关制度和应急处理预案,迅速做出判断和进行处理,安全疏散乘客,确保国家财产不受损失。在险情和事故排除后,应及时处理设备检修,彻底消除安全隐患。

**2. 合理调整**

在处理故障或突发事件时,运营人员应根据实际情况,合理地调整列车运营,最大限度地减少对后续列车的影响,保证运营能正常进行。调整运营的方式有很多种,如扣车、限速、反向运行、越站通过等。

**3. 及时报告**

发生险情和事故时,当事人员要及时向有关部门和领导汇报,保持信息渠道畅通。调度中心会根据实际情况做出正确判断,给予调度命令指挥行车;对于有重大影响的事件,要通过有关部门向地方政府汇报。

**4. 分析原因**

险情和事故发生后,要按照"四不放过"原则,进行及时找出事故原因,分析总结,整改隐患,完善规章制度,防止同类事故再度发生。

### 思考与练习

1. 城市轨道交通系统的含义是什么?
2. 按技术特征分类,城市轨道交通系统主要有哪些种类?
3. 城市轨道交通的主要特征是什么?

4. 简述线路的基本概念及分类。
5. 简述车站的基本概念及分类。
6. 车辆段的主要业务是什么？
7. 安全的定义及含义是什么？
8. 安全生产的"五要素"是什么？"五要素"之间的关系如何？
9. 城市轨道交通安全管理的手段有哪些？

# 项目二　行车组织的基础

2022年，中国共产党广东省第十三次代表大会选举产生了出席中国共产党第二十次全国代表大会的代表70名。其中，郑州铁路职业技术学院优秀毕业生李方方入选。李方方，2006年毕业于郑州铁路职业技术学院城轨交通车辆专业。目前为广州地铁集团运营事业总部高级客车司机，先后获得"全国技能能手"、广东省先进女职工、广州市"三八红旗手"等荣誉称号。

李方方十六年如一日，驾驶地铁列车在广州一号线穿梭来往，创造了"零事故""零风险"、安全行车超40万千米的优异成绩。她说："用心开好每一趟车是我的责任！"工作中，李方方每天重复手指口呼指令上百次，一丝不苟地确认进路、信号、道岔的安全状态，毫无怨言地坚守一线。她业务娴熟、技能精湛，在2018年的第十届全国交通运输行业"捷安杯"职业技能大赛中，她脱颖而出获得二等奖，也是唯一获奖的女司机。她倾心"传帮带"，不断将行车驾驶经验、国赛参赛心得分享给他人，带出了一支优秀的乘务新司机团队，进一步擦亮了广州地铁女子客车队"全国巾帼文明岗"的品牌形象。

图2-1　广州地铁女司机——李方方

城市轨道交通行车组织工作是城市轨道交通的中心环节,指在运输生产的过程中,为完成运送乘客的任务所进行的一系列与运输有关的工作。它担负着指挥列车运行、保证行车安全和提高运输效率的重要任务。

运输计划是根据城市轨道交通客流的特点,规定城市轨道交通线路的日常运输任务,并对如何确定车站各时段最大断面客流量、计算运营时间内各时段开行的列车数、确定行车间隔以及列车开行方案等几方面的内容进行重点分析,同时运输计划也是编制列车运行图,计算运输工作量和确定车辆运用方案的基础资料。本项目任务一将从客流计划、全日行车计划、列车运行计划以及车辆运用计划等四个方面进行概述。

列车运行图是城市轨道交通运营生产的一个综合性计划,是城市轨道交通行车组织的基础,其质量的高低直接关系到城市轨道交通系统的效益、能力和安全。本项目任务二首先介绍运行图的意义,然后对运行图的分类和运行图的基本要素进行分析,最后进行列车运行图编制理论的介绍。

行车闭塞法是用于保证列车安全运行的一种运输组织方法,它又分为站间闭塞和自动闭塞两大类。本项目的任务三主要对不同的闭塞方式进行介绍。

# 任务一　运输计划

### 任务描述

城市交通特别是大城市交通,当前面临着人员流动及道路车辆增加速度过快,道路容量严重不足导致交通堵塞、车速下降及事故频发,交通管理水平低下等问题,使市民行车难和乘车难。交通出行不便不仅成为市民工作和生活的一个突出问题,同时也制约着城市经济的发展。

城市交通问题的实质是人、车、道路三要素之间的相互制约关系在城市的不同时空中的反映,其核心是如何满足乘客广泛的交通需求,并保持优质的交通服务水平。从供给和需求的角度来看,新的道路建设降低了出行时耗,但交通变得便捷的同时,也引发了新的交通需求,经过一段时间后又会恢复到原来的拥挤状态,因此,交通需求总是大于交通供给。因此轨道交通部门还应根据实际运营中的客流状况,综合平衡运量需求和运能供给,制订合理的运输计划。

### 任务目标

1. 知识目标

(1)了解城市轨道交通客流的特点并掌握客流计划的编制方法。
(2)掌握城市轨道交通全日行车计划的编制原则。
(3)熟悉城市轨道交通的折返方式及停站原则。
(4)了解城市轨道交通车辆的运用计划。

2. 能力目标

(1)能根据客流状况,编制简单的客流计划。

（2）能根据客流状况，编制简单的全日行车计划。

3. 职业素养目标

（1）精益求精、严谨细致、操作规范。
（2）安全意识、协作意识、服务意识。

> 知识储备

## 一、编制客流计划

根据乘客的出行目的不同，城市轨道交通需求基本上可以分为两大类：工作性出行（工作、学习）和非工作性出行（购物、旅游等）。城市交通的问题也集中反映在能否满足乘客各个层次与各种性质的出行需求上。

另外，随着社会经济的发展，客流在保持较快增长的同时，也受到季节变换、节假日、大型活动和恶劣天气以及出行时段等因素的影响，所以，轨道交通部门还应掌握客流的变化特点，制定合理的客流计划。

### （一）客　流

客流是指在单位时间内，城市轨道交通线路在某个方向上通过的乘客人数。客流的概念既表明其在空间上的位移及数量，又强调了这种位移带有方向性和起讫位置。

客流是动态流，随天、时、地的变化而改变，这种变化是城市社会经济活动和生活方式在轨道交通系统的综合反映。客流变化主要体现在时间分布和空间分布两个方面。

在现代大都市中，一年内的不同季节、一周内的不同日子及一日内的不同时段，其客流分布有自身的变化规律。由于城市轨道交通线路的设置位置、站点分布及运行方向上的差异性等特点，导致了客流在空间上也存在一定的不均衡性。

#### 1. 季节性或短期性客流的变化

在旅游旺季或国家规定的法定节日，如元旦、国庆节等假期内，城市中流动人口的增加会使轨道交通线路的客流也随之增加。一般来说，节假日全天各时段客流量都较高，客流日分布曲线为全峰型，如图2-2（a）所示。而短期性客流的激增，通常是在举办重大活动的特定时间段（活动结束后）或遇恶劣天气（酷暑、大雨、台风等）时出现，客流日分布曲线为凸峰型，如图2-2（b）所示。

#### 2. 一周内每日客流量的变化

现代市民的活动规律是以工作日与非工作日为循环的。在每个工作日内，通常会出现早晚两个客流高峰，客流分布曲线为双向峰型，如图2-3（a）所示。而在双休日并不易出现早晚高峰，全日客流也往往较工作日有所减少，客流分布为平峰型，如图2-3（b）所示。

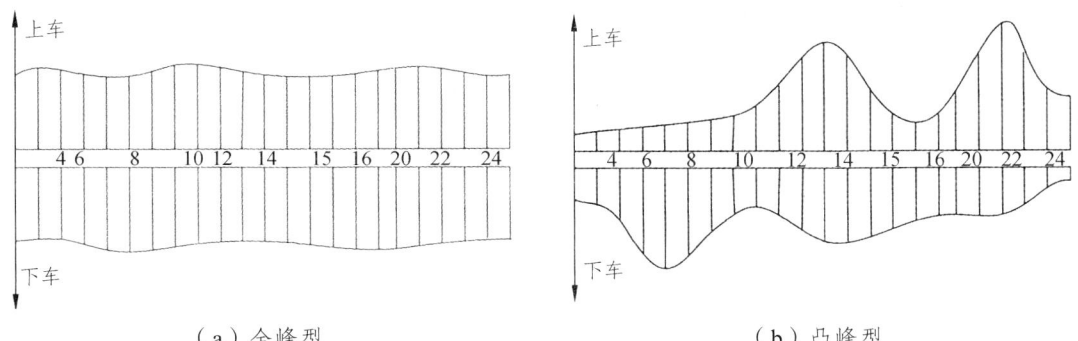

(a) 全峰型　　　　　　　　　　　　(b) 凸峰型

图 2-2　短期性客流变化曲线图

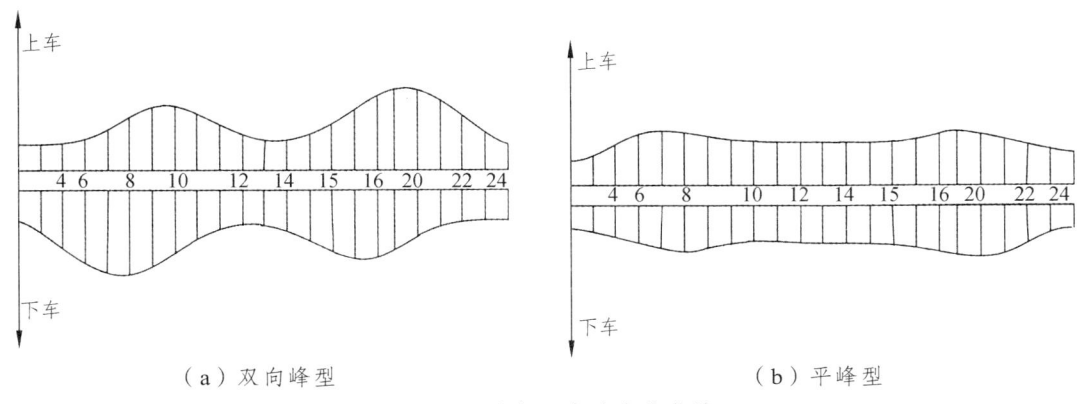

(a) 双向峰型　　　　　　　　　　　(b) 平峰型

图 2-3　一周内每日客流变化曲线图

### 3. 一日内各小时的客流变化

小时客流量随人们的生活节奏和出行规律的变化而变化。白天时段客流有多次变化起伏，一般清晨与夜间乘客最少，早晨上班和上学的时段客流达到最高峰，高峰过后渐渐进入低谷，傍晚下班和放学的时段客流进入次高峰，而后又进入低谷时段。同时客流在高峰时期的分布也是不均衡的，其间往往会出现 15～20 min 的超高峰时段，如图 2-4 所示。

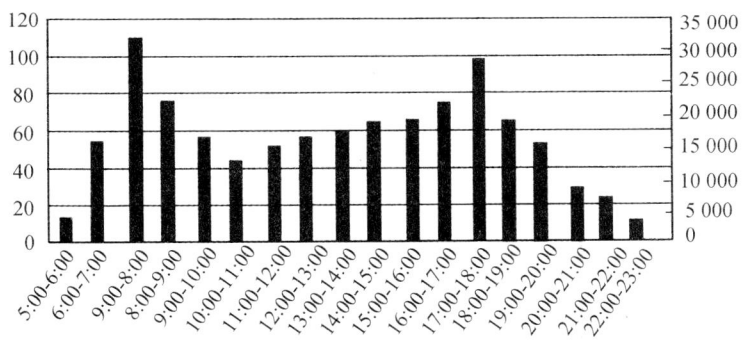

图 2-4　某城市轨道交通线路小时客流量变化

### 4. 各条线路客流的不均衡

各条线路客流的不均衡体现为不同线路的客流量差异和客流量分布的差异。包括当前客流量分布的不均衡和客流增长的不均衡两个方面。

### 5. 各个方向客流的不均衡

在轨道交通线路上由于客流的流向不同，各条线路上、下行方向的客流也是不相等的。

$$\alpha_1 = \frac{\max(A_{\max}^{上}, A_{\max}^{下})}{\dfrac{(A_{\max}^{上} + A_{\max}^{下})}{2}} \tag{2.1}$$

式中：$\alpha_1$——各个方向客流的不均衡系数；

$A_{\max}^{上}, A_{\max}^{下}$——上、下行最大断面客流量，人。

当 $\alpha_1$ 较大时，即认为出现了上、下行方向最大断面客流量不均衡。

### 6. 各车站乘降人数的不均衡

在城市轨道交通线路上，全线各站乘降量总和的大部分往往集中在少数几个车站上，居民区、商业中心及新线的开通都会使车站乘降量发生较大的变化，使不均衡性情况加剧或引发新的不均衡情况。

## （二）客流计划

客流计划是编制全日行车计划、列车开行方案和车辆运用计划的基础。对于投入运营的新线，客流计划根据客流预测资料进行编制；对于既有运营线路，客流计划根据统计资料和客流调查资料进行编制。

客流计划主要包括站间发、到客流量，各站方向上、下车人数，全日、高峰小时和低谷小时的断面客流量以及全日分时最大断面客流量等。

客流计划是全日行车计划编制的基础资料。在客流计划编制过程中，以站间发、到客流量数据作为原始资料，通过计算可以得到各站上、下车人数，继而绘制出各方向站间客流断面图，最后再分析全日分时最大断面客流量等数据。

对于高峰小时断面客流量的计算，可通过高峰小时站间发、到客流量数据，根据上述方法计算求得，也可先根据全日站间发、到客流量数据求出全日断面客流量数据，再依据各小时断面客流量所占全日断面客流量的一定比例来估算，而对于比例系数的取值，则可通过客流调查确定。

所谓断面客流量是指在单位时间内，通过轨道交通线路某一地点的客流量。其计算公式为

$$P_{i+1} = P_i + P_{上} - P_{下} \tag{2.2}$$

式中：$P_{i+1}$——第 $i+1$ 个断面的客流量，人；

$P_i$——第 $i$ 个断面的客流量，人；

$P_{下}$——在车站下车人数，人；

$P_{上}$——在车站上车人数，人。

## （三）客流计划的编制

（1）收集站间发、到客流量资料，即站间客流 OD 表（也称客流斜表）。

表 2-1 为某城市轨道交通线路某时段的站间客流 OD 表,规定由 A 到 E 为下行方向。

表 2-1　站间客流 OD 表　　　　　　　　　　　　单位：人/小时

| 到发 | A | B | C | D | E | 合计 |
|---|---|---|---|---|---|---|
| A | — | 3 260 | 22 000 | 1 980 | 1 950 | 29 190 |
| B | 2 100 | — | 21 900 | 2 330 | 6 530 | 32 860 |
| C | 5 800 | 4 900 | — | 3 220 | 4 600 | 18 520 |
| D | 5 420 | 4 100 | 3 200 | — | 4 390 | 17 110 |
| E | 1 200 | 4 320 | 7 860 | 3 420 | — | 16 800 |
| 合计 | 14 520 | 16 580 | 54 960 | 10 950 | 17 470 | 114 480 |

(2) 计算出各站上下车人数,见表 2-2。

表 2-2　各站上、下车人数统计　　　　　　　　　　　　单位：人

| 下行上车数 | 下行下车数 | 车站 | 上行上车数 | 上行下车数 |
|---|---|---|---|---|
| 29 190 | 0 | A | 0 | 14 520 |
| 30 760 | 3 260 | B | 2 100 | 13 320 |
| 7 820 | 43 900 | C | 10 700 | 11 060 |
| 4 390 | 7 530 | D | 12 720 | 3 420 |
| 0 | 17 470 | E | 16 800 | 0 |

(3) 根据各站上、下车人数,绘制客流断面图,如图 2-5 所示。

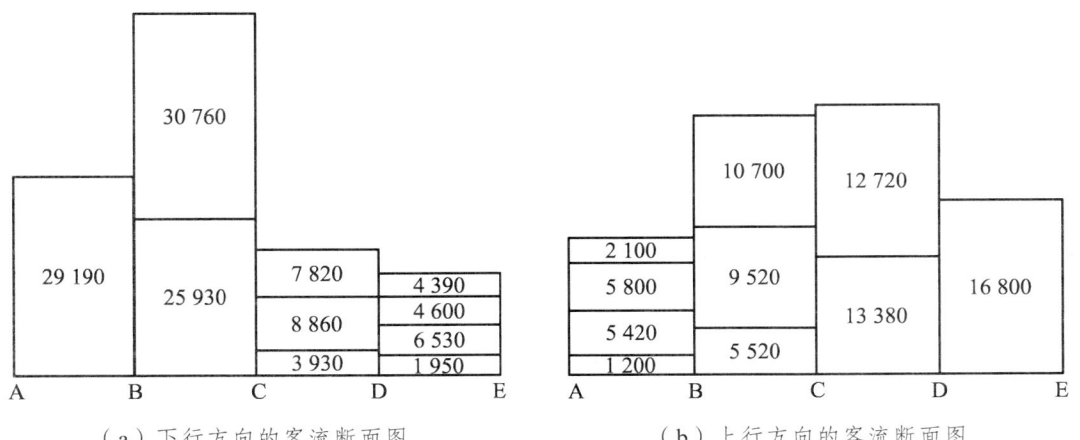

(a) 下行方向的客流断面图　　　　(b) 上行方向的客流断面图

图 2-5　客流断面图

(4) 计算出站间断面客流量数据,如表 2-3 所示。
(5) 根据图表显示找出站间最大断面客流量。从图 2-5 及表 2-3 中可直观地看出下行最大断面客流量出现在 B—C 区间,上行最大断面客流量出现在 C—D 区间。

表 2-3　各区间断面客流量　　　　　　　　　　　单位：人

| 下行 | 区间 | 上行 |
| --- | --- | --- |
| 29 190 | A—B | 14 520 |
| 56 690 | B—C | 25 740 |
| 20 610 | C—D | 26 100 |
| 17 470 | D—E | 16 800 |

## 二、编制全日行车计划

全日行车计划是城市轨道交通运营时间内各个小时开行的列车对数的计划，它规定了城市轨道交通线路的日常运输任务。全日行车计划根据运营时间内各时段的最大断面客流量、列车定员和车辆满载率以及希望达到的服务水平综合考虑编制。

### （一）全日行车计划编制资料

#### 1. 运营时间

较长的运营时间是城市轨道交通系统提高服务水平的体现。但城市轨道交通系统的运营时间因城市而异，表 2-4 是世界主要城市轨道交通系统的运营时间。运营时间的安排主要考虑两个因素：一是方便乘客，满足城市居民生活出行的需要；二是满足轨道交通系统各项设备检修养护的需要。

表 2-4　世界主要城市轨道交通系统运营时间

| 城市 | 始运时间 | 营业时间/h | 城市 | 始运时间 | 营业时间/h |
| --- | --- | --- | --- | --- | --- |
| 伦敦 | 1863 年 | 20 | 莫斯科 | 1935 年 | 19 |
| 纽约 | 1868 年 | 24 | 华盛顿 | 1976 年 | 18 |
| 芝加哥 | 1892 年 | 24 | 北京 | 1969 年 | 18 |
| 巴黎 | 1900 年 | 20 | 上海 | 1993 年 | 18 |
| 柏林 | 1902 年 | 21 | 广州 | 1997 年 | 17.5 |
| 东京 | 1927 年 | 19.5 | | | |

#### 2. 全日分时最大断面客流量

全日分时最大断面客流量通常在高峰小时断面客流量的基础上，根据全日客流分布比例图计算确定。

#### 3. 列车定员数

列车定员数是车辆定员和列车编组辆数的乘积。

车辆定员人数由车辆的座位人数和站位人数组成。站位面积为车厢面积减去座位面积之差，所以车辆定员的多少取决于车辆的类型、尺寸、车厢内座位布置方式和车门设置数。

列车编组

列车编组辆数的确定以高峰小时最大断面客流量作为基本依据,在客流量一定的情况下,可采用增加列车编组辆数或缩短行车间隔时间的措施来满足预定的运能要求,表 2-5 是部分城市的地铁公司车辆尺寸及定员情况。

表 2-5 部分城市的地铁公司车辆尺寸及定员情况

| 城市 | 洛杉矶 | 莫斯科 | 新加坡 | 上海 | 香港 |
|---|---|---|---|---|---|
| 车宽/m | 3.08 | 2.71 | 3.20 | 3.00 | 3.11 |
| 车长/m | 22.78 | 19.21 | 23.65 | 24.14 | 22.85 |
| 座位/人 | 68 | 47 | 62 | 62 | 48 |
| 站位/人 | 164 | 187 | 258 | 248 | 279 |
| 定员/人 | 232 | 234 | 320 | 310 | 327 |

**4. 线路断面满载率**

线路断面满载率是指在单位时间内特定断面上的车辆载客能力利用率。线路断面满载率通常是指在高峰小时,单向最大客流断面的车辆载客能力利用率,计算公式为

$$\beta = \frac{P_{\max}}{C_{\max}} \times 100\% \tag{2.3}$$

式中:$\beta$——线路断面满载率;

$P_{\max}$——单向最大断面客流量,人;

$C_{\max}$——高峰小时线路输送能力,人。

线路断面满载率既反映了高峰小时开行列车在最大客流断面的满载程度,也反映了乘客乘坐的舒适程度。

## (二)全日行车计划的编制

**1. 编制程序**

(1)计算运营时间内各小时开行列车数。

(2)计算行车间隔时间。

(3)对各行车间隔进行微调。

(4)最终确定全日行车计划。

**2. 编制方法**

(1)确定全日分时最大断面客流量数据。

(2)计算全日分时行车计划中开行的列车对数,其计算公式为

$$n_i = \frac{P_{\max}}{P_{列} \times \beta} \tag{2.4}$$

式中:$n_i$——第 $i$ 小时内应开行的列车数,列或对;

$P_{\max}$——该小时最大客流断面乘客数量,人;

$P_列$——列车的设计载客能力，人；

$β$——满载率，一般高峰小时可取 120%，其他运营时段可取 90%左右。

（3）计算发车间隔时间，其计算公式为

$$T_i = 60/n_i \text{（min）} \tag{2.5}$$

式中：$T_i$——行车间隔时间，min 或 s；

$n_i$——某小时内开行列车数，列。

### （三）全日行车计划编制案例

#### 1. 已知资料

某城市轨道交通线路客流资料如下：

（1）该城市轨道交通线路运营时间是 5:00—23:00；

（2）早高峰时段出现在 7:00—8:00，晚高峰时段出现在 17:00—18:00。早高峰小时客流量为 32 000 人。

（3）全日分时断面客流量分布比例如图 2-6 所示。

（4）列车编组 6 辆，定员为 260 人。

（5）线路断面满载率：高峰小时为 120%，其他运营时间为 90%。

#### 2. 编制步骤

（1）计算全日单向分时断面客流量数据。

已知该城市轨道交通线路某日早高峰小时（7:00—8:00）客流量为 32 000 人，其他时段单向客流量所占比例如图 2-6 所示，全日分时段单向最大断面客流量计算结果如表 2-6 所示。

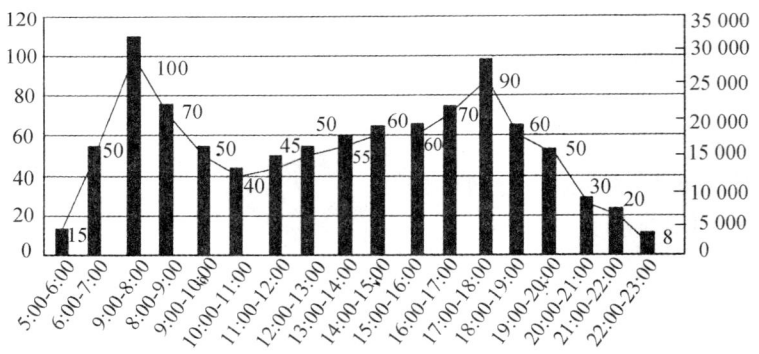

图 2-6　全日分时断面客流量分布

表 2-6　全日分时单向最大断面客流量　　　　　　　　　　　　单位：人

| 时段 | 单向最大断面客流量 | 时段 | 单向最大断面客流量 |
| --- | --- | --- | --- |
| 5:00—6:00 | 4 800 | 9:00—10:00 | 16 000 |
| 6:00—7:00 | 16 000 | 10:00—11:00 | 12 800 |
| 7:00—8:00 | 32 000 | 11:00—12:00 | 14 400 |
| 8:00—9:00 | 22 400 | 12:00—13:00 | 16 000 |

续表

| 时 段 | 单向最大断面客流量 | 时 段 | 单向最大断面客流量 |
|---|---|---|---|
| 13:00—14:00 | 17 600 | 18:00—19:00 | 19 200 |
| 14:00—15:00 | 19 200 | 19:00—20:00 | 16 000 |
| 15:00—16:00 | 19 200 | 20:00—21:00 | 9 600 |
| 16:00—17:00 | 22 400 | 21:00—22:00 | 6 400 |
| 17:00—18:00 | 28 800 | 22:00—23:00 | 2 560 |

（2）计算营业时间内各小时应开行的列车对数。

如 7:00—8:00 客流量为 32 000 人，利用公式（2.4）可计算开行列车对数应为

$$n_i = \frac{P_{\max}}{P_{列} \times \beta} = \frac{32\,000}{260 \times 6 \times 120\%} \approx 18 \text{ 对}$$

各小时列车开行对数计算结果如图 2-7 所示。

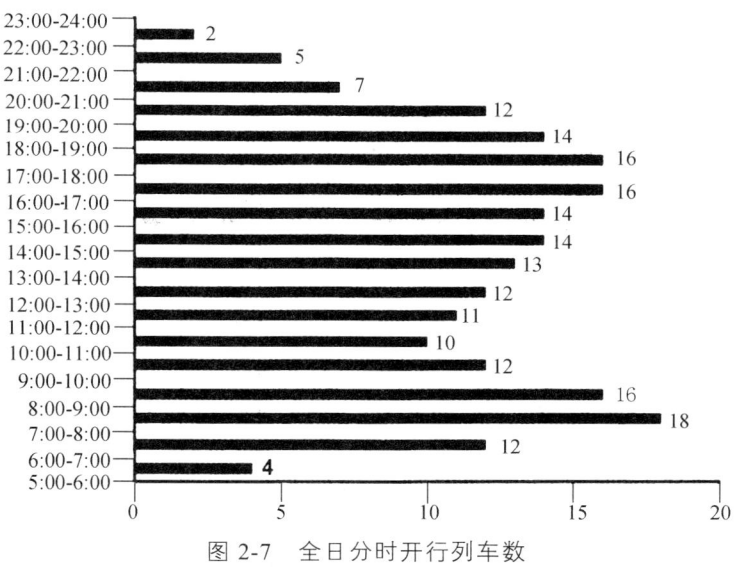

图 2-7 全日分时开行列车数

（3）计算行车间隔时间。

如在 7:00—8:00 的时间段，根据上述计算得知列车开行对数为 18 对，利用公式（2.5）可计算发车间隔时间应为：

$$T_i = \frac{60 \min}{n_i} = \frac{3\,600 \text{ s}}{18} = 200 \text{ s}$$

各时段行车间隔计算结果如表 2-7 所示。

（4）最终确定全日行车计划。

在计算出车站各时段应开行的列车对数及行车间隔的基础上，再根据城市轨道交通车站制订的服务水平进行调整。

根据客流需求确定沿线各车站的行车间隔时间可提高轨道交通服务的针对性和有效性，

从而改善轨道交通的服务质量，提高车辆运营的效率，增强对城市居民出行的吸引力。在非高峰运营时段，如果行车间隔时间过长，不但会增加乘客的候车时间，也不利于吸引客流。因此，为方便乘客并提高服务水平，可规定在 9:00—21:00 的非高峰运营时段，为保证线路服务水平，最终确定行车间隔时间标准不大于 6 min；而在其他非高峰运营时段内，最终确定的行车间隔时间标准不大于 10 min。

表 2-7　全日行车计划

| 运营时间 | 全日分时断面客流量分布比例 | 单向最大断面客流量/人 | 分时开行列车数/对 | 实际开行列车数/对 | 行车间隔/(min 或 s) |
| --- | --- | --- | --- | --- | --- |
| 5:00—6:00 | 15% | 4 800 | 4 | 6 | 10:00 |
| 6:00—7:00 | 50% | 16 000 | 12 | 12 | 5:00 |
| 7:00—8:00 | 100% | 32 000 | 18 | 18 | 3:20 |
| 8:00—9:00 | 70% | 22 400 | 16 | 16 | 3:45 |
| 9:00—10:00 | 50% | 16 000 | 12 | 12 | 5:00 |
| 10:00—11:00 | 40% | 12 800 | 10 | 10 | 6:00 |
| 11:00—12:00 | 45% | 14 400 | 11 | 11 | 5:27 |
| 12:00—13:00 | 50% | 16 000 | 12 | 12 | 5:00 |
| 13:00—14:00 | 55% | 17 600 | 13 | 13 | 4:37 |
| 14:00—15:00 | 60% | 19 200 | 14 | 14 | 4:17 |
| 15:00—16:00 | 60% | 19 200 | 14 | 14 | 4:17 |
| 16:00—17:00 | 70% | 22 400 | 16 | 16 | 3:45 |
| 17:00—18:00 | 90% | 28 800 | 16 | 16 | 3:45 |
| 18:00—19:00 | 60% | 19 200 | 14 | 14 | 4:17 |
| 19:00—20:00 | 50% | 16 000 | 12 | 12 | 5:00 |
| 20:00—21:00 | 30% | 9 600 | 7 | 10 | 6:00 |
| 21:00—22:00 | 20% | 6 400 | 5 | 6 | 10:00 |
| 22:00—23:00 | 8% | 2 560 | 2 | 6 | 10:00 |

根据这个原则，上述案例中 22:00—23:00 这一时段客流量为 2 560 人，根据计算得知应该开行的列车对数为 2，此时行车间隔为 30 min，则乘客候车时间过长。为方便乘客出行需求，最终将列车开行对数调整为 6 对，行车间隔调整为 10 min。

最后，全日行车计划中的高峰小时行车间隔时间还须经过校验检查其是否满足线路、信号以及其他设备条件等制约因素。最终确定的全日行车计划如表 2-7 所示，早高峰小时运输能力如表 2-8 所示。

表 2-8　早高峰小时运输能力

| 时间 | 20××年 | 时段 | 7:00—8:00 |
| --- | --- | --- | --- |
| 单向最大断面客流量 | 32 000 人 | 行车间隔时间 | 200 s |
| 列车编组辆数 | 6 辆 | 开行列车对数 | 18 对 |
| 列车定员数 | 1 560 人 | 单向最大运输力 | 33 696 人 |

## 三、编制行车交路计划

当轨道交通线路较长，客流分布不均衡时，通过合理而可行的交路组合来安排列车输送能力是一种充分利用有限资源和降低运输成本的有效方法。这种规定列车交路的方法与过程就是编制列车交路计划。

### （一）列车交路计划

#### 1. 列车交路计划

列车交路方案

列车交路计划是指根据运营组织的要求及运营条件的变化，按列车运行图或由行车调度指挥列车按规定区间运行与折返的列车运行计划。

#### 2. 列车折返方式

列车折返是指列车运行至固定的终点或折返站时，进入折返线路并改变运行方向的过程。折返作业是指司机驾驶列车到达终点或折返站，车站行车人员以及司机按有关规定完成折返操作的程序与步骤。列车折返方式分为站前折返、站后折返和混合折返。

列车折返

（1）站前折返。

站前折返指列车在中间站或终点站经由站前渡线进行折返作业，如图2-8所示。其中（a）（c）为列车在终点站利用交叉渡线进行站前折返，（b）（d）为列车在终点站利用单渡线进行站前折返。

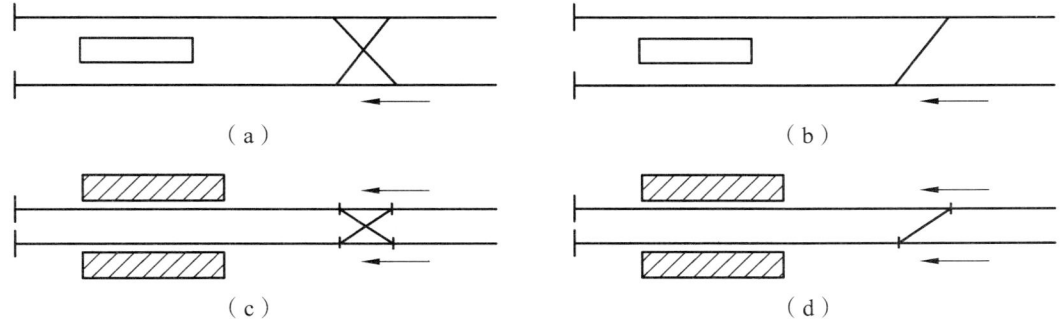

图2-8 站前折返的示意图

适用性分析：

采用侧式站台站前折返方式，道岔距离车站端部距离很近，能够保证具有较大的折返能力。如图2-8（c）所示，站前为交叉渡线时，由于列车交替使用两个股道，乘客很难选择进入哪侧站台，此种站台形式会延长乘客的候车时间。而且在客流量大时，上、下车乘客共用一站台，客流组织也比较混乱。

采用岛式站台站前折返方式，可以避免乘客选择站台，无论列车停在哪一股道，进入岛式站台的乘客都可以顺利乘车。站前道岔区和站台的距离相比于侧式车站大大增加，列车在道岔区的干扰时间长，折返能力比侧式车站低。

（2）站后折返。

由站后尽端折返线折返，如图2-9所示。其中（a）为列车在终点站利用交叉渡线进行站后折返，（b）为列车在中间站利用折返线进行站后折返。

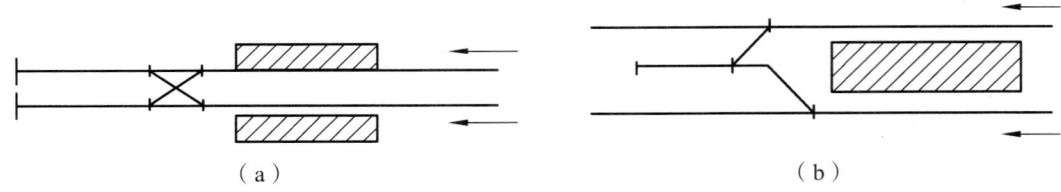

图2-9　站后折返的示意图

站后折返避免了前述的进路交叉问题，安全性能良好，而且站后折返时列车进出站速度较高，有利于提高旅行速度。一般来说，站后尽端折返线折返是国内外城市轨道交通最常见的折返方式。

（3）混合折返。

站前、站后混合布置折返线如图2-10所示。混合折返的目的是提高列车折返能力与线路通过能力，以有利于行车组织调整，适用于对折返能力要求较高的情况。

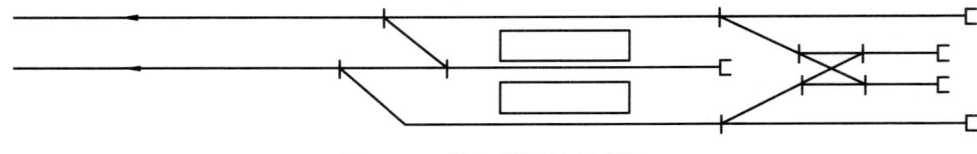

图2-10　混合折返的示意图

**3. 列车折返模式**

（1）列车自动折返（AR）模式折返。

列车自动折返（AR）模式仅在某些特定区段使用。对于站前折返，列车进入到达线站台即完成了折返作业，最后由此发车；对于站后折返，列车以允许的速度从到达线自动驾驶进入和驶出折返线，最后进入发车股道，当列车进入折返线停车时，列车自动转换前后驾驶室的控制权，原列车的后驾驶室将控制列车前进。

（2）ATP监控的人工驾驶模式折返。

ATP监控的人工驾驶模式折返时，对于站前折返，列车进入到达线站台即完成了折返作业，最后由此发车；对于站后折返，列车在司机的驾驶下从到达股道进入和折出折返线，最后进入发车股道。当列车进入折返线停车时，列车转换前后驾驶室的控制权，原列车的后驾驶室将控制列车前进。

（3）人工折返。

在某些站的存车线及其他临时列车运行交路需要的折返线路上，可按非自动转换模式折返。根据行车组织要求，可在车上安排1~2名司机。

（二）列车交路类型

列车交路规定了列车的运行区段、折返车站以及按不同列车交路运行的列车对数。列车交路计划的确定应建立在对线路各区段客流量进行统计分析的基础上,并在充分考虑行车组织与客运组织的条件,进行可行性研究后加以确定。

常见的列车交路有长交路、短交路和混合交路三种,如图2-11所示。

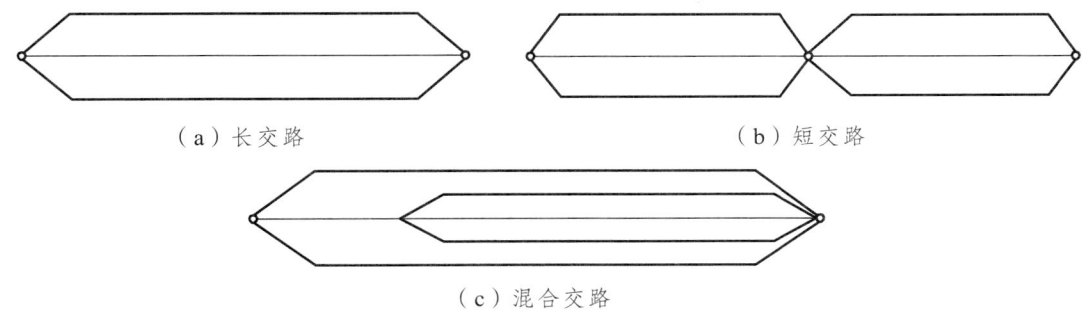

图 2-11 列车交路的类型

(1)长交路(也称大交路)是指列车在全线各站间运行,为全线提供运输服务,列车到达折返线或站后返回。

(2)短交路(也称小交路)是指列车在某一区段内运行,在指定车站折返,它可为某一区段旅客提供服务。

(3)混合交路(也称大小交路)是指线路上长短交路并存的情形。这种情况下,列车既能够在两个终点站间折返运行,也能够在中间站折返运行。

长交路具有对中间站折返线路要求不高、行车组织运行方式简单的优点,但即使不考虑区段客流量不均衡的因素,其在能否合理利用运能方面也有所欠缺。

短交路在城市轨道交通的运营组织中除特殊情况外一般不予采用。

混合交路的行车组织方式是比较经济合理的一种运行方案,特别是在区段客流不均衡程度高,造成某一区段运能不能满足运量的需要时,混合交路运营组织方式尤为适用。但采取这种方式时,行车组织相对较为复杂,同时对客运组织也有较高的要求。

站在行车组织的角度,长交路较短交路列车运行组织更简单,对中间站设备要求也不高,但在各区段客流量不均衡程度较大的情况下,会产生部分区段运能的浪费。短交路能适应不同客流区段的运输要求,运营较经济,但要求中间折返站具有两个方向的折返设备以及具有方便的换乘条件。混合交路的组织方案,既可兼顾不同出行距离乘客的需求,又能提高运营效益。

## 四、编制车辆运用计划

车辆运用计划是指在一定类型的设备和行车组织方法条件下,为完成全线全日行车计划所需要的车辆保有数量计划。车辆配备计划包括推算运用车辆数、在修车辆数和备用车辆数三部分。

### 1. 运用车

运用车是为完成日常运输任务而配备的技术状态良好的车辆,运用车的需要量与高峰小时开行列车对数、列车旅行速度以及在折返站停留时间等因素有关。列车保有量方面,可根据线路远期客流预测数据,测算远期运行行车间隔从而得出所需的运用车辆数。

（1）运用车配备计划。

运用车辆数与高峰小时开行的最大列车对数、列车旅行速度及折返站停留时间等因素有关，其计算公式为

$$N = \frac{n_{高峰}\theta_{列}m}{60} \qquad (2.6)$$

式中：$n_{高峰}$——高峰小时开行的列车对数；

$m$——平均每列车编成辆数；

$\theta_{列}$——列车周转时间，min。

列车周转时间是指列车在线路上往返一次所消耗的全部时间。它包括列车在区间运行时间、列车在中间站停留时间以及列车在折返站作业停留时间。

$$\theta_{列} = \sum t_{运} + \sum t_{站} + \sum t_{折} \qquad (2.7)$$

式中：$\sum t_{运}$——列车在线路上往返一次各区间运行时间之和；

$\sum t_{站}$——列车在线路上往返一次各中间站停站时间之和；

$\sum t_{折}$——列车在折返站停留时间之和。

（2）车辆运用过程。

城市轨道交通系统是一个复杂且技术密集的公共交通系统，它具有高度集中而协调联动的特点。而车辆运用组织系统又是这个大系统中重要的组成部分之一，它在上级运营指挥部门的统一指挥下，按照运行图完成日常的车辆运用工作。

列车运转流程指的是列车运用过程中的四个环节——列车出车、列车正线运行、列车回库收车和列车场内检修及整备作业。这些作业由车辆运用部门各个岗位协同配合共同来完成。

① 列车出车。

列车出车工作流程分为制订发车计划、出乘作业及发车作业三部分。从制订发车计划开始到列车发出结束，其中制订发车计划可分为编制下达发车计划与检修交车确认计划两个环节。出乘作业可细分为司机出勤、出车前检查和列车出库三个环节。

② 列车正线运行。

列车正线运行主要由乘务员（电动列车司机）来完成，主要工作内容包括正线运行中的信息交流及正线交接班作业。

列车正线运行

a. 正线运行中的信息交流。

（a）正线列车或其他行车设备发生故障时，司机应及时向行车调度员报告故障车次、故障时间、故障现象以及处理结果。

（b）行车调度员将故障车次/车号、故障情况及其他相关信息通报维修部门。

（c）司机除向行车调度员汇报有关故障信息外，还应将故障信息在报单上记录备案。

（d）对运营中列车因故障而导致下线的情况，行车调度员应及时通知运转值班员。

b. 正线交接班有关规定。

司机在正线交接班时应提前 20 min 至有关地点出勤，出勤方式按部门制订的相关规定执行。填写在司机报告单上的内容包括制动性能、故障情况、线路情况、当前有效调度命令及执行情况以及其他必须交接的情况。

③ 列车回库收车。

列车回库收车工作流程分为接车和回库作业两部分。其中，回库作业可细分为列车入库、回库检查及收车与司机退勤三个环节。

④ 列车检修与整备。

列车检修工作包括：列车回库停稳并按规定收车后与车辆维修部门办理车辆交接手续，运转值班员应及时与车辆维修部门办理车辆交接手续；未办理车辆交接手续的电动列车，未经运转值班员同意，检修部门不得擅自对其进行检修作业；正在进行检修作业的电动列车，未经检修负责人同意，运转值班员不得擅自调动使用。

**2. 检修车**

检修车为处于检修状态的车辆。车辆经过一段时间的运用后，各部件会产生磨耗、变形或损坏，为保证车辆技术状态良好和延长使用寿命，需要定期对车辆进行检修。车辆检修包括车辆检修级别和车辆检修周期，应根据设计性能、使用寿命以及运用环境和运用指标来确定。

检修列车数量需根据运用列车数量综合维修能力和修程修制取得，一般为运用列车数量的 10%~15%。

车辆的检修级别通常包括日检、双周检、双月检、定修、架修和大修六类，具体内容如表 2-9 所示。

表 2-9 车辆的检修级别、周期及停时

| 检修级别 | 时间间隔 | 走行里程数/km | 检修停时/h |
| --- | --- | --- | --- |
| 日检 | 1 d | — | — |
| 双周检 | 14 d | 4 000 | 4 |
| 双月检 | 60 d | 20 000 | 48 |
| 定修 | 1 a | 100 000 | 10 |
| 架修 | 5 a | 500 000 | 25 |
| 大修 | 10 a | 1 000 000 | 40 |

检修周期主要是根据设备的磨损程度和可靠性而定的，而车辆运用时间和行走里程数通常是设备磨损和可靠性的表征。因此，在实际过程中，我们将车辆运用时间和走行里程数作为车辆检修周期的确定标准。列检库如图 2-12 所示。我国目前经常采用的检修修程、周期及停修时间是在日常维修和定期检修相结合的检修制度（即预防性计划检修制度）的基础上确定的。

图 2-12 某车辆段的列检库

### 3. 备用车

备用车辆是为轨道交通系统适应可能的临时或紧急的运输任务、预防车辆故障的发生而准备的技术状态良好的车辆，如图 2-13 所示。一般来说，这部分车辆的占地可控制在 10% 左右。新线车辆状态较好，客流量不大时，备用车辆数量可适当减少。

图 2-13　某车辆段的备用车

### 4. 车辆运用计划的确定

车辆部门在正常运行结束后，应对车辆进行检查，并根据车辆的检修过程和状况，向车场的运转部门提供目前车辆的检修情况及可供使用的列车配备计划。车辆运转部门根据车辆部门提供的车辆使用计划，并综合运行图所需的上线车辆的数量和上线时间，编制车辆运用计划。

## 任务二　列车运行图

### 任务描述

列车运行图是城市轨道交通运营生产的一个综合性计划，是城市轨道交通行车组织的基础，其质量的高低直接关系着城市轨道交通系统的效益、能力和安全。请思考：什么是运行图？有哪些构成因素？如何编制列车运行图？通过哪些指标去检验运行图的编制质量，使其最终应用到实际运营中，做到经济又合理？

本任务将从列车运行图的基本概念、列车运行图的分类及符号、列车运行图的基本要素及列车运行图的编制四个方面入手进行介绍。

### 任务目标

#### 1. 知识目标

（1）了解运行图的定义和意义。
（2）熟悉运行图的分类和基本要素。
（3）掌握编组运行图的基本理论。

### 2. 能力目标

（1）能掌握运行图的图解原理。
（2）能根据资料确定站名线。
（3）能区别不同类型的运行图并能判断运行图上的不同符号。
（4）能掌握运行图的基本因素。

### 3. 职业素养目标

（1）精益求精、严谨细致、操作规范。
（2）安全意识、协作意识、服务意识。

> 知识储备

## 一、列车运行图的意义

### （一）列车运行图是组织列车运行的基础

列车运行图是利用坐标原理来表示列车运行的图解形式，它规定了各车次列车占用区间的顺序，列车在区间的运行时分和在站停车时分，列车在各个车站的到达、出发（通过）时刻，折返站列车折返作业时间等。因此，列车运行图是各项运输生产的综合计划、行车组织的基础，是协调城市轨道交通系统各部门和单位进行生产活动的重要文件，在城市轨道交通运营各部门的相互配合和协调动作上起到了重要的组织作用。

### （二）列车运行图是运行组织的一个综合性计划

城市轨道交通运营是一个整体系统，各业务部门都需要根据列车运行图所规定的要求来安排工作。如车站根据列车运行图所规定的列车到达和出发时刻，安排本站行车组织工作（如排列接发车进路）和客运组织工作；车辆部门在每天运营前要整备好运营需要的列车数，车辆运转部门要根据列车运行图的要求确定列车的出库时刻和乘务员的班次安排及倒班计划；工务、通信、信号、供电和机电等部门也要根据列车运行图的规定来安排施工计划和维修计划。因此，列车运行图是城市轨道交通运行组织的一个综合性计划。通过列车运行图，使得城市轨道交通的各部门能够协调运转，保证运输的正常进行。

综上所述，编制一张经济合理的列车运行图，有助于充分利用轨道交通设备的能力，满足各时期与各时段乘客运输的需要，使运能与运量很好地结合，既能方便乘客出行的需要，又能使企业获得最佳的经济效益，具有重要的意义。

## 二、列车运行图的识别

### （一）列车运行图的含义

列车运行图是利用坐标系原理表示列车运行的一种图解形式，它是表示列车在各站和区间运行状态的二维线条图，其能直观地显示各次列车在时间和空间上的互相位置和对应关系，如图 2-14 所示。

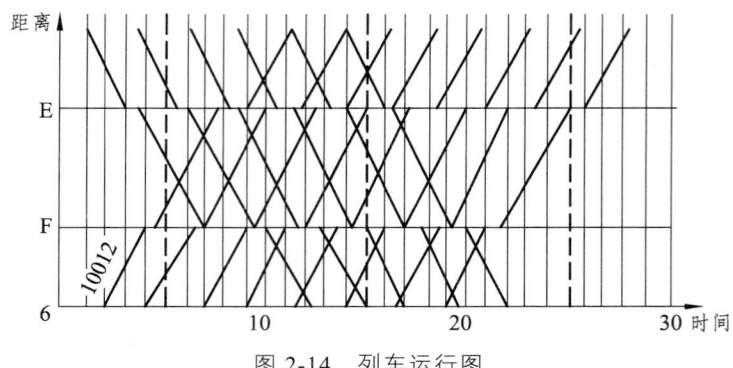

图 2-14 列车运行图

下面说明列车运行图中各部分的含义。

（1）横坐标：表示时间，按要求用一定的比例进行时间划分。

（2）纵坐标：表示距离，根据区间实际里程，采用规定的比例，以车站中心线所在位置进行划分。

（3）垂直线：一簇平行的等分线，表示时间等分段。

（4）水平线：一簇平行的不等分线，表示各个车站中心线位置，一般称为站名线。它的确定主要有以下两种方法。

① 按区间实际里程比率确定：即按照整个区段各个车站实际里程的比例来确定站名线的位置。采用这种方法，列车运行图上的站间距离能完全反映实际情况，能明显表示出站间距离的大小。但是由于各区间线路和横纵断面的不同，列车运行的速度也不相同，列车在整个区段的运行线是一条折线。这样画出来的列车运行图既不美观，也不利于发现区间运行时分上的差错，所以城市轨道交通运营企业一般不采用此种方法。

② 按区间运行时分比率确定：即按照整个区段内各车站间列车运行时分的比例来确定站名线的位置。采用这种方法，虽然不能表示出站间距的大小，但是在列车运行图上的运行线基本上是一条斜直线，这样既美观，又可以直观地发现列车在区间运行时分上的差错，因此大多数城市轨道交通运营企业采用此种方法。

（5）斜线：列车运行的轨迹，即运行线。一般以下斜线表示下行列车，上斜线表示上行列车。

（6）车次：列车运行图上每次列车都规定有自己的车次。一般来说，上斜为偶数，下斜为奇数。

其实，根据横、纵坐标所表示变量的不同，城市轨道交通所采用的列车运行图主要分为两种形式，不同的城市轨道交通运营企业会根据实际情况采用不同形式的运行图。一种是横坐标表示时间，纵坐标表示距离。目前大多数城市轨道交通的运行图都采用这种形式。另一种是横坐标表示距离，纵坐标表示时间。这时，运行图上的横线代表时间，竖线代表车站中心线。有个别的城市轨道交通运营企业采用此种类型的运行图。

## （二）列车运行图的格式

为了适应不同列车的运行需要，列车运行图按照时间划分的不同，主要有以下四种基本格式。

（1）一分格运行图，如图 2-15 所示，它的横轴以 1 min 为单位用竖线进行等分。此种运行图主要在地铁、轻轨线路采用。

（2）二分格运行图，如图 2-16 所示。它的横轴以 2 min 为单位用竖线进行等分。此种运行图主要在市郊轨道交通线路采用。

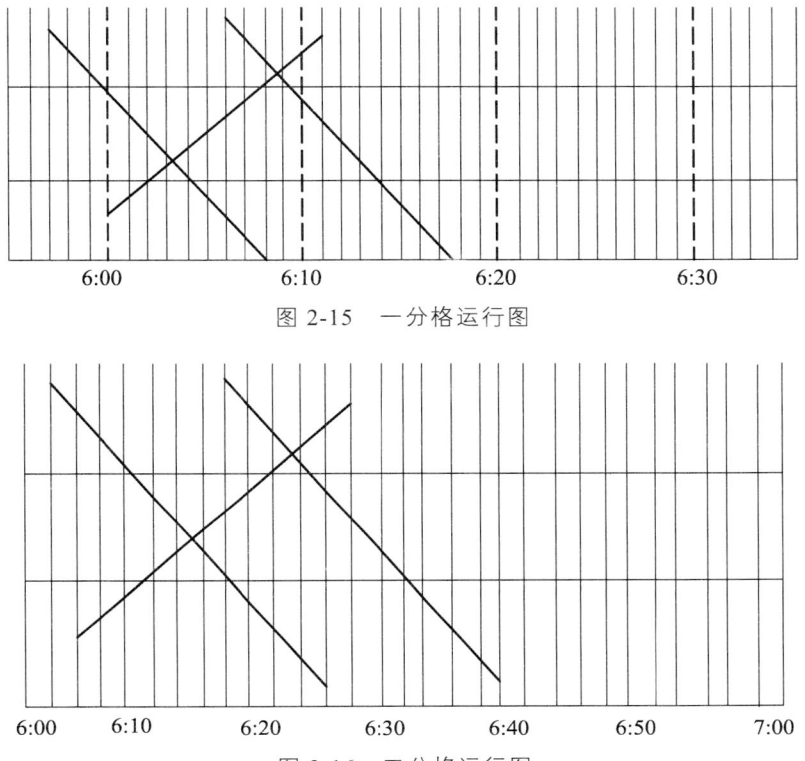

图 2-15　一分格运行图

图 2-16　二分格运行图

（3）十分格运行图，如图 2-17 所示。它的横轴以 10 min 为单位用竖线进行等分，并且须在运行图上标注 10 min 以下的数字。此种运行图主要在轨道交通运输企业采用。

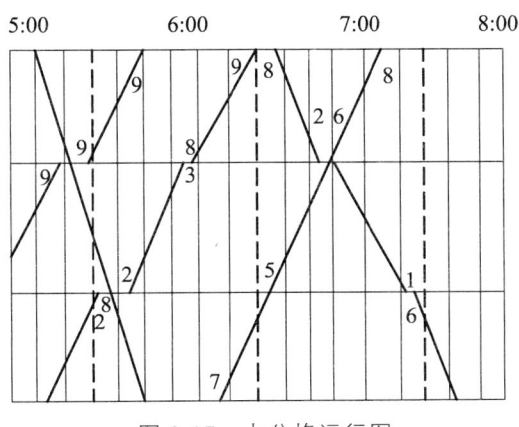

图 2-17　十分格运行图

（4）小时格运行图，如图 2-18 所示。它的横轴以 1 h 为单位用竖线进行等分，且须在运行图上标注 60 min 以下的数字。此种运行图主要在编制旅客列车方案图、车周转图时采用。

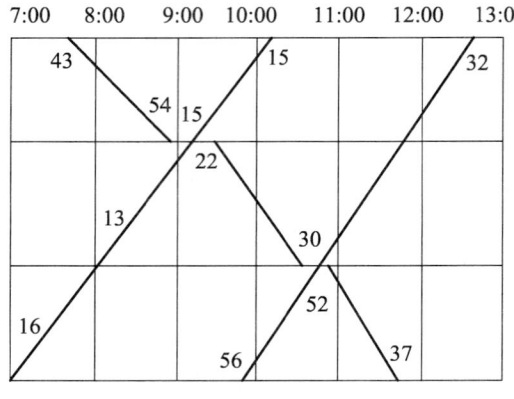

图 2-18 小时格运行图

### （三）列车运行图的分类

根据线路的技术设备、列车运行速度、上下行列车的数量及列车运行方式的不同，列车运行图可以分为不同的类型。

#### 1. 按区间正线数目不同分类

（1）单线运行图。在单线区段上、下行方向的列车都在同一正线上运行，两个方向的列车必须在车站进行交会。单线运行图多数在运量不大的市郊轨道交通上运用。

（2）双线运行图。在双线区段上、下行方向的列车分别在各自的正线上运行，两个方向的列车运行互不干扰。绝大多数地铁和轻轨都采用此种类型的运行图。

（3）单双线运行图，如图 2-19 所示。单线区段和双线区段分别按照单线和双线运行图的特点铺画运行图。

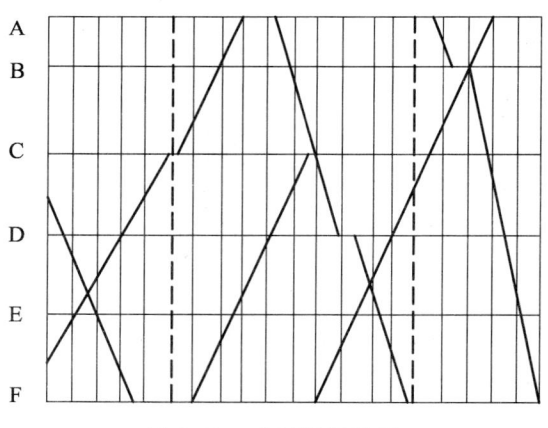

图 2-19 单双线运行图

#### 2. 按列车的运行速度不同分类

（1）平行运行图，如图 2-20 所示。在同一区段内、同一方向的列车运行速度相同，因此运行图中列车运行线是相互平行的，并且在该区段内列车无越行。一般地铁和轻轨所用运行图都是此种类型的运行图。

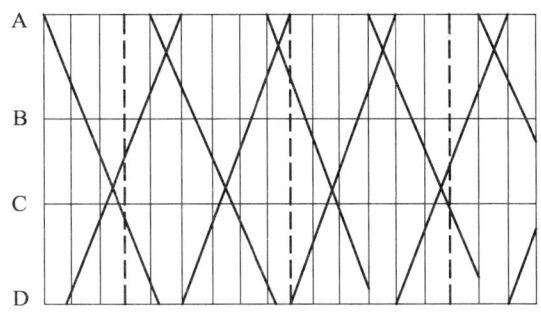

图 2-20　平行运行图

（2）非平行运行图，如图 2-21 所示。列车运行图中铺画有不同速度和不同类型的列车，因此运行图中的运行线互相不平行。在城市轨道交通系统中，市郊轨道交通会采用此种类型的运行图。

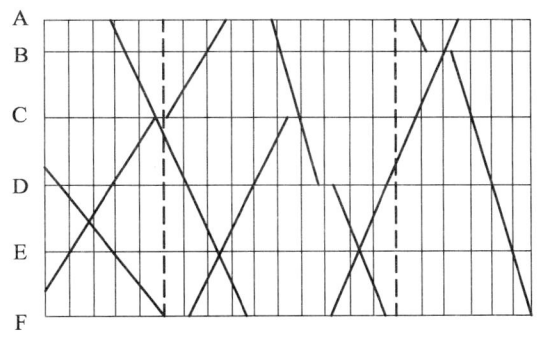

图 2-21　非平行运行图

### 3．按上下行列车数量不同分类

（1）成对运行图。在这种运行图上，上、下行两个方向列车的数目是相等的。

（2）不成对运行图。在这种运行图上，上、下行两个方向列车的数目是不相等的。

城市轨道交通上、下行列车数目基本相等，大都采用成对运行图，只有在上、下行方向运量不相等的个别阶段，才采用不成对运行图。

### 4．按列车运行方式不同分类

（1）连发运行图，如图 2-22 所示。在这种运行图上，同方向列车的运行是以站间为间隔的。在单线区段采用这种运行图时，在连发的一组列车之间不能再铺画对向列车。

（2）追踪运行图，如图 2-23 所示。在这种运行图上，同方向列车的运行是以闭塞分区为间隔的，一个站间区间内允许几列列车同时运行。目前，大多数地铁和轻轨采用追踪运行图。

以上分类，都是针对列车运行图的某一特性进行区分的。实际上，在每张列车运行图上都有若干方面的特点。如图 2-23 所示，它是双线、平行、成对和追踪的运行图。

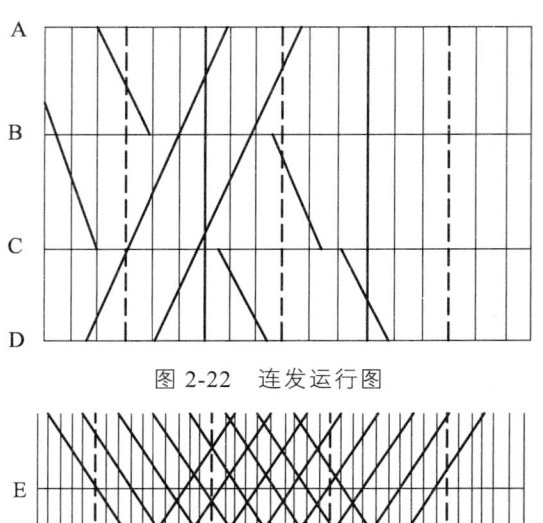

图 2-22 连发运行图

图 2-23 追踪运行图

## 三、列车运行图的基本要素

根据列车运行图的特殊性,我们可以将列车运行图分为不同的种类。而列车运行图的共性,则是组成列车运行图的各项基本要素。这些要素的实质就是把列车的运行过程按在空间或时间上衔接的特征不同划分为若干单项作业。在编制列车运行图之前,我们首先要确定这些基本要素。

列车运行图要素概述

### (一) 时间要素

#### 1. 区间运行时间

区间运行时间是指列车在两相邻车站之间的运行时间标准,它由车辆部门采用牵引计算和实际查标相结合的方法确定。

列车区间运行时间的运行距离为相邻两车站中心线之间的距离。由于上、下行方向的线路平面、纵断面条件可能不相同,所以列车区间运行时分应按上、下行方向分别查定。对于城市轨道交通而言,一般所有的车站均能办理客运作业,且编组车辆数固定,因此不需要分别查定停车与不停车的情况。

#### 2. 停站时间

停站时间是指列车停站作业(包括加减速和开、关车门)以及乘客上、下车等所需要时间的总和。

列车停站时间的长短取决于乘客乘降的需要,它与车站客流量的大小、列车车门数的多少以及车站的疏导和管理有关。

为了保证乘客的安全，车辆只有在停妥的情况下才能开、关车门。车门开、关的时间与车辆的类型有关，一般开门时间大约为 5 s，关门时间大约为 3~5 s，如果站台上采用屏蔽门设置，还要考虑屏蔽门与车门之间的时间差。

乘客上、下车的时间与乘客数量多少（主要考虑高峰期人数）、车辆车门数和宽度，站务员的疏导管理有密切的关系。统计资料显示，每位乘客上、下车约需 0.6 s。

$$t_{上下} = \frac{0.6 \times Q_{上下}}{N_{列} \times M} \tag{2.8}$$

式中：$t_{上下}$——乘客上、下车时间，s；

$Q_{上下}$——高峰小时内一个方向本站上、下车人数之和，人；

$N_{列}$——高峰小时通过本站的列车对数，对；

$M$——每列车的车门数，个。

由于乘客的上、下车人数在时间上是波动的，在各辆车内的分布也是不均衡的，因此在计算结果外尚须考虑一定的富余量。

$$t_{停站} = t_{门} + t_{上下} + \Delta t \tag{2.9}$$

式中：$t_{停站}$——每列列车在车站上的停留时间，s；

$t_{门}$——开、关门时间，s；

$t_{上下}$——乘客上、下车时间，s；

$\Delta t$——每列车适当的富余时间，s。

在停站时间的实际确定过程中，除个别客流量较大的车站外，一般车站的停站时间应控制在 20~30 s。停站时间过长不仅会降低列车运行速度，在高密度行车情况下，还会影响到后续列车的运行。

### 3. 折返作业时间

折返作业时间是指列车到达终点站或在区间站进行折返作业的时间总和。包括确认信号的时间、出入折返线的时间、办理进路时间、司机走行或换岗时间等。折返作业的时间受折返线折返方式、列车长度、列车制动能力、信号设备水平和司机操作水平等多种因素的影响。

以站后折返方式为例，当上行到达列车在折返线规定的停留时间结束后，进入下行车站正线，此时最小的折返列车出发间隔时间，可以采用下式计算：

$$t_{发} = t_{离去} + t_{作业} + t_{确认} + t_{出线} + t_{站} \tag{2.10}$$

式中：$t_{离去}$——出发列车驶离车站闭塞分区的时间，s；

$t_{作业}$——车站为折返线停留列车办理调车进路的时间，包括道岔区段进路解锁延退、排列进路和开放调车信号等各项时间，s；

$t_{确认}$——司机确认信号时间，s；

$t_{出线}$——列车从折返线至车站出发正线的走行时间，s；

$t_{站}$——列车停站时间，s。

**4. 列车出入停车场的作业时间**

列车出入停车场的作业时间是指列车从车辆停车场到达与其衔接的车站正线或返回的作业时间，可以采用查标的方式确定。

（二）数量要素

**1. 全日分时段客流分布**

即按客流的时间分布进行预测与调查分析，确定高峰和低谷时段客流量，从而对列车编组数或列车运行列数等相关因素进行合理的安排，并作为开行不同形式列车的主要依据，如区间列车、连发列车等。全日分时段客流的分布主要取决于轨道交通的运能、车站所处的交通位置及周围客流的交通需求等。

**2. 列车满载率**

列车满载率指列车实际载客量与列车定员数之比。编制列车运行图时，既要保证一定的列车满载率，使运输能力得到充分利用；又要留有一定余地，以应付某些不可预测因素带来的客流量波动，同时还要考虑乘客的舒适水平。

**3. 出入库能力**

单位时间内通过出入库线进入正线运营的最大列车数，称为出入库能力。

由于车辆基地与接入车站之间的出入库线有限，加之出入库列车进入正线受正线通过能力的影响，因此，出入库能力是编制列车运行图时考虑的一个重要因素。

**4. 列车最大载客量**

列车最大载客量是一个编制列车按车厢定员计算出的允许装载的最大乘客数，分为定员载客量和超载客量。列车最大载客量主要与采用的车辆类型及编组辆数有关。

（三）其他相关要素

**1. 与城市其他交通方式的衔接**

城市轨道交通应与其他交通方式实现有效衔接，包括大交通方面的铁路车站、港口、机场与公路交通枢纽，城市交通方式的公交系统、自行车交通和其他交通（如私家车）等，给乘客换乘提供尽可能多的方便。

**2. 与其他城市公共设施的衔接**

城市中有大量客流聚集的公共设施，如大型体育场、娱乐场所、商业中心及大型工矿企业等，这些场所经常会有短时间的大量突发客流，给城市轨道交通的正常运营带来一定的考验，造成一时的运力和人力的紧张。

**3. 列车试车作业**

检修完毕的车辆应首先在车辆检修基地的试验线上进行列车试车作业，各项指标合格后才能投入运营。有时某些项目的测试需要到正线上才能完成,此时,需要在运行图上做调整。

#### 4. 列车检修作业

经过一定时间的运营后,车辆需要进行定期的维修和保养,因此需要合理安排列车运行时间和检修时间,以保证每列车都有日常的维护保养时间,同时能使各列车的运行里程接近,达到各列车均衡使用的目的。

#### 5. 司机作息时间安排

司机的作息时间与列车交路与交接班地点、途中用餐和工时考核等因素有关,应均衡安排好司机的休班和工作时间。

#### 6. 车站的存车能力

城市轨道交通中大部分车站不设配线,没有存车能力,只有在区间个别车站或终点站设有停车线,可以存放一定数量的列车,可做日常维护用或作为备车,夜间作为停车线,以减少列车的空驶,均衡早晨的发车能力。

#### 7. 投运列车数目

列车是城市轨道交通运营的主要行车设备,是唯一的载客工具。增加投运列车数目是提高运营能力的主要措施,但绝非是投运列车数目越多越好。作为城市轨道交通运营企业,首先要考虑运营成本,才能取得较好的社会效益和经济效益,因此要经济合理地安排列车的数量。

由于高峰时段运能紧张,部分上班乘客上不去车,不仅会影响列车正常运行,也给其带来不便与困难。此时本应增加投运列车数,但车场内又无列车能够投入运营时,可以考虑采取抽调检修车投入超高峰时段运行等措施,使运能紧张的局势得到明显缓解,较好解决高峰时段上下班乘客乘车困难的问题。

### 四、列车运行图的编制

城市轨道交通客运量这几年不断增长,尤其是在轨道交通形成网络之后,客运量的增长更是日益显著,同时运输市场不断发展变化,各项新技术、新设备的使用和运输组织工作的不断改进,也使列车运行速度不断得到提高,因此,每经过一定的时期,就要重新编制一次列车运行图。

列车运行图的编制

#### 1. 编图要求

列车运行图的编制应符合以下要求:

(1) 确保行车安全。列车运行图应符合各种行车规章的有关规定,严格遵守行车作业程序和时间标准。

(2) 合理运用设备。列车运行图应充分利用线路的通过能力,达到运力与运量相匹配的目的。在满足客流需求的同时,注意提高车辆满载率和运行速度。

（3）优化运输产品。列车运行图应根据客流的特点，开行运行间隔、编组数量、站停次数和旅行速度不同的列车，以吸引客流。列车运行图应合理规定列车的到达和出发时刻，合理规划停站时间，缩短乘客出行时间。另外，应注意与其他交通运输工具的相互衔接与配合。

（4）配合站段工作。列车运行图应合理安排列车均衡交错到达换乘站，使车站作业能力比较均衡。

**2. 列车运行图的编制步骤**

列车运行图的编制由运营管理部门负责组织，大体经过以下步骤即可完成。

（1）按要求和编制目标，确定编制列车运行图时的注意事项。

（2）收集编图资料，对有关问题组织调查研究和实验。

编图资料主要有全线各区段分时班次计划，列车最小运行间隔，列车在区间计划运行时分，列车在各站的计划停站时间，列车在折返站/折返线上的折返及停留时间，列车出入车辆段的时间标准，可用列车的数量，换乘站能力及其使用计划，首班车时间和末班车时间，列车交路计划，供电系统作业标准及计划，乘务组工作制度、乘务组数量及工作时间标准，现行列车运行图执行情况分析及改进意见，沿线设备运用及进路冲突数据等。

（3）编制列车运行方案图。编制列车运行方案图是列车运行图编制工作中一项十分重要的工作。它主要为了解决以下问题：

① 方便乘客：方便乘客是衡量城市轨道交通运输企业服务水平的一个重要标志，具体表现为节约乘客时间。因此，在编制列车运行方案图时，要认真排定头班车和末班车的发、到时刻，并注意与其他交通工具的衔接配合；合理规定列车停站站名、停站时间以及列车在区间内的运行时间，以提高运行速度和减少乘客乘车时间；换乘站应安排好列车的到、发时刻，使几条线路列车合理地衔接配合，从而减少乘客在车站的换乘时间。

② 经济合理地使用车辆：在车辆不足或客流量增长较快的情况下，充分挖掘运输潜力，加速车辆周转，对城市轨道交通运输有着重大的意义。减少运用车组数可以采用适当压缩列车在折返站的停留时间，合理安排列车回段检修等方法。

③ 列车运行与车站客运作业过程的协调：在运营高峰时间，通常行车密度比较大，在采用岛式站台的车站上，如两个方向或几个方向的列车同时到达，会造成车站内的拥挤。因此，为避免车站客运组织工作出现困难，在制作列车运行方案图时，应安排不同方向的列车在车站交错到达。

④ 列车运行与车辆段有关作业的协调：在城市轨道交通中，车辆的列检作业是必须考虑的问题之一。在保证足够的作业时间的同时，也要尽可能使各个车组在列车运行图上连续运行的周期数大体均衡。

a. 征求调度部门、行车和客运部门、车辆部门意见，进行必要调整。

b. 根据列车运行方案，制作详细的列车运行图，编制列车运行时刻表。

在一分格的列车运行图上制作每一条列车运行线，即根据列车运行方案图和有关资料，详细规定列车在每个车站的到达、出发和通过时刻，以及在区间的运行时分和折返站折返时间等。在铺画详图时，可以按照需要对方案图所拟订的列车运行线进行适当的调整。

c. 编制分号运行图。为适应运量波动需要，应编制分号运行图。一般城市轨道交通列车运行图可以按照周一到周四、周五、周六、周日和十一黄金周等情况进行分号编制，以适应不同运量的需要。

d. 列车运行图编制质量的检查。列车运行图编制完成后，必须对列车运行图进行全面的质量检查，检查的主要内容有运行图上制作的列车数和折返列车数是否符合要求，列车运行线的制作是否符合规定的各项作业时间标准，换乘站的列车到发密度是否均衡，列车乘务员的工作和休息时间是否符合规定的时间标准，等等。

e. 计算列车运行图指标。通过检查确认的运行图满足规定的要求之后，还要计算列车运行图的各项指标。主要有列车列数和折返列车数、乘客输送能力、高峰小时运用列车数、全日车辆总走行千米、车辆日均走行千米、车辆全周转时间、车辆周转时间、技术速度、运行速度、满载率、列车正点率和平均运距等。

f. 将编制完毕的列车运行图、时刻表和编制说明报有关部门审核批准后执行。

### 3. 实行新图前的准备工作

列车运行图经过最后批准后，为了保证新图能够正确而顺利地实行，必须在实行新图前进行以下准备工作：

（1）发布实行新图的命令。
（2）印刷并分发列车运行图和列车时刻表。
（3）拟定执行新图的技术组织措施。
（4）组织有关人员学习新图。
（5）根据新图的规定，组织各站段修订《行车工作细则》。
（6）做好车辆和司乘人员的调配工作。

# 任务三　行车闭塞法

### 任务描述

列车运行中，除了在车站通过联锁保障安全以外，还要避免列车在区间发生冲突。为了做到这一点，当时规定同意一列车进入区间后，要保证另外一列车不能进入区间。当一列车允许进入或者已经进入后，关闭区间线路，避免后续列车进入的办法就被叫作"闭塞"。闭塞的实质是将列车间隔开来，以此避免相互冲突。

### 任务目标

#### 1. 知识目标

（1）了解闭塞的基本概念。
（2）掌握闭塞的基本原理。
（3）熟悉各种不同类型闭塞方式的工作原理。

#### 2. 能力目标

（1）能掌握移动闭塞三要素，并通过互联网搜集和了解移动闭塞的不同技术类型及在我国的应用。

（2）能掌握站间电话闭塞的使用时机，按要求规范填写路票。

3. 职业素养目标

（1）精益求精、严谨细致、操作规范。

（2）安全意识、协作意识、服务意识。

### 知识储备

## 一、行车闭塞法的概述

（一）行车闭塞法的概念

两站之间的线路称为区间，列车在区间运行，必须保证区间空闲，而且必须杜绝其对向和同向同时有列车运行的可能，即必须从列车的头部和尾部进行防护。因此，为了安全、准确、迅速和协调地完成运输生产任务，轨道交通部门在行车管理上设置了一套行车设备和相应的行车组织制度，用来控制列车的运行，这种为确保列车在区间运行安全而采取一定措施的方法称为行车闭塞法，简称闭塞。

（二）行车闭塞法的作用

控制列车之间保持一定安全距离，以保证列车的安全运行。

（三）区间行车组织的基本方法

为了保证列车的安全运行，必须将两轨道上的车辆分开。到目前为止，普遍采用的方法是隔离法。隔离法有两种形式，一种是空间间隔法；另一种是时间间隔法。在正常情况下，一般采用空间间隔法。

（1）空间间隔法就是在轨道交通正线上，每隔一定的距离设立一个车站、自动闭塞通过信号机，将正线划分为若干个区间，在同一时间里、同一空间内只准许一辆列车运行的办法。

（2）时间间隔法实际上是一种不确切的空间间隔法。即在一个区间内，用规定的时间将同方向运行的轨道车辆彼此间隔开运行，以达到轨道车辆之间的空间间隔。由于时间间隔法没有设备上的控制，容易发生人为的行车事故，安全性较差。所以，时间间隔法不能确保行车安全，原则上不采用该方法，只有在特殊情况下（如临时性地缓解列车堵塞、事故起复后的车流疏散、一切电话中断时的行车等）才采用。

（四）闭塞区间的划分

区间与站内的划分既是行车组织工作的一项重要内容，也是划定责任范围的基本依据。列车进入不同地段时必须取得相应的凭证或准许。在我国，列车占用区间的凭证通常为车站出站信号机的准许显示或目标点和速度码。

在城市轨道交通线路上，采用的闭塞方式不同，闭塞区间的划分也不相同。闭塞区间的划分分别如图 2-24、图 2-25 和图 2-26 所示。

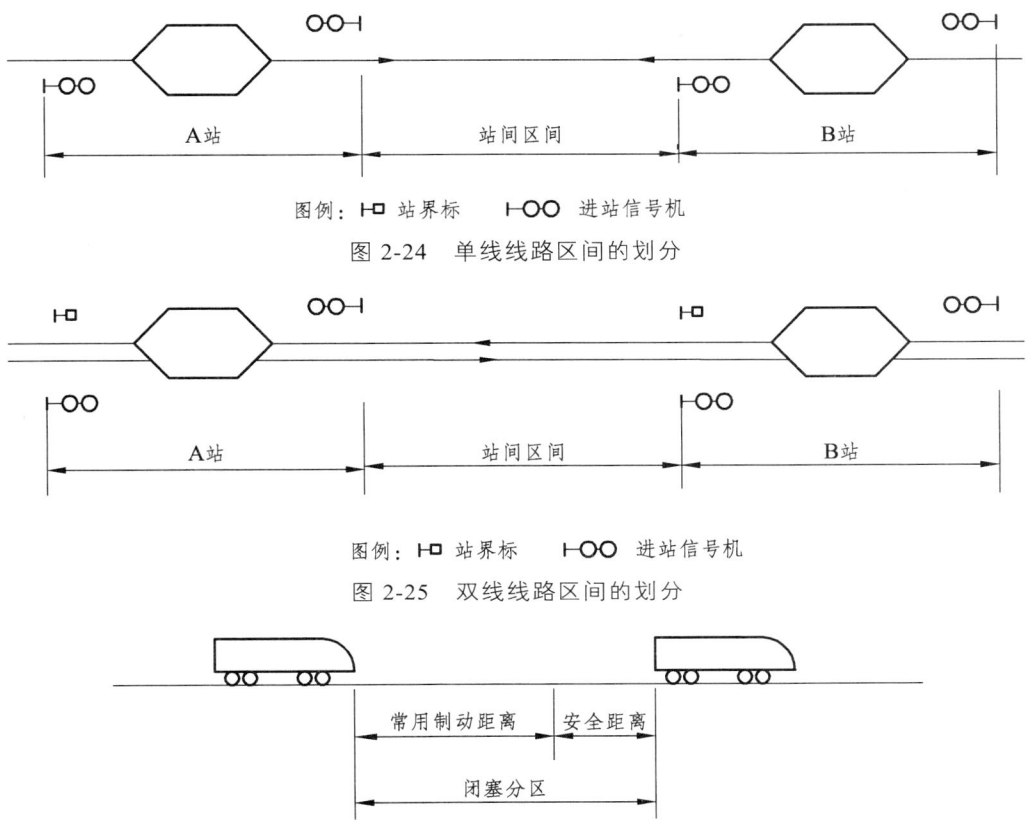

图 2-24 单线线路区间的划分

图 2-25 双线线路区间的划分

图 2-26 移动闭塞线路闭塞区间的划分

采用站间闭塞时，在单线上以两个车站的进站信号机机柱的中心线为车站与区间的分界线；在双线或多线上，分别以各线路的进站信号机机柱或站界标的中心线为车站与区间的分界线。其中，两站间的线路区段称为站间区间。采用移动闭塞时是以同方向保持最小运行间隔的前行列车尾部和追踪列车头部为移动闭塞区间的分界线。

传统自动闭塞

## 二、传统自动闭塞

### （一）传统自动闭塞的设备概况

自动闭塞是依靠运行中的列车自动完成闭塞作用的一种设备。将两端车站的区间正线划分为若干个闭塞分区，每个闭塞分区的起点设置一个通过色灯信号进行防护，线路上每个闭塞分区都装设轨道电路，因而能够准确地反映列车的运行情况和钢轨的完整与否，并及时通过色灯信号机显示，向接近它的列车指示运行条件。由于出站信号机的关闭与通过色灯信号机的显示变化是随着列车的运行通过列车自动控制的，不需要人工操纵（但出站信号机的开放一般仍由车站值班员在排列进路时完成，只有在连续放行通过列车时，才改由列车运行控制），所以叫自动闭塞。

（二）传统自动闭塞法的类型

1. **三显示自动闭塞**

红色灯光：前方闭塞分区有车占用，停车，不准越过信号机。
黄色灯光：前方仅有一个闭塞分区空闲，减速通过。
绿色灯光：前方至少有两个闭塞分区空闲，按规定速度通过。

三显示自动闭塞在绿色灯光条件下，至少有两个闭塞分区空闲可供列车占用。因此，列车基本上在绿色灯光或黄色灯光下运行，可以保持较高速度运行，或只需要短暂减速运行。此方法适合于客货列车混行的铁路系统。

2. **四显示自动闭塞**

红色灯光：前方闭塞分区有车占用，停车，不准越过信号机。
黄色灯光：前方仅有一个闭塞分区空闲，低速列车减速通过。
绿黄色灯光：前方有两个闭塞分区空闲，高速列车减速通过。
绿色灯光：前方至少有三个闭塞分区空闲，按规定速度通过。

四显示自动闭塞保证列车在绿色灯光条件下运行，可以充分发挥列车运行速度，该方法比较适合于较高速度的铁路区段或城市轨道交通系统。

（三）传统自动闭塞法的原理

图 2-27 是一个三显示自动闭塞的原理图。由图中可以看出，列车处于编号为 1G 的闭塞区间内，此时在列车的轮对的作用下，此闭塞分区的电源被短路，编号为 1GJ 的电磁铁无电，与其对应的控制电路中的触点落下，编号为 1 的信号灯，红灯被点亮。但对于编号为 3G 和 5G 的闭塞分区，与它们对应的编号为 3GJ 和 5GJ 的电磁铁处于通电状态，与其对应的控制电路中的触点被吸起，编号为 3 的信号灯显示黄灯、编号为 5 的信号灯显示绿灯。

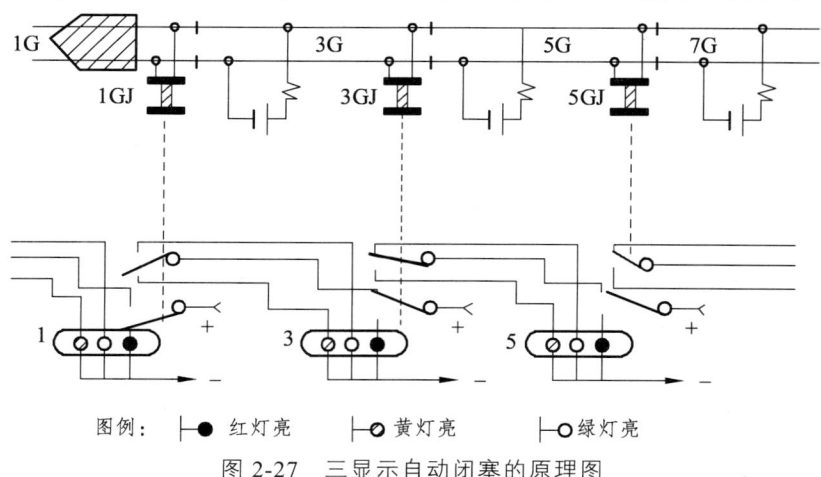

图 2-27 三显示自动闭塞的原理图

（四）自动闭塞区间列车运行间距与发车间隔时间

前、后列车在区间内运行间距越大，通过能力越差，但运行安全程度越高，列车的运行速度也可发挥至最佳。同样，在自动闭塞区段，车站向区间按一定的间隔时间连续发车，发车间隔时间越长，线路通过能力就越低，但安全可靠性越高；发车间隔时间越短，则线路通过能力越大，但必须保证后续列车与前行列车有安全的间隔距离，这个安全间隔距离可以由自动闭塞的制式来决定。

由于自动闭塞每个闭塞分区均装有轨道电路，因此，可以比较准确地表示前方列车的位置，继而向后续列车传输比较明确的速度指令，从而保证两个列车之间既有可靠的安全制动距离，又能保持最短的空间间距，以达到最大的通过能力。

## 三、固定闭塞

固定闭塞将轨道划分为若干个固定的闭塞分区，不论前车还是后车，它们的位置都是用轨道电路来监测的，因而系统只知道列车在哪个区段并不知其具体位置，所以列车的控制必然是分级的、阶梯式的。在这种闭塞制式中，需要向被控制的列车传送的只是一些代表速度级的速度码。

## 四、准移动闭塞

准移动闭塞，又称为半固定闭塞，是介于固定闭塞和移动闭塞之间的一种闭塞方式。它对前、后列车的定位方式是不同的。前行列车的定位仍沿用固定闭塞的方式，而后续列车的定位则采用连续的或被称为移动的定位方式。准移动闭塞可解释为：预先设定列车的安全追踪间隔距离，根据前方列车的状态设定列车的可行车距离和运行速度，是介于固定闭塞和移动闭塞之间的一种闭塞方式。

由于准移动闭塞同时采用移动和固定两种定位方式，所以它的速度控制模式，必然既具有无级（连续）的特点，又具有分级（台阶）的性质。若前行列车不动而后续列车前进时，后续列车的最大允许速度是连续降低的，而当前行列车的尾部驶过固定区段的分界点时，后续列车的最大速度将按台阶跳跃上升。

准移动闭塞在控制列车的安全间隔上比固定闭塞进了一步。它通过采用报文式轨道电路辅之环线或应答器来判断分区的占用情况并传输信息，传输信息量大，可以告知后续列车能够继续前行的距离，后续列车可根据这一距离合理地采取减速或制动，列车制动的起点可延伸至保证其安全制动的地点，进而改善列车速度控制，缩小列车安全间隔，提高线路的利用效率。但准移动闭塞中后续列车的最大目标制动点仍必须在先行列车占用分区的外方，因此，它并没有完全突破轨道电路的限制。

## 五、移动闭塞

移动闭塞是一种新型的闭塞制式。它不设固定闭塞区段，前、后两列车都采用移动式的定位方式。移动闭塞可解释为：列车安全追踪间隔距离不预先设定，而随列车的移动不断移动并变化的闭塞方式。在城市轨道交通中，移动闭塞是一种将先进的通信、计算机和控制技术相结合的列车控制技术，所以国际上又习惯称其为基于通信的列车控制系统（Communication Based Train Control，简称CBTC）。

移动闭塞可借助感应环线或无线通信的方式实现。早期的移动闭塞系统大部分采用基于感应环线的技术，即通过在轨间布置感应环线来定位列车和实现车载计算机与控制中心之间的连续通信。武汉轻轨一期和广州地铁三号线相继采用基于环线的移动闭塞技术。现今大多数先进的移动闭塞系统已采用无线通信系统实现各子系统间的通信，构成了基于无线通信技术的移动闭塞。

移动闭塞
（微课）

移动闭塞
（二维动画）

（一）移动闭塞的概念

移动闭塞（Moving Block）是相对于固定闭塞而言的。固定闭塞有固定的闭塞分区，移动闭塞与固定闭塞相比最显著的特点是取消了以通过色灯信号机为分隔的固定闭塞分区。列车间的最小运行间隔距离由列车在线路上的实际运行位置和运行状态确定，闭塞分区随着列车的行驶，不断地向前移动和调整，所以称为移动闭塞。

采用移动闭塞方式的线路取消了物理层次上的闭塞分区划分，而是将线路分成了若干个通过数据库预先定义的线路单元，每个单元长几米到几十米不等。移动闭塞分区即由一定数量的线路单元组成，单元的数目可随列车的速度和位置变化而变化，分区的长度也是动态变化的。

移动闭塞方式的列控系统采取目标-距离控制模式（又称连续式一次速度控制）。目标-距离控制模式根据目标距离、目标速度及列车本身的性能确定列车制动曲线，采用一次制动方式。移动闭塞的追踪目标点是前行列车的尾部，当然会留有一定的安全距离，后行列车从最高速开始制动的计算点是根据目标距离、目标速度及列车本身的性能计算决定的。目标点是前行列车的尾部，与前行列车的走行和速度有关，是随时变化的。而制动的起始点是随线路参数和列车本身性能不同而变化的。空间间隔的长度是不固定的，所以称为移动闭塞。

（二）移动闭塞的基本要素

在移动闭塞技术中，闭塞分区仅仅是保证列车安全运行的逻辑间隔，与实际线路并无物理上的对应关系，因此，移动闭塞在设计和实现上与固定闭塞有比较大的区别。其中列车定位（Train Position）、安全距离（Safety Distance）和目标点（Target Point）是移动闭塞技术中最重要的三个概念，称为移动闭塞的三个基本要素。

**1. 列车定位**

在固定闭塞和准移动闭塞中，轨道电路或计轴等设备可作为闭塞分区列车占用的检查，粗略地进行列车定位，再配以测速测距就能较详细地进行列车定位，也可再辅以应答器进行坐标校准。

在移动闭塞中没有轨道电路等设备作为闭塞分区列车占用的检查，被控对象基本处于动态过程中,只有了解所有列车的具体位置、以何种速度运行等信息,才能实施对列车的有效控制,所以列车定位技术在移动闭塞系统中就显得更为重要了。

列车定位由地面设备和车载设备共同完成。列车定位信息的主要作用是为保证安全的列车间隔提供依据。CBTC 系统对于在线的每一列车,都能计算出其距前行列车尾部的距离,或距进站信号点的距离,从而对它实施有效的速度控制,因此可以作为列车在车站停车后打开车门以及屏蔽门的依据。

目前,在列车自动控制系统中得到应用的列车定位技术主要有测速定位法、查询应答器法、交叉感应线圈法和卫星定位法。测速定位法的原理是在车轮外侧安装光栅,按车轮旋转次数与转角计算出列车的位移。查询应答器法是在线路上按一定间隔设置应答器,应答器内存储了其所在位置的千米标,列车经过时读取位置信息。交叉感应线圈法是在线路上敷设轨道电缆,将轨道电缆每隔一定距离交叉一次,列车利用交叉回线可测算出自己的位置。其中,卫星定位法有 GPS(Global Positioning System)和 GNSS(Global Navigation Satellite System),它们都是利用导航卫星进行测时和测距,从而实现全球定位功能的。

### 2. 安全距离

安全距离是后续追踪列车的命令停车点与其前方障碍物之间的一个固定距离。障碍物可以是确认了的前行列车的尾部位置或者无道岔表示(道岔故障)的道岔位置。该距离是基于列车安全制动模型计算得到的一个附加距离,它保证追踪列车在最不利的条件下也能够安全地停在前行列车的后方而不发生冲撞。所以,安全距离是移动闭塞系统中的关键,是整个系统设计的理论基础和安全依据。

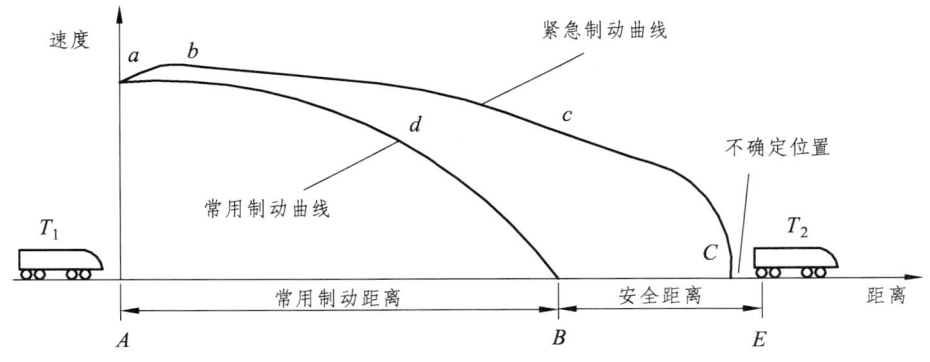

图 2-28 安全距离的示意图

如图 2-28 所示,可以看出移动闭塞的基本原理为:线路上的前行列车经 ATP 车载设备将本车的实际位置通过通信系统传送给轨道旁的移动闭塞处理器,并将此信息处理生成后续列车的运行权限,传送给后续列车的 ATP 车载设备。此外,后续列车与前行列车总是保持一个"安全距离"。该安全距离是介于后车的目标停车点和确认的前车尾部之间的一个固定距离。在选择该距离时,已充分考虑了在一系列最坏情况出现时,也可以确保列车不追尾。

### 3. 目标点

目标点是列车运行的行车凭证,如同固定闭塞系统中的允许信号,列车只有获得了目标点,才能够向前移动,目标点通常是设在列车前方一定距离的某个位置点,一旦设定,即表明列车可以安全运行至该点,但不能超过该点。移动闭塞系统就是通过不断前移列车的目标点,来引导列车在线路上安全运行。

(三)移动闭塞系统的组成和特点

**1. 移动闭塞系统的组成**

移动闭塞系统主要包括无线数据通信网络、车载设备、区域控制器和控制中心等。图 2-29 所示是基于通信的 CBTC 系统框图。地面和车载设备通过数据通信网络连接起来,构成系统的核心。

无线数据通信是实现移动闭塞的基础。通过可靠的无线数据通信网络,列车将位置、车次、列车长度、实际速度、制动潜能和运行状况等信息以无线传输的方式发送给区域控制器,区域控制器追踪列车并通过无线传输方式向列车发送移动授权。车载设备包括无线电台、车载计算机和其他设备(如传感器、查询器等)。列车将采集到的数据(如机车信息、车辆信息、现场状况和位置信息等)通过无线数据通信网络发送给区域控制器,以协助完成运行决策;同时对接收到的命令进行确认并执行。

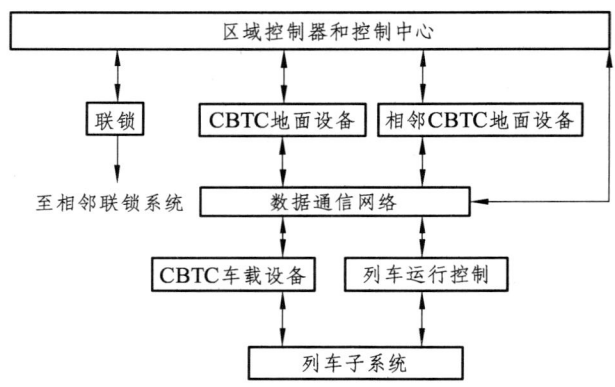

图 2-29 典型的 CBTC 系统结构框图

**2. 移动闭塞系统的特点**

移动闭塞与传统的固定闭塞相比具有以下特点:

(1)线路没有固定划分的闭塞分区,列车间隔是动态的,并随前一列车的移动而移动。

(2)列车间隔是按后续列车在当前速度下所需的制动距离,加上安全余量计算和控制的,这样可确保不追尾。

(3)制动的起点和终点是动态的,轨旁馈电设备的数量与列车运行间隔关系不大。

(4)可实现较小的列车运行间隔。

(5)采用地-车双向数据传输方式,信息量大,易于实现无人驾驶。

## 六、电话闭塞

(一)电话闭塞的特点

电话对轨道交通的安全生产和提高运行效率起了很大的作用。站间电话闭塞法是在信号系统故障，不能使用 ATP 组织正常行车时，由两车站值班员利用站间行车电话，以电话记录的方式办理闭塞的方法，是代用闭塞法。电话闭塞均按站间区间办理。由于电话闭塞没有机械和电气设备的控制，都靠制度加以约束，因此办理闭塞手续时必须严格。为保证同一区间和同一线路在同一时间内不误用两种闭塞法，在停用基本闭塞改用电话闭塞或恢复基本闭塞时，均须根据轨道车辆调度员的调度命令办理。

（二）电话闭塞法的使用时机

当遇有下列情况时，须改用电话闭塞法行车。

（1）基本闭塞设备发生故障时。

① 自动闭塞设备发生故障或停电，包括区间内两架及其以上信号机故障或灯光熄灭。

② 移动闭塞采用全人工后退模式。

（2）无双向闭塞设备的双线区间反方向发车或改按单线行车时。

无双向闭塞设备的双线区间反方向发车只能改按电话闭塞进行。当无双向闭塞设备的双线区间的一条正线因施工或其他原因封锁、另一条正线改按单线行车时，虽然该正线正方向闭塞设备能使用，但由于该正线的反方向无闭塞设备，如果对该线路正方向与反方向运行的列车采用不同的闭塞方法，不但增加了行车调度员发布变更或恢复基本闭塞法命令的次数，而且车站办理时容易发生错误。因此，双线改按单线行车时，上、下行运行的列车均须改用电话闭塞。

（3）列车由区间折回。

（4）施工列车或轨道车运行。

遇列车调度电话不通时，闭塞法的变更或恢复应由该区间两端车站的车站值班员确认区间空闲后，直接以电话记录办理。

（三）行车凭证

使用电话闭塞法行车时，列车占用区间的行车凭证不论单线或双线均为路票。路票的样式如图 2-30 所示。

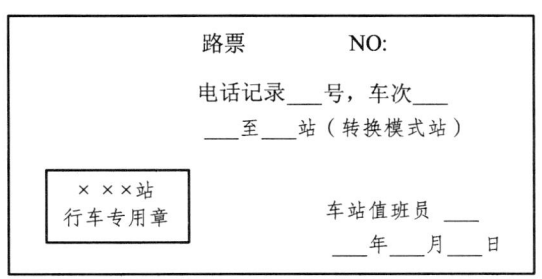

图 2-30　路票的样式

**1. 电话闭塞的行车办法及路票的填写**

采用电话闭塞时，列车以路票作为占用闭塞区的凭证，一个闭塞区内只允许有一列车运行。闭塞区内列车凭路票采用 URM 模式驾驶，列车反向运行时车站应在路票左上角加盖"反方向运行"专用章，非固定股道接车、折返时应写明接车股道。

### 2. 电话闭塞办理作业的主要程序和要求

（1）行车调度员及时向有关车站及司机发布命令：从×点×分起，在×站至×站间采用站间电话闭塞法组织行车，××折返站固定采用×道折返（进/出×站、×站时司机自行切除/恢复 ATP 运行）。

（2）车站和行车调度员共同确认第一趟发出列车运行前方的进路空闲。

接车站收到同方向前次列车在前方站出发的电话报点记录、接进路准备妥当后，方可同意闭塞（需要时应说明接车线路）。

（3）发车站须查明区间空闲，发车进路准备妥当并取得接车站同意接车的电话记录号码后，方可填发路票。

（4）路票由值班站长亲自或指定胜任的人员根据行车值班员的通知在站台填写。对于填写的路票，应根据《行车日志》的记录，与行车值班员进行认真核对，确认无误后，方可与司机核对交接。

（5）路票不得在得到电话记录号码前预先填写，也不能在进路准备妥当之前填写。路票已交司机，因特殊原因停止发车时，应及时收回路票。填写的路票，字迹应清楚，不得涂改。当填写后发现错误时，应在路票上画"×"注销，重新填写。

（6）路票交接地点为司机所在驾驶室的站台上，路票交接必须由值班站长亲自或指定人员与司机核对和交接，司机接到路票后方可关门，凭车站的发车信号启动列车。

（7）车站报点。接车站在列车到达并由车站出发后，应向相邻车站和行车调度员通报发车车次和时分。

### 思考与练习

1. 什么是客流计划？包括哪些内容？
2. 安排轨道交通营业时间时需要考虑哪些因素？
3. 线路断面满载率的含义是什么？在实际工作中通常指什么？如何计算？
4. 列车交路的种类有哪些？各有何优缺点？
5. 什么是列车运行图？运行图图解包括哪些因素？
6. 列车运行图分为哪几类？分别适用于哪些情况？
7. 列车运行图的时间要素有哪些？
8. 简述列车运行图的编制步骤。
9. 检查列车运行图编制质量内容包括哪些？
10. 移动闭塞系统的特点有哪些？
11. 遇到哪种情况时会改用电话闭塞法行车？

# 项目三　城市轨道交通安全管理系统

　　刘磊，郑州铁路局郑州机务段设备车间工装组工长。多年来，他始终保持求真务实、勇于担当、主动作为的工作态度，充分发挥党员模范带头作用。在2021年河南郑州"7·20"特大暴雨灾害后的设备抢修工作中，他带领仅有的几名职工在最短时间内对8台转向架加压分解设备中的16台电机进行分解、清洗、烘干、组装、吊装，对32根丝杠除锈加注黄油，8台液压站排油清洗，80个电磁线圈清洗烘干，对32根立柱排水，更换64个行程开关，克服重重困难，确保了中修复产必备的设备能准时被投入使用。2022年，他主动请缨，坚守岗位，顺利完成了设备计划修200余台、设备评定140余台的生产任务，保证疫情缓解后的复工复产。在班组管理中，他从职工政治和业务理论入手，对教育方式进行创新，通过"线上+线下"相结合的方式组织班组开展各项教育活动，做到了人群少聚集，教育不"掉线"，切实提高了班组职工的政治修养和业务素质。

图 3-1　郑州铁路局郑州机务段设备车间工装组工长

轨道交通系统一般都处在地下或高架桥上的半封闭空间，任何一个设备出现问题，小则影响轨道交通局部日常运营作业，大则引起轨道交通大面积停运，甚至导致人员伤亡，给人民、企业及国家带来巨大损失。

保障城市轨道交通的安全除了加强日常运营安全管理外，还需要可靠的高新技术。这些技术包括通信技术、自动化技术、微电子技术、光电子技术、自动控制技术、计算机技术、人工智能技术和新材料技术等。高新技术与设备的融合可形成安全、高效、可靠的保障系统。这些系统包括列车运行控制系统ATC、火灾自动报警系统FAS、环境与设备监控系统BAS、电力监控系统PSCADA、乘客系统PIS以及由这些系统集合而成的综合监控系统ISCS。

随着时代的发展以及科技的进步，城市轨道交通已经不再是过去简单的线路发展，而是发展形成了一定的规模，逐渐进入了网络化经营的阶段。传统单一的运营管理模式已经无法满足城市轨道交通快速发展的需要，要在单一运营的基础上对其网络化模式进行关注，使城市轨道交通控制中心可以有效地控制轨道车辆和轨道资源，确保城市轨道交通的良好运行。因此，网络化运营控制中心应运而生，控制中心能够在网络运营的基础上对整个城市的轨道交通进行全面系统的控制。目前，我国北京、上海成立了控制中心，广州、深圳、天津等城市也相继投入建设。

本单元将对各种系统的功能、构成及应用情况进行介绍，力图使人们了解城市轨道交通安全保障系统，减少事故的发生。

# 任务一　列车自动运行控制（ATC）系统

### 任务描述

城市轨道交通的一个显著特点就是列车间隔时间短。目前，许多大城市修建的地铁与轻轨，往往都提出2 min甚至更短的列车间隔要求。在如此短的列车间隔条件下，必须有一个安全高效的列车控制系统。而列车自动运行控制（Automatic Train Control，ATC）系统（以下简称ATC系统）就是保证城市轨道交通列车和乘客安全，实现列车快速、高密度、有序运行的关键系统，其核心的列车自动控制系统集安全防护、行车指挥、运行调整以及列车驾驶自动化等功能为一体，能保证城市轨道交通具备较高的运营服务水平。

ATC

### 任务目标

1. 知识目标

（1）了解列车自动运行控制系统ATC的分类。
（2）熟悉三类ATC系统的原理。
（3）熟悉ATC系统的功能。

## 2. 能力目标

熟知固定闭塞 ATC 系统、准移动闭塞 ATC 系统以及移动闭塞 ATC 系统的运行原理和系统特点。

## 3. 职业素养目标

（1）精益求精、严谨细致、操作规范。
（2）安全意识、协作意识、服务意识。

### 知识储备

### 一、ATC 系统基本概念

城市轨道交通的信号系统是保证列车运行安全和提高运输效率的重要设施，其中列车自动控制（ATC）系统是城市轨道交通信号系统中最重要的组成部分。由于城市轨道交通行车密度大、站间距离短，所以对列车运行的安全性和自动化程度有更高的要求。传统的信号系统通过设置在地面的色灯信号机来传递不同的行车命令，驾驶员根据地面的信号显示，按照行车有关规定操纵列车的进站、出站和区间运行，这种制式基本上是依赖驾驶员来保证行车安全的。这种传统的信号系统已不能适应城市轨道交通系统高密度、高安全性的行车要求。目前城市轨道交通系统车场内一般使用微机联锁设备，设有地面信号机，信号机和道岔由车场信号楼集中控制。正线使用列车自动控制（ATC）系统，正线不设进站、出站信号机，区间也无通过信号机，在区间或车站设置道岔时，在该处设有进路防护信号机，以确保进路开通正确。

ATC 系统是一种能实现列车速度自动控制和列车运行间隔自动调整的信号系统。ATC 系统取消了传统的地面信号，将机车信号作为主体信号，信号的含义发生了质的变化，系统传递给列车的是具体的速度或距离信息。ATC 系统根据与先行列车之间的距离和进路条件，在车内连续地显示出允许的速度信号，或按设定的运行条件所能达到的允许速度信息，自动地控制运行速度，进行超速防护，以达到自动调整行车间隔的目的，并实现列车在车站的定位停车。因此，它在实现行车指挥和列车运行自动化的同时，能最大限度地保证列车运行安全，提高运输效率，减轻运营人员的劳动强度。

### 二、ATC 系统功能

目前，世界各国的城市轨道交通信号系统普遍采用了 ATC 列车自动控制系统，包括列车自动运行（Automatic Train Operation，ATO）系统、列车自动防护（Automatic Train Protection，ATP）系统和列车自动监控（Automatic Train Supervision，ATS）系统三个子系统。

#### （一）列车自动运行（ATO）系统

ATO 是自动控制列车运行的设备，它在子系统的安全防护下，实现列车自动驾驶。ATO 对提高列车运行效率，实现列车运行自动调整、节能运行和车站定点停车等具有重要作用。ATO 系统主要具有以

ATO 子系统

下功能。

（1）自动完成对列车的启动、牵引、巡航、惰行和制动控制，以较高的速度进行追踪运行和折返，确保达到设计间隔及运行速度。

（2）在 ATS 监控范围的入口及各站停车区域（含折返线、停车线）进行车地通信，将列车信息传送至 ATS 系统，以便于 ATS 系统对在线列车进行监控。

ATO

（3）控制列车按照运行图运行，达到节能及自动调整列车运行的目的。

（4）ATO 自动驾驶时实现站台定点停车控制、舒适度控制及节省能源控制。

（5）根据停车站台的位置及停车精度，自动对车门进行控制。

（6）与 ATS、ATP 结合，实现列车自动驾驶、有人或无人驾驶。

## （二）列车自动防护（ATP）系统

列车自动防护系统是保证列车运行安全的关键系统，它能实现列车的间隔控制、超速防护和进路的安全监控等。ATP 系统具有以下功能。

（1）自动连续地对列车位置进行检测，并向列车发送必要的速度、距离、线路条件等信息，以确定列车运行的最大安全速度。提供列车速度保护，在列车超速时提供常用制动或紧急制动，保证前行与后续列车之间的安全间隔，满足正向行车时的设计行车间隔和折返间隔。能对反向运行列车进行 ATP 防护。

ATP 子系统

（2）确保列车进路正确以及列车的运行安全，确保同一路径上的不同列车之间具有足够的安全距离，防止列车侧面冲撞。

（3）防止列车超速运行，保证列车速度不超过线路、道岔、车辆等规定的允许速度。

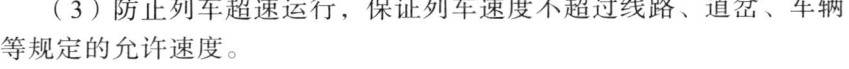

ATP

（4）为列车车门的开启提供安全、可靠的信息。

（5）根据联锁设备提供的进路上轨道区间运行方向，确定相应轨道电路发码方向。

（6）任何车-地通信中断以及列车的非预期移动、任何列车完整性电路的中断、列车超速、车载设备故障等均将产生安全性制动。

（7）实现与 ATS 的接口和有关的信息交换。

（8）系统自诊断、故障报警和记录。

（9）列车的实际速度、推荐速度、目标速度、目标距离等信息的记录和显示。具有人工或自动轮径磨耗补偿功能。

## （三）列车自动监控（ATS）系统

ATS 主要是实现对列车运行的监督，辅助行车调度人员对全线列车运行进行管理。它可以显示全线列车的运行状态，监督和记录运行图的执行情况，为行车调度人员调度指挥和运行调整提供依据。如在列车偏离运行图时及时做出反应等。通过 ATO 接口，ATS 还可以向乘客提供运行信息通报，包括列车到达时间、出发时间、列车运行方向和中途停靠点等。

ATS 子系统

ATS 系统能够实现以下基本功能：

（1）通过 ATS 车站设备，能够采集轨旁及车载 ATP 提供的轨道占用状态、进路状态、列车运行状态以及信号设备故障等控制和监督列车运行的基础信息。

（2）根据联锁表、计划运行图及列车位置，可自动生成输出进路控制命令，并传送至车站联锁设备设置列车进路、控制列车停站时分。

（3）列车识别跟踪、传递和显示功能。系统能自动完成正线区段内列车识别号跟踪。列车识别号可由中央 ATS 自动生成或由调度员人工设定和修改，也可由列车经车-地通信向 ATS 发送识别号等信息。

（4）列车计划与实际运行图的比较和计算机辅助调度功能。能根据列车运行实际的偏离情况，自动生成调整计划供调度员参考或自动调整列车停站时分，控制发车时间。

（5）ATS 中央故障情况下的降级处理，由调度员人工介入设置进路，对列车运行进行调整，由 ATS 车站完成自动进路或根据列车识别号进行自动信号控制，由车站进行人工进路控制。

（6）在计算机辅助下完成对列车基本运行图的编制及管理，并具有较强的人工介入能力。通过设在车辆段的终端，向车辆段管理及行车人员提供必要的信息，以便编制车辆运用计划和行车计划。

（7）列车运行显示屏及调度台显示器，能对轨道区段、道岔、信号机和在线运行列车等进行监视，能在行调工作站上给出设备故障报警及故障源提示。

（8）能在中央专用设备上提供模拟和演示功能，用于培训及参观。能自动进行运行报表统计、并根据要求进行显示打印。

（9）能在车站控制模式下与计算机联锁设备结合，将部分或所有信号机置于自动模式状态。

（10）向无线通信、广播、旅客向导系统提供必要的信息。

## 三、ATC 系统的分类

按闭塞制式，城市轨道交通 ATC 可分为：固定闭塞式 ATC 系统、准移动闭塞式 ATC 系统和移动闭塞式 ATC 系统。

### （一）固定闭塞 ATC 系统

固定闭塞 ATC 系统是指基于传统轨道电路的自动闭塞方式，闭塞分区按线路条件经牵引计算来确定，一旦划定将固定不变。为保证列车运行的安全，这种滞后的速度和列车位置检查方式必须要有一个完整的闭塞分区作为列车的安全保护距离，列车追踪运行的最小安全间隔为一个闭塞分区，列车最小正常追踪运行间隔为两个闭塞分区。固定闭塞列车追踪原理如图 3-2 所示。

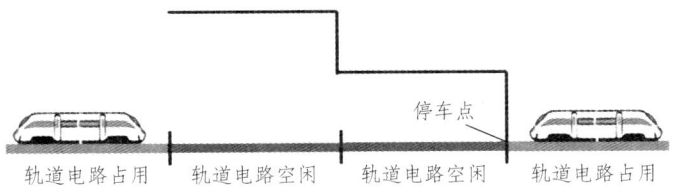

图 3-2 固定闭塞 ATC 系统原理

固定闭塞方式无法满足提高系统能力、安全性和互用性的要求。

传统 ATP 的传输方式采用固定闭塞，通过轨道电路判别闭塞分区占用情况，并传输信息码，这一过程需要大量的轨旁设备，维护工作量较大。此外，传统方式还存在以下缺点：

（1）轨道电路工作稳定性易受环境影响，如道床阻抗变化和牵引电流干扰等。

（2）轨道电路传输信息量小。要想在传统方式下增加信息量，只能通过提高信息传输的频率，但是如果传输频率过高，钢轨的集肤效应就会导致信号的衰耗增大，从而导致传输距离缩短。

（3）利用轨道电路难以实现车对地的信息传输。

（4）固定闭塞的闭塞分区长度是按最长列车、满负载、最高速度和最不利制动率等不利条件设计的，分区较长，且一个分区只能被一列车占用，不利于缩短列车运行间隔。

（5）固定闭塞系统无法知道列车在分区内的具体位置，因此列车制动的起点和终点总在某一分区的边界。为充分保证安全，必须在两列车间增加一个防护区段，这使得列车间的安全间隔较大，影响了线路的使用效率。

（二）准移动闭塞 ATC 系统

准移动闭塞下，列车仍通过轨道电路的占用情况确定列车位置，因此定位的最高精度为轨道区段。准移动闭塞采用"跳跃式"连续速度-距离曲线的列控方式，列车追踪运行的最小安全间隔为安全保护距离加一个轨道区段长度，列车最小正常追踪运行间隔为安全保护距离加一个轨道区段长度再加最高允许速度下使用常用制动直至停车的制动距离。准移动闭塞列车追踪原理如图 3-3 所示。

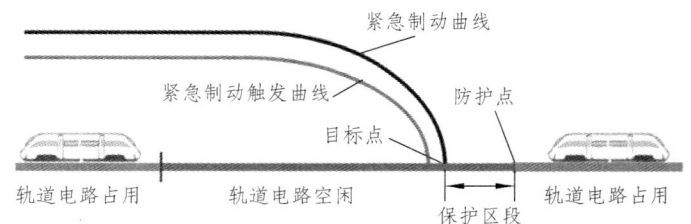

图 3-3 准移动闭塞 ATC 系统原理

准移动闭塞在控制列车的安全间隔上相比于固定闭塞又进了一步。它通过报文式轨道电路辅之环线或应答器来判断分区占用并传输信息，有信息量大的特点，可以告知后续列车继续前行的距离，后续列车可根据这一距离合理地采取减速或制动，列车制动的起点可延伸至保证其安全制动的地点，从而可改善列车速度控制，缩小列车安全间隙，提高线路利用效率。但准移动闭塞中后续列车的最大目标制动点仍必须在先行列车占用分区的外方，因此，它并没有完全突破轨道电路的限制。

（三）移动闭塞 ATC 系统

相对准移动闭塞技术来说，移动闭塞技术在对列车的安全间隔控制方面更进了一步。移动闭塞 ATC 系统在地面不是通过固定划分的轨道电路，而是采用基于通信技术的感应环线、漏缆、裂缝波导管或无线电台（开放的自由空间波）等任一方式实现的车地间双向数据传输，再辅以列车定位设备实现的列车位置检测,它通过提高列车定位精度和移动授权更新率的方式来提供更大的通过能力,从而缩短列车的间隔距离。

列车追踪运行的最小安全间隔仅为一个安全保护距离,列车最小正常追踪运行间隔为在当前速度下使用常用制动直至停车的制动距离加安全距离,并最终由前后列车的动态关系确定。移动闭塞列车的追踪原理如图3-4所示。

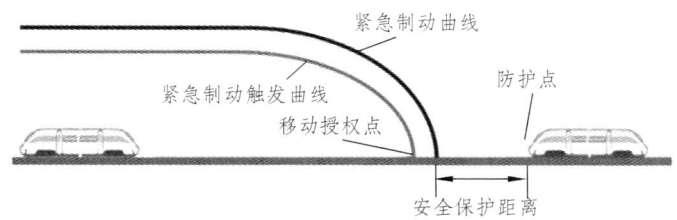

图3-4 移动闭塞列车追踪原理

移动闭塞的特点:
(1)线路没有固定划分的闭塞分区,列车间隔是动态的,随前一列车的移动而移动。
(2)列车间隔是按后续列车在当前速度下所需的制动距离,加上安全余量计算和控制得到的,应确保不追尾。
(3)制动的起点和终点是动态的,轨旁设备的数量与列车运行间隔关系不大。
(4)可实现较小的列车运行间隔。
(5)采用地-车双向传输,信息量大,易于实现无人驾驶。

# 任务二 环境与设备监控(BAS)系统

### 任务描述

城市轨道交通环境与设备监控系统(BAS系统)作为一个独立的系统,采用计算机网络、智能信号系统等技术,对地铁车站内的环控系统、消防系统、自动电扶梯系统、照明系统、自动售检票系统等常用机电设备实施三级控制管理模式,以确保机电设备处于安全、高效和最佳的运行状态,从而为乘客提供一个舒适、安全的乘车环境。同时BAS系统在非正常运行(如火灾、列车故障等)情况下,采集并判断各机电设备的运行状态,执行相应的防灾和阻塞模式,与各机电设备系统联动,从而保障车站环境和乘客人员安全。

### 任务目标

1. 知识目标

(1)熟悉BAS系统基本功能。
(2)了解BAS系统的构成。

2. 能力目标

熟知BAS系统与车站设备系统的联动。

3. 职业素养目标

（1）精益求精、严谨细致、操作规范。
（2）安全意识、协作意识、服务意识。

### 知识储备

## 一、BAS 系统的控制管理模式

BAS 系统的三级控制管理模式包括运营控制中心（OCC）的中心级监控系统、各车站的车站级监控系统以及就地级监控设备（包括 IBP 后备盘），其结构图如图 3-5 所示

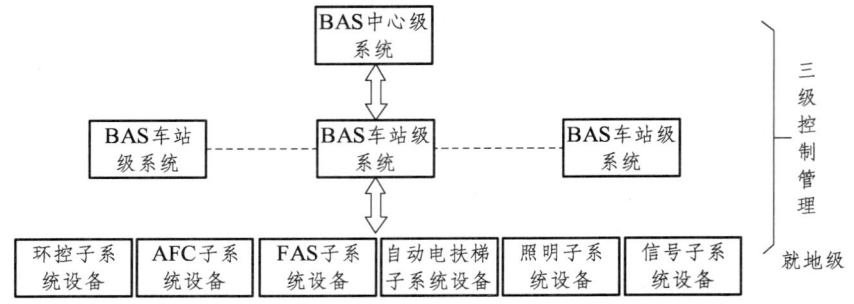

图 3-5　BAS 系统控制管理结构图

（一）控制中心级 BAS 系统功能

控制中心级监控系统可对所有线路车站的机电设备系统进行监视，通过智能网络实时接收上传数据信息，同时在必要时向对应车站下发运行指令，其主要功能如下。

（1）实时监控各车站级 BAS 系统设备运行状况，必要时下发运行指令，确保各站系统可联动。

（2）根据运营工况，合理对各站下发隧道区间通风模式信号，保证隧道区间的通风换气。

（3）实时监控各站上传的灾害报警信息和 OCC 传输的列车停车位置信号，同时按应急预案对相应车站下发对应模式。

（4）发生火灾时，与 FAS 系统联动进入火灾模式，与环控系统联动执行火灾模式，实施火灾救援，保证车站和乘客安全。

（5）发生火灾时，车站级 BAS 系统具有最高权限，并及时反馈给中心级 BAS 系统。

（二）车站级 BAS 系统功能

车站级 BAS 系统通常配备一个车站级监控工作站，可用来监视整个车站范围内机电设备的安全运行状态，子系统接口如图 3-6 所示，同时向控制中心级 BAS 系统实时传送信息，接收并执行中心级 BAS 系统下达的运行模式指令。

在车站发生紧急情况时，工作人员可向环控调度员申请执行命令，车站级工作站应作为应急指挥中心，根据实际情况将环控系统、消防系统、自动售检票系统等转入紧急运行模式。必要时可由车控室的工作人员通过 IBP 后备盘操作相应的紧急模式运行指令，其主要功能如下。

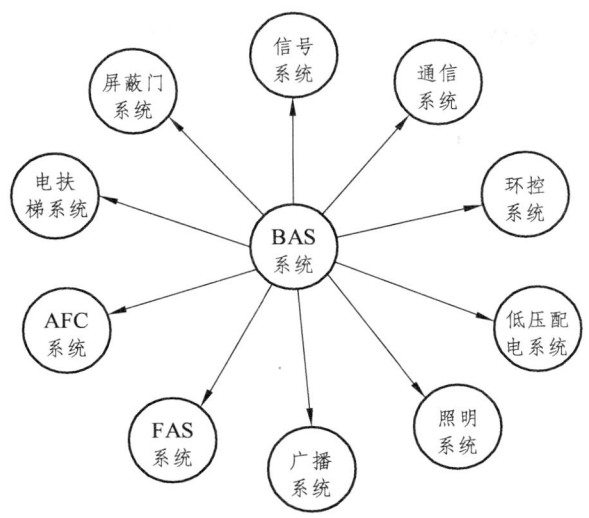

图 3-6　BAS 系统控制管理结构图

（1）实时监控车站各机电设备系统的运行状态和故障报警，并执行启/停命令。
（2）接收中心级 BAS 系统的控制指令，并指挥控制器执行。
（3）实时监测车站区域的温度、湿度等环境参数，并执行相应的控制操作。
（4）在发生火灾时，接收车站 FAS 系统的火灾信号，执行相关的消防联动模式，联动环控系统、自动售检票系统、电扶梯系统等，转入事故灾害模式运行，并将执行完毕后的设备状态反馈给 FAS 系统的报警主机。
（5）紧急情况下可由工作人员通过设在车控室 IBP 盘上的紧急按钮（由主控系统提供）控制防排烟系统设备按灾害模式运行。

（三）就地级 BAS 系统功能

就地控制设备包括就地控制柜和遍布在车站内的各种机电设备，控制柜主要设置在各车站设备房内，具有单台设备就地控制功能，以方便机电设备的调试、检查和维修。在紧急情况下，就地控制具有优先权。

（四）车辆段/停车场 BAS 系统功能

车辆段/停车场 BAS 系统由控制中心级 BAS 系统监控，可实现对车辆段设备的监视和控制功能，其主要功能与车站级 BAS 系统一致。

## 二、BAS 系统与车站设备系统的联动

（一）与环控系统的联动

环控系统的组成包括区间隧道通风系统、车站隧道通风系统、大小系统和水系统。其主要功能有：在日常运营时为整个车站提供舒适的环境；在非正常情况下（如火灾）能对车站

进行通风、排烟、排毒等，协助灭火，保护乘客安全。环控系统的区间隧道通风系统主要由控制中心级 BAS 系统进行监控，必要时可向车站下达各种隧道通风系统运行模式指令。车站隧道通风系统、大系统、小系统和水系统均由车站级 BAS 系统进行监控，监控对象如图 3-7 所示，包括：空调系统中的温、湿度采样与控制，空调制冷系统的群控系统，空调供水系统的流量调节，以及与消防有关的空调送风、排风、排烟系统、消火栓系统、消防喷淋系统、污水系统、废水系统等。

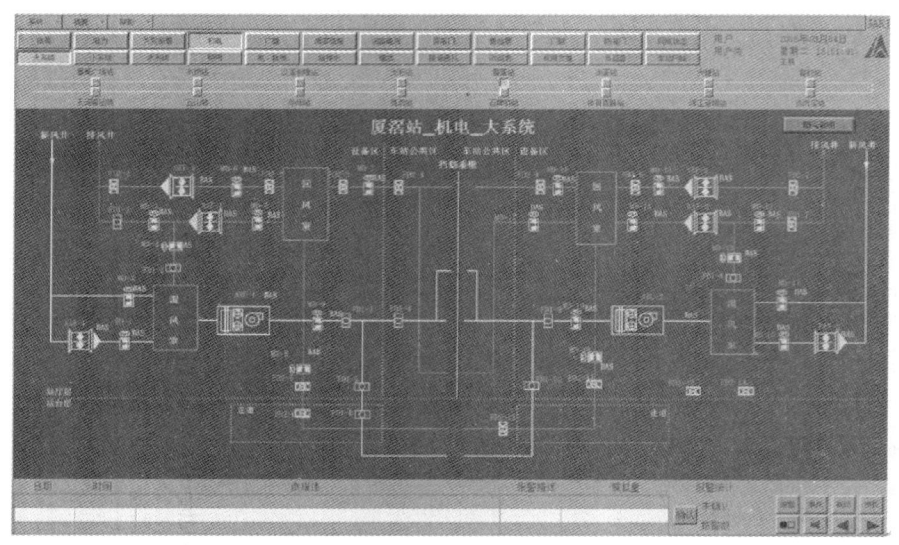

图 3-7　大系统监控界面

（二）与 FAS 系统的联动

FAS 系统主要是对控制中心、车站、车辆段等运营场所和设施的火警安全进行预防和保护，具有火灾检测和报警功能，一旦确定警情，BAS 系统在接收到报警后将自动转入火灾模式，并通过消火栓系统、消防喷淋系统等进行灭火，实现消防联动。同时 BAS 系统对联动设备进行状态监控，将信息上传至控制中心。

一旦车站发生火灾，传感器检测到信号自动报警/工作人员发现后手动报警，当报警信号被确认后，FAS 系统会把相应的火灾位置和消防联动控制指令通过串行通信接口发送给 BAS 系统，BAS 系统将自动转入火灾运行模式。此时，BAS 系统开始执行预先编制的控制程序，或按照人工操作指令执行相应动作，将环控系统的送排风运行模式转换为防排烟运行模式，配合车站和区间的防排烟控制和人员疏散。除此之外，FAS 系统控制专用消防设备开始灭火工作，如消火栓系统、消防喷淋系统、防火卷帘门等。同时和自动售检票系统、自动电扶梯系统、照明系统联动，将闸机全部打开，电扶梯停止工作，并通过广播系统提醒乘客按应急照明灯指示进行安全逃生。当火灾救援结束后，BAS 系统将执行完毕后的机电设备状态反馈给 FAS 系统的报警主机，报警解除，恢复正常运营状态。

火灾消防联动流程图如图 3-8 所示。

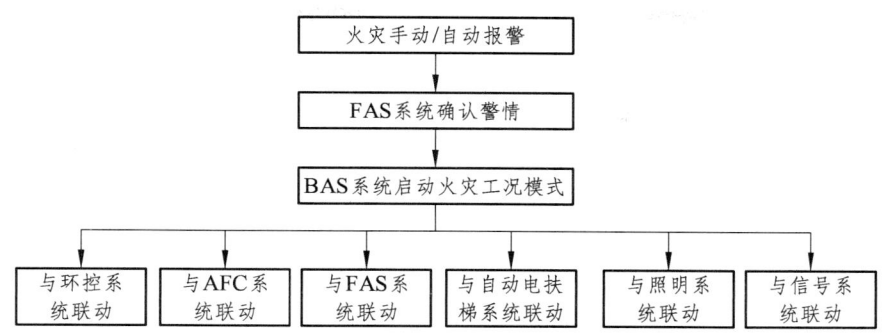

图 3-8　火灾消防联动流程图

# 任务三　火灾自动报警（FAS）系统

### 任务描述

火灾自动报警系统（Fire Alarm System，FAS）是通过设置在保护现场的火灾探测器（如感烟探测器、感温电缆、对射式探头、火焰式探测器等），感知火灾发生时燃烧所产生的火焰、热量和烟雾等特征，实现火灾早期预警和通报的装置。它主要设置在沿线各车站、区间隧道、控制中心大楼、停车场和主变电站等与地铁运营有关建筑与设施的火灾报警系统设备上，由其自身设备以及相关的网络设备和通信接口组成。

### 任务目标

1. **知识目标**

（1）熟悉 FAS 系统基本功能。
（2）了解 FAS 系统的构成。

2. **能力目标**

了解 FAS 的运作模式。

3. **职业素养目标**

（1）精益求精、严谨细致、操作规范。
（2）安全意识、协作意识、服务意识。

### 知识储备

## 一、FAS 系统基本功能

火灾自动报警系统（FAS）包括火警探测系统和自动灭火系统两部分。火警探测系统包括烟、火和热量探测器等，自动灭火系统包括灭火设备，如水及气体喷洒、消防泵和防火阀等。自动灭火系统由给排水系统提供，FAS通过输入模块实现对自动灭火系统的状态监视。地铁FAS系统则按两级管理（中央级、车站级）、三级控制（中央级、车站级、现场级）的原则设置全线系统。

FAS系统作为二级管理系统，由设置在OCC的环调工作站、车辆段的维修工作站和设置在各车站车控室、车辆段和主变电所等地的消防控制室的火灾自动报警系统及联系两系统的通信网络构成。

（一）中央级FAS系统的功能

FAS中央级系统负责对地铁全线各车站、主变电所、车辆段、停车场及控制中心大楼的灾情监视、防灾设备的管理和灾情时的组织指挥工作，功能上侧重于上层的救灾指挥和协调，具体功能如下所述。

（1）监视全线火灾自动报警系统设备的运行状态、接收全线各车站、主变电所、车辆段、停车场和控制中心大楼的火灾报警信息。当发出火灾报警信号时，以地图的形式在综合显示屏上显示报警点，打印报警时间、地点并启动火灾报警的声光报警信号。

（2）记录显示全线所有消防设备的运行状态，当被控设备出现故障或状态发生变化时，应发出声音提示并打印、记录发生的时间和地点。

（3）可对系统、设备、网络进行自检记录：包括设备的离线自动报警、网络的故障报警、存储操作人员的各项操作记录。

（4）存储、打印实时故障等各项记录。

（5）可以将历史记录等报告内容进行整理、归纳并存储到磁盘，也可随机形成报表打印。

（6）具有可操作权限时，应能对各站的控制器进行在线编辑和具备程序下载功能，能修改现场的参数。

（7）火灾自动报警系统可通过相关接口，将火灾信息发送到信号系统。

（8）控制中心级可通过操作电视监控系统（CCTV）的键盘和显示终端确认或在现场的情况。根据火灾的实际情况，向有关区域发出消防救灾指令和安全疏散指令，并通过通信工具来组织指挥救灾工作的开展。火灾工况具有优先权。

（9）控制中心火灾自动报警系统能收到通信系统提供的主时钟信息，系统与主时钟同步。

（二）车站级FAS系统的功能

车站级FAS系统主要负责对车站范围内的监视、防灾设备的管理和出现灾情时的组织指挥工作，主要功能如下所述。

（1）监视车站及所辖区间的消防设备的运行状态，接收车站及所辖区间火灾报警系统及重要系统的报警，并显示报警部位。

（2）接收车站火灾报警信号，显示报警部位，优先接收控制中心发出的消防救灾和安全疏散指令。

（3）通过车站的火灾报警控制盘向机电设备监控系统发出模式指令，由机电设备监控系统启动消防联动设备。

（4）设在车站控制室的火灾报警控制盘内设消防电话，可与车站的消防电话通话。

（5）火灾报警控制盘接收气体灭火系统的 5 个反馈信号，即火灾预报警、火灾确认信号、系统故障、气体释放和手动/自动状态信号。

（6）监视车站防火阀的动作，并将信息上传至控制中心。

（7）控制防火卷帘下降，接收其反馈信号，并将信息上传至控制中心。

（8）接收消火栓泵运行信号及故障信号，并按编制的程序控制消火栓泵的启停作业。

## 二、FAS 系统的构成

FAS 系统作为三级控制系统，第一级为中央级，是整个 FAS 系统集中监控中心，设置于全线控制中心大楼内；第二级为车站级，是 FAS 系统基本结构单元，设置于各车站的综控室以及车辆段等的消防值班室；第三级为现场就地控制级。

### （一）中央级系统的构成

中央级作为 OCC 管理全线火灾报警系统网络控制工作站，是整个系统的设备管理和控制中心。它能实现对全线 FAS 系统和联动设备等的完全监视和控制，中央级通过图形和文字方式对全线各站 FAS 系统的智能探测器、手/自动转换开关、监视模块和控制模块等设备的报警、故障、屏蔽、复位、反馈及控制等信息进行实时监视和处理。通过中央级工作站实现直接屏蔽、复位设备点、读取智能探测器工作参数，以及启动/停止联动控制设备等功能。

中央级系统的主要构成如下所述。

（1）在中心调度大厅内设置一套火灾自动报警控制器（网络型）、一套互为备用的图形工作站。

（2）在控制中心大楼机房内设置主要服务器（视不同品牌的设备而定）、交换机等设备。

（3）火灾自动报警控制器（网络型）通过网络接口与全线火灾自动报警网络相连，作为网络的一个节点与各车站级火灾报警控制器（联动型）保持通信。

（4）工作站采用主、备机同时在线工作，并互为监视形式。平时备机同样接收并存储网络信息，当主机失效时，备机能不间断地替代主机工作，并保持系统记录。

（5）中央级设有联动控制台、防灾广播与电视监视切换装置以及防灾调度电话总机和与城市消防、防汛、地震预报中心联系的外部电话等，并设置打印机和相关系统接口等设备。

（6）车辆段设 FAS 维修检测工作站：除了具备其维修功能外，还具有与系统管理工作站相同的其他功能。

### （二）车站级系统的构成

车站火灾报警控制器、图形显示终端、本管辖区域内的各种探测器、手动报警按钮、电话插孔、消防专用电话、控制联动设备、信号输入和信号输出模块等现场设备，共同构成车站控制级火灾自动报警系统。

（1）车站级（含控制中心大楼）在各车站、控制中心大楼等消防设备室设火灾报警控制器，能对其所辖范围独立执行消防监控管理。

（2）车站管辖范围除外，还包括车站相邻的区间隧道和隧道中间风井。区间隧道和隧道中间风井的火灾报警以区间中心里程为分界点，分别纳入紧邻的车站火灾自动报警系统。中间风井并接入相邻车站回路，由车站火灾报警控制器实施报警和联动控制。

（3）车辆段和停车场信号楼控制室设置火灾自动报警器，作为车站级的火灾自动报警系统控制器，并与全线火灾自动报警系统直接联网。视车辆对区域的规模，在车辆段综合楼、运行库的消防控制室或值班室再设置区域火灾报警控制器。附近建筑的火灾报警设备和联动设备均纳入相邻的区域火灾报警控制器中。

（4）信号楼、混合变电所、综合楼、检修库及材料总库等设备用房及管理用房也设置各类探测器。

（5）主变电所按站内火灾工况的要求，设置联动型火灾报警器或区域火灾报警器。联动型火灾报警器可作为车站级的火灾报警控制器，并与全线火灾自动报警系统直接联网。区域火灾报警器应接入主变电所相邻车站的火灾报警控制器。

（6）换乘车站的火灾自动报警系统，根据车站的共享功能，一般按照一个完整车站的建设程序，由先行建设的线路，按照整体的环控工艺和火灾联动工况，进行一次系统设计，分阶段实施。本阶段的火灾自动报警控制器应预留与其他线路中央和车站系统的通信接口，以实现信息互通。

（三）现场级设备的构成

各站级火灾报警控制器的下级设置了覆盖范围广、数量庞大的就地级设备，用以及时探测火灾灾情，及时联动相应设备运行到火灾模式。

现场级 FAS 系统主要包括以下设备。

（1）各类火灾探测器（如图 3-9 ~ 图 3-14 所示）。智能化光电感烟探测器、红外光束感烟探测器、感温探测器、红外火焰探测器、可燃气体探测器和线性感温电缆等，用来及时发现灾情，并进行现场火灾的报警。

（2）监测及控制模块：用于对各设备运行状态的检测、报警检测及对各消防设备的通信。

（3）手动火灾报警按钮、消防电话分机及电话插孔：用于现场人员的人工报警及消防通信。

（4）警铃及声光报警器：火灾时发出火灾报警。

（5）消防广播：发布火灾信息，组织现场救灾工作及疏散人群。

## 三、FAS 系统运作模式

系统的运作模式包括监视模式与报警模式。

（一）监视模式

在正常状况下，火灾报警控制器及车站现场设备处于监视状态，车站图形显示终端显示车站各防火分区、防烟分区的平面布置图和车站现场设备状态。

图 3-9 为我国某城市地铁站防火分区监视图，防火分区监视图将车站分为十个防火分区，分区顺序分别为：站厅 A 端、站厅、站厅 B 端、A 端隧道、过轨通道、B 端隧道、站台 A 端、

站台、站台B端、站台板下。当某个区域发生火灾状态时，相应区域的显示状态为红色，如图 3-10 所示。

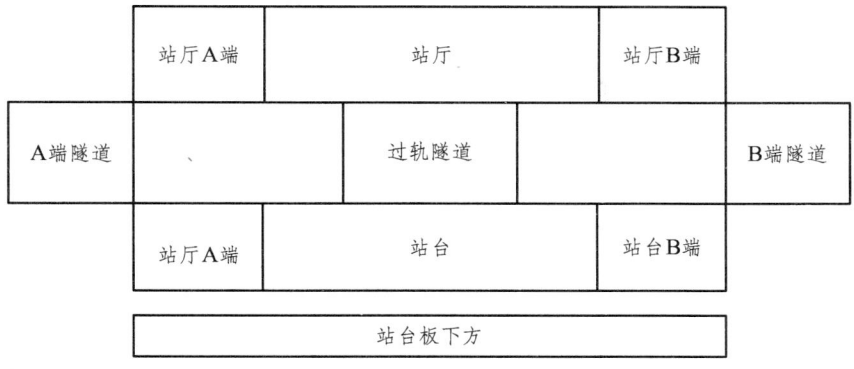

图 3-9　车站防火分区监视图

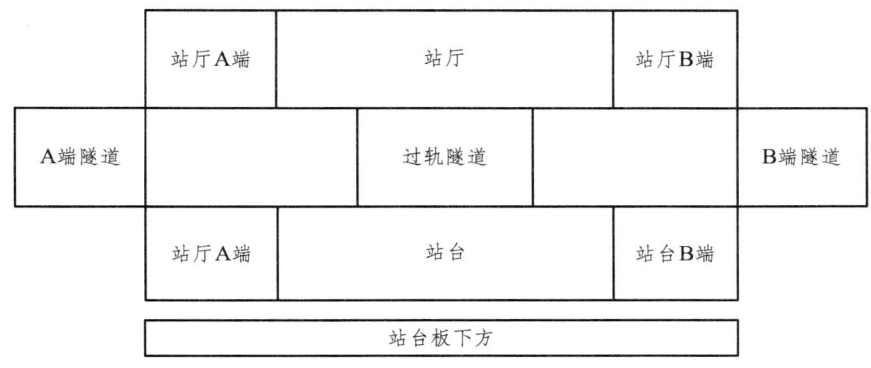

图 3-10　车站防火分区发生火灾的监视图

当需要查看详细报警设备点信息时（如站厅 A 端区域），先进入车站防火分区监视图，再点击站厅 A 端防火分区，即可进入详细防火分区设备分布界面图，如图 3-11 所示。

（二）报警模式

报警模式包括自动确认模式、人工确认模式及消防联动模式。

### 1. 自动确认模式

任何一个报警区域，如有一个智能火灾探测器报警，同时有一个手动报警按钮报警，或者两个或两个以上的智能火灾探测器报警，则火灾自动报警系统自动确认报警。

### 2. 人工确认模式

如果报警区域为电视监控系统可以监控的区域，可由车站控制室的值班人员将电视监控系统切换到报警区域并确认，如果监视系统监视不到报警区域，则值班人员通过通信工具通知现场值班人员到现场进行确认。

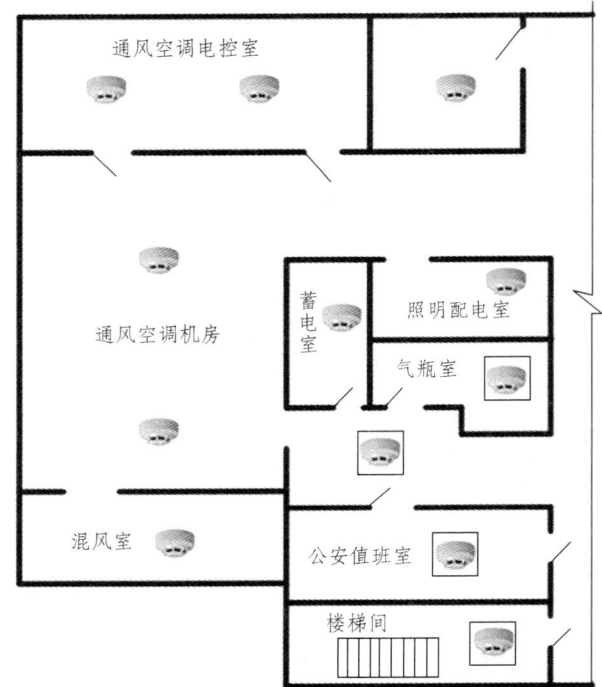

图 3-11 站厅 A 端防火分区设备布置图

**3. 消防联动模式**

启动消防联动模式后,火灾自动报警系统自动实现火灾探测、火灾报警功能、控制和监视火灾时的排烟、排烟防火阀的动作状态,控制相关消防设施的联动,接受其状态反馈信号,并将信息上报至控制中心。

# 任务四 电力监控(PSCADA)系统

### 任务描述

电力监控系统作为城市轨道交通供电系统的重要组成部分,实现对供电系统中各类设备运行状态的监视和控制,保障供电系统的稳定运行及异常状况下的快速紧急处理,是城市轨道交通系统中不可或缺的重要组成部分。随着计算机技术、网络技术的高速发展,电力监控系统已在轨道交通行业广泛应用。变电所无人值班,远程监控已经成为供电专业的发展方向。

### 任务目标

**1. 知识目标**

(1)熟悉 PSCADA 系统基本功能。
(2)了解 PSCADA 系统的构成。

## 2. 能力目标

熟知控制中心调度主站、变电站自动化系统以及通信信道的功能。

## 3. 职业素养目标

（1）精益求精、严谨细致、操作规范。
（2）安全意识、协作意识、服务意识。

### 知识储备

轨道交通 PSCADA 系统的 12 kV 开关柜、750 V 开关柜、0.4 kV 开关柜、牵引变压器、硅整流器、配电变压器、排流柜、杂散电流监测装置、牵引网电动隔离开关、再生能量利用装置、钢轨电位限制装置等配置的综合测控保护装置、智能采集装置等，通过通信接口连接实现对轨道交通电气设备的集中监控。

## 一、电力监控系统基本功能

### （一）中央级电力监控功能

#### 1. 控制功能

PSCADA 的控制功能是指当供电系统处于完全正常的运行状态之下时，即使运行方式发生了改变、正在进行处理故障作业或是进行相关检修维护，系统也不会出现异常的错误操作。出于对系统安全性能相关方面的考虑，就算是在同一时间也只能有一台计算机具备控制权，并且可以进行遥控操作。

#### 2. 信息处理与显示

控制中心实时接收并显示并来自被控站上位监控单元的数据信息，而这些信息反映的是各类设备的各类状态，经过数据处理之后，发出报警或是进行相关的处理操作，通过这种方式来完成对被控站的监控。

（1）遥信功能。其包含的内容主要有：各种开关、刀闸和断路器的合分状态。保护遥信也叫作单位置遥信，其包含的内容主要有：事故遥信的正常状态或故障状态，预告遥信是否正常。

（2）遥测功能。就是遥测仿真数据，即把每个变电站内测量物件的交流电流、零序电压和电流、直流电压和电流、有功或无功功率、功率因子、蓄电池电压等电气量以及变压器温度等非电气量送入调度中心。

（3）报警信息处理。其报警方式的种类有：声音、语音、灯光和文字报警等。报警时可以选择其中的任意一种报警方式(也可以选择几种)，在调度工作站或是其他的工作站都可能会发生报警，系统可以有选择的报警或登录操作员工作站,根据其职责通过过滤控制选择报警。

（4）数据处理系统。其主要用于接收数据信息，这些数据信息通过通信信道由被控站的上位监控单元发送，经过逻辑处理后，通过 LED 显示，最后由打印机打印出来。同时，它能够将数据分别存储到实时和历史数据库中。

### （二）变电站自动化系统功能

变电站自动化系统由间隔层设备、网络层、管理层三个部分组成，能够实现的功能有：
（1）采集间隔层装置的信息和下发控制命令。
（2）接入智能间隔层设备的通信，实现所内的连锁与联动关系。
（3）接入与上层监控系统的通信和信息交互，根据需要，具有人机界面功能，完成对所内设备的测量和控制。

### （三）站级管理层功能

变电站自动化管理层设备包括通信控制器、音响报警、显示设备等。
（1）通信控制器的主要功能是通过通信网络实现每个间隔层设备的数据采集和输出对其的控制；完成通信规约的处理；分别适应并实现与控制中心和变电所内间隔设备的网络通信，从而实现对设备的集中管理和监控；同步各个间隔单元，并且通过软件对时，与控制中心时钟系统保持同步；当系统发生故障时开启报警音响；具备自恢复、自诊断和看门狗功能。
（2）音响报警装置分为事故音响和预告音响两种，它采用自动复归的方式，能够任意改变音响时间，另外还安装了音响投入和删除转换开关。
（3）变电站当地人机界面的显示和对当地设备的控制是由控制信号屏上的液晶显示器完成的。

### （四）间隔层设备功能

（1）10 kV（35 kV）交流系统。交流系统的间隔层装置负责完成继电保护、遥信、遥测等任务，它是一个独立存在的单元，一般由进线、母线、变压器间隔的测控保护装置组成。包含硬接线的开入、开出点，可以和直流系统构成连动和连锁关系。
（2）750 V（1 500 DV）直流牵引系统。变电站中最重要的系统就是直流牵引系统，由于复杂的连锁和联动关系，所以保护测控系统一般选择保护测控装置+PLC，它的电量保护系统主要实现的保护包括：电流增量、过电流、$di/dt$ 保护、电流速断保护等。
（3）0.4 kV 系统。城市轨道交通电力 SCADA 中的全部动力照明电源都是从 0.4 kV 系统获得，开关本身以及成套装置是保护测控系统的组成部分，其中成套装置的任务是完成继电保护，除此之外，还要采集电流和电压信号，计算电度值、频率值和功率值等。

## 二、电力监控系统构成

作为一个分层分布式的自动化系统，电力监控系统从底至上包括分布在现场的间隔层装置、完成现场通信的网络、变电站的管理层、通信信道和调度中心的局域网。

当前，电力监控的监控内容有：分布在接触网上的电动隔离开关、一些主要的电气设备，这些电气设备分布在主变电所或降压变电所（见图 3-12）。

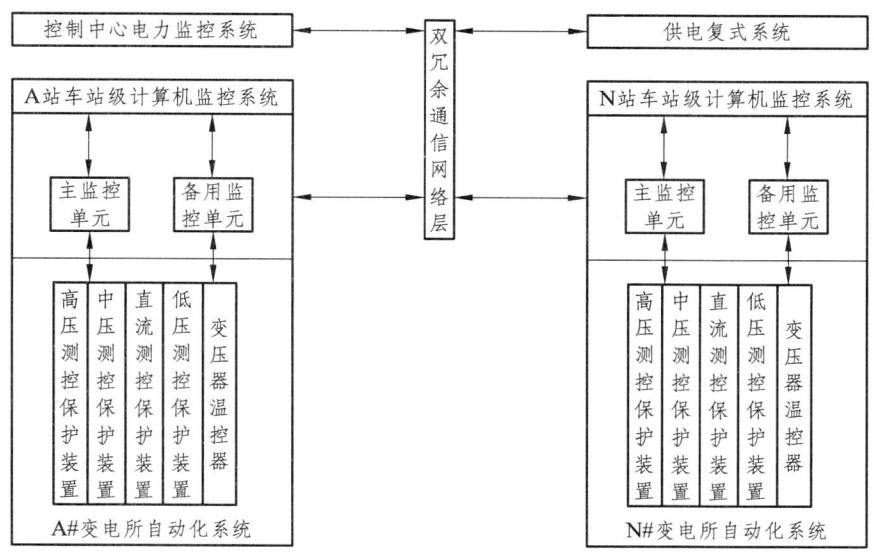

图 3-12 中央监控系统

（1）控制中心调度主站。在地铁交通 PSCADA 系统中，控制中心监控系统作为一个最重要的节点，要完成对数据的采集、处理、存储以及管理任务，此外，共享数据和对系统的实时控制也由其来完成。控制中心的数据信息和变电所的数据信息可以相互交换，它们由通信信道来完成，其中，变电所自动化系统和变电所内的各智能化电气设备通信由通信网来完成。

（2）变电站自动化系统。变电站自动化系统是由变电站管理层、通信网络和间隔层组成的，各种间隔层智能设备通过现场通信网络的连接组成了变电站综合自动化系统。间隔层设备是微机保护测控装置和带有智能通信接口的设备，它具有智能化的优点。间隔层设备基本功能的运作不需要通过通信网络。变电站综合自动化系统的运行管理、通信管理和人机界面的交互等都是由变电站管理层来完成的。

（3）通信信道。通信信道就是根据不同的场合采用不同的通信信道方式，如选用点对点串行通信或是网络方式。整个监控系统稳定运行的前提是通信信道的畅通。因此，通信信道既是贯穿于整个系统的重要部分，也是调度中心和被控站之间的桥梁。

# 任务五　乘客信息（PIS）系统

## 任务描述

乘客信息系统（Passenger Information System，PIS）是依托多媒体网络技术，以计算机系统为核心，通过设置在站厅、站台和列车客室的显示终端，让乘客及时准确地了解列车运营信息和公共媒体信息的多媒体综合信息系统，是地铁系统实现以人为本，提高服务质量，加快乘客行车速度，负责安防反恐、运营、紧急救灾、地铁公益广告、天气预报、新闻、交通等各种信息传递的重要设施，也是提高地铁运营管理水平、扩大地铁对乘客服务范围的有效工具。

> 任务目标

1. 知识目标

(1) 熟悉 PIS 系统基本功能。
(2) 了解 PIS 系统的构成。

2. 能力目标

了解 PIS 系统的应用情况。

3. 职业素养目标

(1) 精益求精、严谨细致、操作规范。
(2) 安全意识、协作意识、服务意识。

> 知识储备

乘客导乘服务既是城市轨道交通车站运营管理的重要组成部分,也是实现运营服务、客流有效管理和疏导的重要手段。其中,乘客信息系统(PIS)作为车站最重要的动态显示导乘服务手段,在不断完善和发展的同时,也衍生出了多样化的导乘服务方式,如表 3-1 所示。

表 3-1 运营导乘信息服务方式

| 运营导乘信息服务种类 | 服务对象 | 服务方式 | 服务范围 |
| --- | --- | --- | --- |
| 乘客信息系统(PIS) | 乘客 | 多媒体显示 | 全路网 |
| 乘客诱导信息系统 | 乘客 | 多媒体显示 | 换乘车站/重点车站 |
| 车站自动售票机上方运营导乘屏系统 | 乘客 | 多媒体显示 | 个别车站 |
| 运营服务标识 | 乘客 | 灯箱/导向标识 | 全路网 |
| 客服中心技术支持系统 | 工作人员 | 多媒体显示 | 全路网 |
| 广播系统 | 乘客/工作人员 | 声音 | 全路网 |
| 地铁服务监督电话 | 社会 | 电话 | — |
| 轨道交通官网 | 社会 | 因特网 | — |
| 运营便民信息 | 乘客 | 印刷品 | 全路网 |
| 机器人导航、语音查询 | 乘客 | 特殊 | 试点 |

PIS 整合了网络中各车站和车载的客流及运营、轨道交通移动电视等信息,并实现多渠道、多载体的信息发布功能,是面向乘客最主要的运营导乘服务系统。随着轨道交通路网规模的不断扩大和客流量的不断增加,在此基础上又开发投入了乘客诱导信息系统(出入口、换乘通道)、运营导乘屏系统(售票区域)等运营导乘服务系统。

一、运营综合导乘系统融合

PIS、乘客诱导信息系统、运营导乘屏系统作为轨道交通车站信息化动态显示系统,具有运营导乘、信息发布、客流疏导、结合公众媒体等重要功能。随着网络化信息服务需求的增长，本着"信息共享、资源整合"合理化利用的原则，对基于 PIS 的乘客诱导信息系统、运营导乘屏系统融合方案做深入的研究和分析，以期整合为一个运营综合导乘系统。

（一）终端设备设置

PIS、乘客诱导信息系统、运营导乘屏系统均是通过车站动态显示终端设备为乘客提供信息服务的系统。通过对各个系统在车站的终端设备位置的分析得知，在换乘车站及大型枢纽车站出入口、车站站厅售票区域都存在终端设备重叠的可能性，如表 3-2 所示。实际上，在轨道交通新线建设中，一般都在车站上述区域设置 PIS 的显示终端。根据运营需求，乘客诱导信息系统、运营导乘屏系统会对上述区域未覆盖 PIS 的车站加装各自的终端设备。遵循"在同一区域设置统一显示终端"的设计理念，在换乘车站及大型枢纽车站出入口、车站站台售票区域统一设置基于 PIS 的运营综合导乘终端显示设备，达到终端融合、资源共享的目的。在显示终端的选型上，车站出入口显示终端的屏体形式宜采用 LED 显示屏与导向灯箱相结合的方式；站厅售票区域宜采用中间大屏加两侧副屏组合的方式；上、下行站台区域宜设置显示屏或其他多媒体显示设备。

表 3-2　车站运营导乘系统的终端分布

| 乘客信息系统（PIS） | 乘客诱导信息系统 | 运营导乘屏系统 |
|---|---|---|
| 上、下行站台区 | 换乘车站及大型枢纽车站出入口 | 车站站厅售票区域 |
| 车站站厅售票区域 | 车站换乘通道两端 | — |
| 换乘车站及大型枢纽车站公共区 | — | — |
| 换乘车站及大型枢纽车站出入口 | — | — |

（二）系统架构融合

运营综合导乘系统基于乘客信息系统架构并融合运营导乘屏系统、乘客诱导信息系统，使其成为一个统一的、综合性的运营导乘系统。在轨道交通控制中心（C3 或 OCC）延续乘客信息系统架构，仅需在接口服务器侧接入运营状态信息、票务清分中心数据、列车实时客流数据。车站级系统通过传输通道转播来自控制中心的实时信息，并在其基础上叠加本站的信息，如火灾自动报警系统信息、广播系统信息以及各类个性化信息等。显示设备部分包括车站内各种显示载体（包括 LCD 显示屏、LED 显示板、站台门玻璃投影、云座椅等），涵盖上、下行站台，站厅售票区，公共区，出入口等。运营综合导乘系统架构拓扑如图 3-13 所示。

（三）系统功能的融合

运营综合导乘系统作为一个综合性的导乘系统，融合了 PIS、乘客诱导信息系统、运营导乘屏系统的所有功能。除具备乘客信息服务、多种信息发布、应急模式播放、疏散引导、时钟显示等 PIS 的总体功能外，还应具备根据路网运营管理大客流处置方案，应对不同等级的客流工况，实现标准化、智能化和信息化的客流引导、轨道交通路网全景及票价中英文显示、末班车不可达等功能。运营综合导乘系统功能如表 3-3 所示。

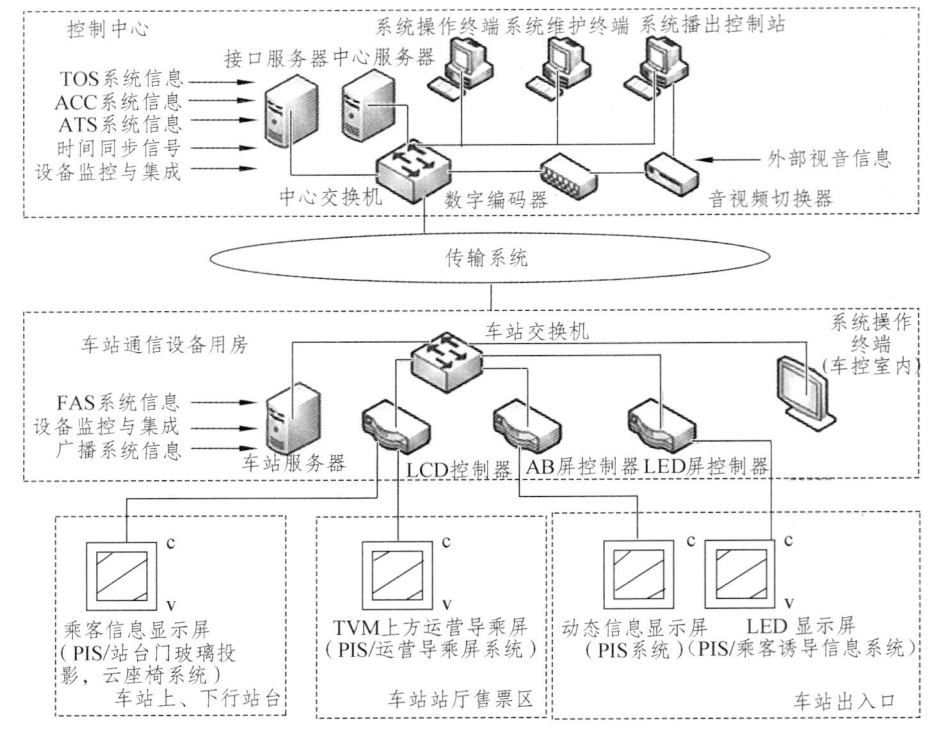

图 3-13 运营综合导乘系统架构拓扑图

表 3-3 运营综合导乘系统功能

| 模式 | 运营综合导乘系统 | | | |
|---|---|---|---|---|
| | 出入口<br>（动态显示屏） | 出入口<br>（LED 显示屏） | 换乘通道 | 站厅售票区 |
| 正常模式 | 时间信息、网络运营状态信息、网络动态可达信息、重要公告、地面交通接驳提示、站内地理信息、站外主要地理信息 | 出入口导向标识、安全须知、首末班车时刻、宣传通告等 | 线路导向标识、安全须知、首末班车时刻、日期时间、宣传通告等 | 时间信息、中英文网络票价信息、本站首末班车时刻信息、车站温馨提示、票卡提示 |
| | | 出入口导向标识、售票停止提醒、本站末班车信息（晚间停运情况） | 线路导向标识、售票停止提醒、本站末班车信息（晚间停运情况） | 时间信息、中英文网络票价信息、本站首末班车时刻信息、末班车不可达功能、车站温馨提示、票卡提示（末班车不可达情况） |
| 大客流模式 | | 出入口导向标识、车站管理措施、安全提示、各类公告线路导向标识、车站管理措施、安全提示、各类公告 | | 时间信息、中英文网络票价信息、本站首末班车时刻信息、各类公告（黄色大客流情况） |
| | | | | 时间信息、网络运营状态信息、实时运营状态信息、车站地面公交信息、各类公告（黄色大客流情况） |
| 防灾救灾模式（全屏显示） | 安全指引、应急措施（发布即时编辑的文字信息或预制的图片、文字信息） | | | |

## 二、乘客信息系统的应用

随着轨道交通路网规模的不断扩大，广大乘客出行时对轨道交通愈加依赖，获得车站设施设备状况、车站拥挤程度、线路是否停运、限流措施等重要信息的需求凸显。因此有必要结合试点车站的应用效果，提高及完善车站综合导乘系统的信息化和智能化程度，进一步提升轨道交通人性化、个性化、国际化的运营导乘服务水平。

在系统架构上可实现多系统的融合，例如：建立与广播系统的融合，实现语音、文字、视频流服务统一的功能，以满足日趋复杂的运营模式与高标准的运营需求；还可进一步考虑通过获取列车自动监控系统（ATS）的列车满载率数据，将运营综合导乘系统的操控界面和ATS操控界面相整合，实现一旦ATS操作界面上出现故障提示，行车值班员可直接操作运营综合导乘系统对车站乘客、工作人员进行提示的功能。

在功能上可结合智慧车站、5G技术的发展，在导乘服务方面以更直观、更实时的方式予以展现。例如：以车站三维立体模型实时展示当前车站设施设备（自动扶梯、闸机、厕所）的状况及位置，通过车辆称重数据分析发布不同车厢内乘客拥挤度，以进行乘车引导，设置交互式服务终端（触摸屏或机器人）为乘客提供车站周边信息等。

在终端设备上，可结合不同地域轨道交通的特性，通过多类型的方式来呈现。例如：在车站设置站台云座椅、屏蔽门玻璃投影、屏蔽门内嵌显示屏等多种方式替代传统显示终端；在车站站台终端设备的布局上，可结合导向牌、广播扬声器、天线装置、显示终端、照明灯具等设备打造一体化整体统一标识，美化站台空间且实现多信息整合的目的。

基于PIS的轨道交通车站运营综合导乘系统能够让乘客及时准确地了解列车运营信息、公共媒体信息以及各类个性化、人性化、国际化的服务信息。随着国内轨道交通的快速发展，未来将进一步整合与集成各类信息资源，利用移动互联技术，服务于轨道交通运营导乘需求，发挥轨道交通系统公共基础设施的最大效能。

# 任务六　综合监控（ISCS）系统

### 任务描述

综合监控系统（ISCS）是城市轨道交通线网/路运营管理的核心组成部分，与城市轨道交通多种应用系统进行集成与互联，例如电力监控系统（SCADA）、火灾自动报警系统（FAS）、环境与设备监控系统（BAS）、信号系统（ATS）、自动售检票系统（AFC）等。综合监控系统构建统一的信息监管平台，通过群组控制、模式控制和点动控制的方式，保障多系统实现节能高效、协调稳定的自动化工作，有益于提高轨道交通的运营管理效率和智慧化建设标准。

### 任务目标

1. 知识目标

（1）熟悉ISCS系统基本功能。

（2）了解ISCS系统的构成。

## 2. 能力目标

了解新型线网级综合监控系统。

## 3. 职业素养目标

（1）精益求精、严谨细致、操作规范。
（2）安全意识、协作意识、服务意识。

### 知识储备

## 一、传统综合监控系统架构

城市轨道交通综合监控系统典型的系统架构采用分层、分布的处理模式，分为线路级综合监控系统、车站级综合监控系统和现场级设备。线路级和车站级综合监控系统均部署应用资源，承担集成和互联系统的监控和联动控制业务。传统综合监控系统架构如图3-14所示。

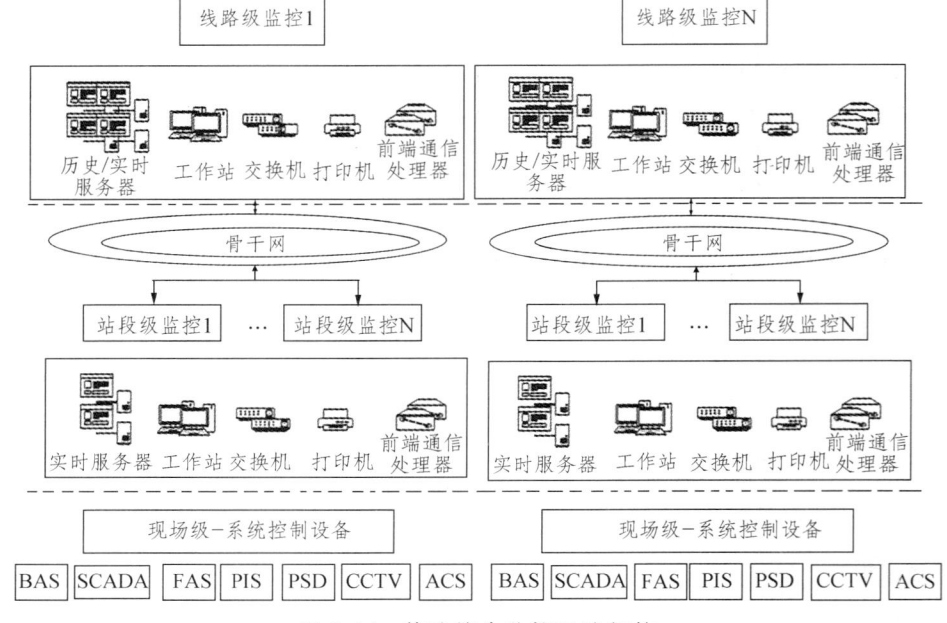

图3-14 传统综合监控系统架构

（一）线路级综合监控系统

线路级综合监控系统负责本条线路多个车站被控设备的状态信息采集和报警、相关联动设备的控制、应急情况下的设备监视、系统维护和诊断、权限管理等业务。主要由线路级冗余实时服务器、线路级历史服务器、调度员工作站、冗余前端通信处理器、网络管理系统、培训管理系统、仿真测试平台、系统网络和系统软件等组成。

（二）车站级综合监控系统

车站级综合监控系统负责本车站被控设备的监视与控制、报警管理与报表生成、系统组态等业务。主要由车站冗余实时服务器、前端通信处理器、调度员工作站、系统网络和系统软件等组成。

(三) 现场级设备

综合监控就地集成系统，如 FAS、BAS、SCADA 等构成现场级设备。这些系统的设备状态可由综合监控实现集成式的系统组态，将其作为综合监控系统的一部分。

## 二、新型线网级综合监控系统

新型线网级综合监控系统也采用 3 级架构，包括线网中心级系统、站段级系统和现场级设备。与传统 3 级系统架构相比，新型线网级综合监控系统对系统架构进行了优化，并对线网中心级和站段级系统的功能及应用部署重新定位。其中，线网中心级系统分为主用中心级系统和灾备级系统，负责全线网范围内各站段级综合监控系统的业务集中处理。站段级综合监控系统负责对本站段范围内的被控设备进行数据采集和联动控制操作。新型线网级综合监控系统架构如图 3-15 所示。新型线网级综合监控系统采用中心集中处理的应用架构，取消了传统架构下的车站冗余实时服务器，在线网中心集中设置历史服务器和实时服务器，集中处理线网管辖范围内多条线路和车站的各类数据信息。简化了传统综合监控系统数据处理的层级和步骤，精简了多层级分布式的业务处理模式，使相同数据在不同层级之间的处理流向更为清晰。

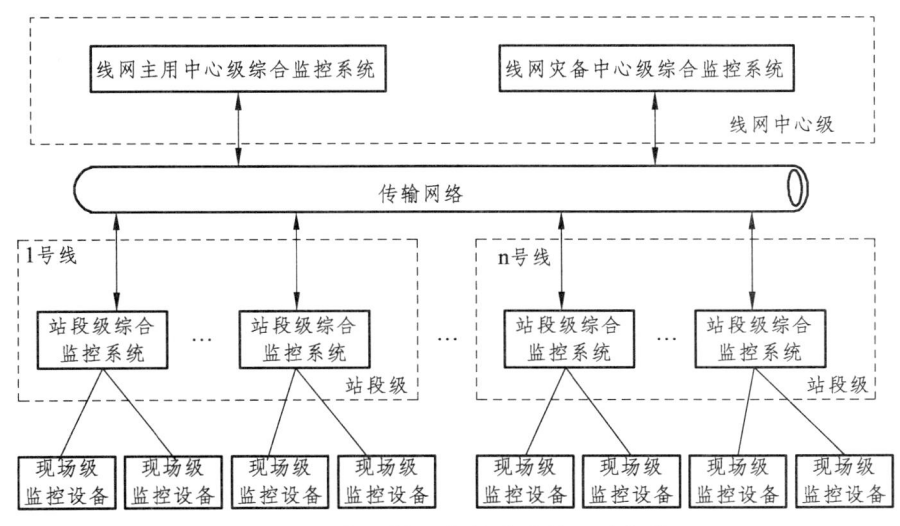

图 3-15 新型线网级综合监控系统架构

(一) 线网中心级综合监控系统

线网中心级系统承担该区域内所有线路及其所辖站段的全部数据处理业务，将多条线路的站段级系统数据集中到线网中心级层面，设置线网主用中心级系统和线网灾备中心级系统双中心系统架构，如图 3-16 所示。

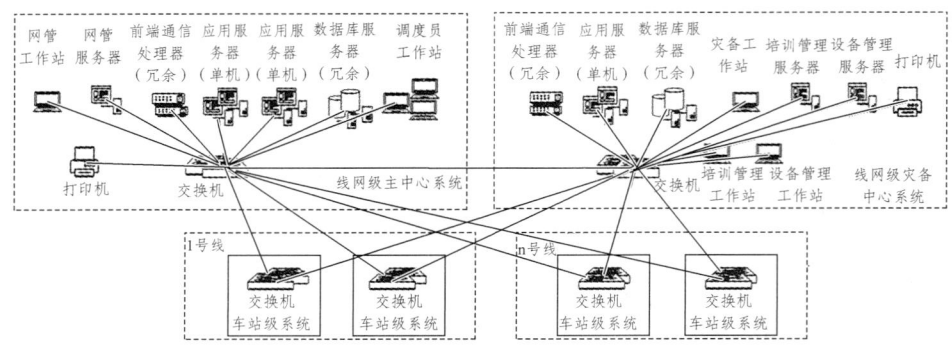

图 3-16　线网中心级综合监控系统架构

**1. 线网主用中心级综合监控系统**

线网主用中心级综合监控系统由冗余中心级应用服务器（集群化部署）、冗余中心级数据库服务器、冗余中心级前端通信处理器、线网级调度员工作站、网管系统、冗余中心级以太网交换机及系统软件构成。网管系统设置于主用控制中心，由网管服务器和网管工作站等设备构成。其中，冗余中心级前端通信处理器、冗余中心级应用服务器、冗余中心级数据库服务器、网管服务器需配置操作系统、应用软件和数据库软件；线网级调度员工作站和网管工作站需配置操作系统、人机接口界面应用软件和人机接口界面组态数据等。

**2. 线网灾备中心级综合监控系统**

线网灾备中心级综合监控系统由集群化部署的单机线网中心级应用服务器、单机线网数据库服务器、主备冗余的前端通信处理器、灾备工作站、打印机、培训管理系统、设备管理系统、主备冗余的中心级以太网交换机及系统软件构成。培训管理系统设置于灾备中心，由仿真测试平台、培训管理服务器、培训管理工作站等设备构成；设备管理系统设置于灾备中心，由设备管理服务器、设备管理工作站等构成。相关软件中，前端通信处理器、中心级应用服务器、线网数据库服务器、培训管理服务器和设备管理服务器需配置操作系统、应用软件和数据库数据软件；灾备工作站、设备管理工作站和培训管理工作站需配置操作系统、人机接口界面应用软件和人机接口界面组态数据等。

与传统综合监控系统服务器配置方式相比，新型线网综合监控系统采用扁平化的部署方案，改变了传统线路级和车站级系统均部署应用服务器的分层、分布式处理部署方式，简化了数据处理的层级和步骤，提高了综合监控系统的资源利用率，以便于统一管理和降低运维成本。为保证线网中心级综合监控系统的稳定性，根据被监控系统的设备点数，对线网级系统应用服务器进行集群化部署，按照区域划分，以 3~5 个车站数量为单位，每区域配置 1 对双机热备的实时服务器。

（二）站段级综合监控系统

站段级综合监控系统主要由主备冗余的前端通信处理机、接入以太网交换机、车站值班员工作站和系统软件构成，系统架构如图 3-17 所示。站段级系统不设应用服务器，仅保留设置值班员工作站。站段级直接与线网级系统互联，负责本站段范围内监控设备的联动功能和紧急情况下的后备控制功能。站段级综合监控系统利用传输系统连接线网主用中心级系统和灾备中心级系统，实时上传站段级的基础数据和接收中心级的控制命令。

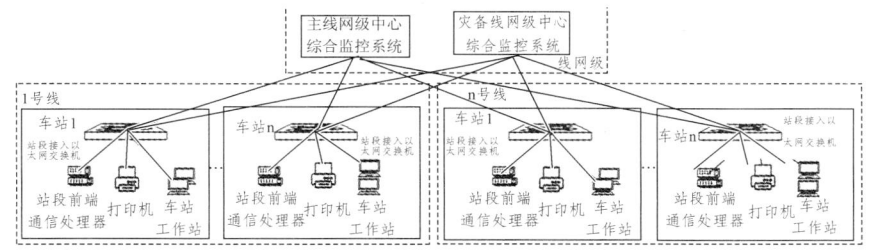

图 3-17　站段级综合监控系统架构

（三）现场级设备

综合监控就地集成系统如 FAS、BAS、SCADA 等，作为综合监控系统的现场级设备，可根据运营部门对于集成模式的要求进行调整，也可与传统模式保持一致。

随着城市轨道交通信息化和智能化的发展，新型线网级综合监控系统实现了对线网架构的全面融合，减少了中心级和站段级系统应用架构中服务器配置的数量，提高了系统硬件设备的运行效率，降低了系统能耗，有效地减少了建设投资和运营成本，为智慧轨道交通系统融合和云计算部署打下坚实基础。

# 任务七　城市轨道交通控制中心系统

### 任务描述

随着时代的发展以及科技的进步，城市轨道交通已经不再是过去简单的线路发展了，而是形成了一定的规模，逐渐进入了网络化经营的阶段。传统单一的运营管理模式已经无法满足城市轨道交通快速发展的需要了，这就需要在单一运营的基础上对其网络化模式进行关注，使城市轨道交通控制中心可以有效地控制轨道车辆和轨道资源，进而确保城市轨道交通的良好运行。

### 任务目标

1. 知识目标

（1）熟悉 ISCS 系统基本功能。
（2）了解 ISCS 系统的构成。
（3）了解 ISCS 系统的应用情况。

2. 能力目标

了解北京轨道控制中心 TCC。

### 3. 职业素养目标

（1）精益求精、严谨细致、操作规范。

（2）安全意识、协作意识、服务意识。

> 知识储备

## 一、控制中心系统基本功能

网络化运营与单线、多线运营方式不同，城市轨道交通网络线路纵横交错，交叉点即换乘车站多处分布，形成了四通八达、排布有序的各种通路，这些通路的存在，使运营管理和客运组织方式更为复杂多样，并赋予了网络运营新的特点。因此，为保证城市轨道交通网络各线路的安全、集约和高效运营，为给乘客提供优质服务，对整个城市轨道交通路网的运营指挥控制职能在原有线路运营控制的基础上提出了以下两点新的需求。

（1）在正常情况下，协调审查各条线路运营组织方案，汇总发布网络实时运营信息，以及对网络中随时出现的有关问题做出迅速的处理，以提高城市轨道交通网络运营整体有效性、安全性和可靠性，实现网络设施的资源共享和科学管理，实现并促进各运营线路之间、不同运营主体公司之间更为有效、合理、协调地工作。

（2）在紧急情况下，对网络、重要枢纽、换乘节点及列车运行进行统一调度指挥，及时调动相关各种资源，迅速处置，实现城市轨道交通应急处置与城市应急指挥之间的协调。

### （一）核心功能

一个基于网络化运营的系统、完整、高效的控制中心应包括线路运营控制、网络协调管理和应急指挥三大核心功能。

线路运营控制主要是指对各线路的列车运行、电力供应、车站设备和乘客票务等实行统一调度指挥和监控管理，即原有的运营控制中心职能。网络协调管理是面向整个城市轨道交通网络，主要实现线路间的信息共享、监督协调、指令下达和辅助决策等职能。网络应急指挥是指当路网有突发事件发生时，根据预案，实现统一应急指挥、各相关部门应急联动、对内对外信息发布和协同处置，如图 3-18 所示。

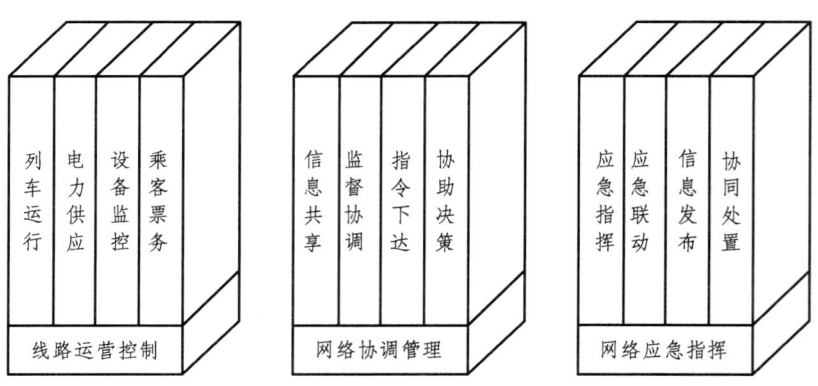

图 3-18 运营指挥控制系统

## （二）其他功能

线路运营控制、网络协调管理、网络应急指挥这三大功能是路网控制中心承担线网调度指挥职责所需具备的核心功能。此外，为了更好地发挥城市轨道交通路网管理中枢的作用，可将其他分散设置的票务管理、维护保障、运营优化等网络层面的业务纳入整个功能体系。

（1）网络票务管理功能的实现需要系统具有票务清分、账务管理、信息管理、安全管理和车票发行的能力。

（2）网络维护保障功能需要系统具备安全监测、抢修调度和维护调度能力。

（3）网络运营优化主要围绕如何提升运能、降低运营成本、节能减排、优化服务和绩效考核开展。

## 二、控制中心架构

城市轨道交通路网的运营指挥控制体系，一般采用"三层管理、三级控制"的模式（见图 3-19），可实现城市轨道交通网络的统一运营协调、监督管理和网络应急指挥。

三层管理包括网络协调管理层、线路运营控制层及车站控制层。

三级控制保持城市轨道交通线路控制中心模式的结构，包括中央控制级、车站控制级及现场控制级。路网控制中心管理整个城市轨道交通路网，与各线路控制中心保持联系，监视、协调和指挥所有城市轨道交通线路的运营，以保证城市轨道交通路网的运营安全及有效运作。

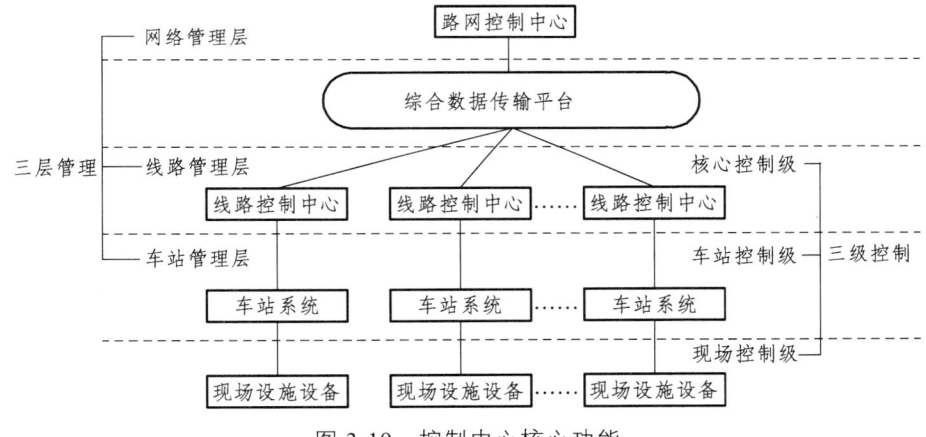

图 3-19 控制中心核心功能

## 三、控制中心关键系统支撑

路网控制中心功能的实现离不开关键系统支撑，分析总结已建城市的系统运行经验，包括但不限于下述九大系统。

（1）信息传输和通信网络系统：路网控制中心作为城市轨道交通网所有运营数据的中心，承担数据集中和分发的任务。为实现系统整体性的智能化管理，须在各线路之间构建一个高效稳定的通信网络，以便各线路子系统将其运行数据传输至中心，实现信息采集和数据交互。

（2）数据汇集、处理、分析系统：路网控制中心集中了城市轨道交通网络内的相关业务数据，而各线路子系统数据存在异构性，需要对数据进行集成，以满足中心应用的要求。同时，由于数据量极其巨大，必须构建一个符合网络特点的、高效合理的数据存储、数据备份、数据恢复机制的分布式数据处理系统，以满足日益增加的应用需求。

（3）指令下达及指挥系统：针对突发事件，路网控制中心需要建立高效的指挥和指令下达系统，按科学的处置流程合理地实施应急预案，以迅速排除事故，减少损失。

（4）综合显示系统：用于显示城市轨道交通 ATS、PSCADA、CCTV、AFC、FAS/BAS 等信息，为路网控制中心协调应急指挥提供现场的第一手资料，系统主要由综合显示屏、数据库、工控机和系统应用软件等组成。

（5）智能公务通信系统：该系统在各线路 OCC、路网控制中心及其他业务机构设置终端，通过网络提供通道，加强各中心管理职能部门间的语音、可视交互、OA（办公自动化）等的联系沟通，提高办公效率。

（6）实时图像监控系统：该系统实现整个网络图像监控系统的联网，建立统一的、数字化的图像信息数据库，实现实时图像和历史图像的网络查询、检索和共享等功能。实时图像监控系统可进行监视、图像选择、切换、摄像范围控制和录像等具体操作。该系统的建设依托上层视频网落实完成，在 COCC 配置相应的硬件设备和控制终端（根据调度大厅席位设置）。本系统由上层视频网负责具体的实施工作。

（7）无线调度系统：本系统提供城市轨道交通路网内的无线调度工具，建立统一的无线调度频点分配与功能规划，从而实现全路网无线系统互联互通。

（8）辅助决策系统：借助于 FAS、BAS、ATC、AFC、网络运行安全监控等系统的集成平台和相关专业软件系统，实现对现场状况的实时监督，遇紧急情况，自动或人工触发专家分析系统及预案程序，完成指令下达、信息发布及整体联动等功能。同时，在处理过程中，为了更好地为决策者提供现场处置信息，可建立 GPS/GIS（全球定位系统/地理信息系统），实时定位抢修车辆以及掌握现场站点环境及周边道路状况等。

（9）信息发布系统：信息发布系统主要分为对内和对外信息的发布。对内根据预案将必要的诱导信息发布到相关车载 PIS 显示屏、车站 PIS 显示屏、车站动态信息屏、车站智能查询屏等终端上显示。对外主要通过卫星电视、地铁电视、广播、地铁门户网站等向市民发布相关信息。

## 四、北京轨道控制中心 TCC

北京 TCC（Traffic Control Centre）（见图 3-20）系统作为北京轨道交通路网的中央协调角色，负责协调各条线路的控制中心及各运营主体，它具有综合监视（ISS）、多轨道线路多交通系统运营协调、应急指挥，信息共享等职能。

北京 TCC 系统从 2006 年 3 月份开始建设，于奥运前投入运行，到目前已完成北京地铁 1 号线、2 号线、13 号线、八通线、5 号线、10 号线、机场线和 4 号线各专业的接入。北京 TCC 系统接入的线路各专业包括综合监控系统（ISCS）、乘客信息系统（PIS）、闭路电视监控系统（CCTV）、环境设备监控系统（BAS）、电力监控系统（PSCADA）、信号系统（SIG）、消防报警系统（FAS）及自动售检票系统（AFC），另外还接入了清分清算中心（ACC）等。

图 3-20 TCC 大厅

（一）TCC 功能

TCC 能够实现运营监管、信息采集、运力配置、应急指挥、资源共享等功能。具体如图 3-21 所示。

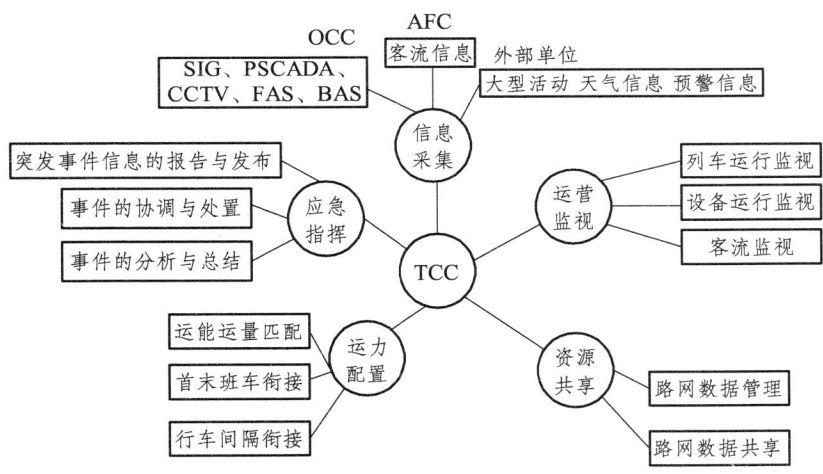

图 3-21 TCC 功能图

（1）指挥中心系统通过与线路 ATS、PSCADA、ISCS、CCTV 等系统接口，实时掌控路网列车运行、电力供应、主要环境控制系统设备及客流等运营信息，为指挥调度提供决策依据。

（2）除实时采集大量系统运行的动态数据外，TCC 还收集了大量车站建筑平面设计、各机电系统等设计图纸和基础资料，同时还预制了大量的车站视频资料。

（3）TCC 系统通过整合客运数据和行车数据，计算得出路网各断面的分时断面流量，对路网运能运力进行综合分析，为制订全路网运输组织方案、运力配置和调整计划提供辅助分析工具。

（4）TCC 系统设置了接处警管理、预案管理系统，同时建有紧急通知系统和乘客信息路网发布系统，可及时将突发事件信息迅速上报有关部门，并告知广大乘客。

（5）TCC 系统采集的各类运营信息除指挥中心系统内部应用外，同时还向市交通运营协调中心（TOCC）、市交通应急指挥中心、地铁运营企业调度指挥中心传送各类数据，实现了数据层面的资源共享。

### （二）TCC 系统架构

北京 TCC 系统由综合监视系统（ISS）、辅助决策数据库（DSDS）、运营信息报送系统（OIS）、线路设备考核系统（LEAS）、突发事件评估系统（IES）、闭路电视监控系统（CCTV）、测试和培训系统（TDS）等软件模块组成，各模块按照 TCC 系统功能的要求实现相应功能，并且除 TDS 软件独立运行在培训系统外，其他模块之间联系紧密或存在一定联锁关系，如图 3-22 所示。

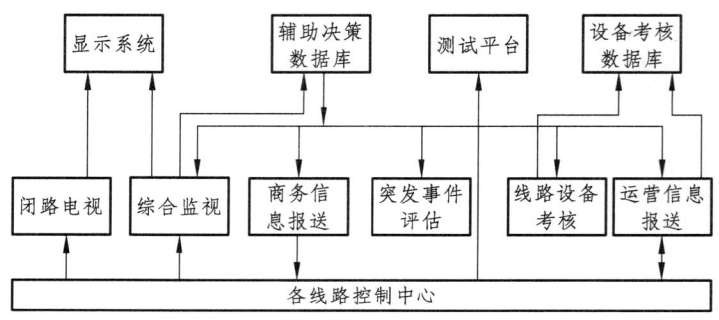

图 3-22　系统架构

各系统之间的数据接口如下所述。

（1）在实时数据采集方面，北京 TCC 系统与线路接口采用目前通行的工业以太网 Modbus/TCP 协议，方便了与线路 ISCS、BAS、PSCADA、FAS、SIG 等的通信。

（2）在与 CCTV 和 PIS 专业的通信接口中，北京 TCC 系统采用了自定义的文本协议。在经过与线路的接口测试后，已正式上升为线路接入规范。

（3）在与 AFC 和 ACC 专业的接口中，北京 TCC 系统采用了金融行业通用的 IBM MQ 中间件，然后在系统内部转换为实时数据。

### 思考与练习

1. 城市轨道交通的安全保障系统有哪些？
2. ATC 系统包含哪三个子系统？
3. ATC 系统分为哪几种？
4. ATO 能实现什么功能？
5. FAS 系统的基本功能有哪些？
6. PIS 系统在国内城市轨道交通中的应用情况如何？
7. BAS 系统的基本构成有哪些？

8. ISCS 系统的作用是什么？
9. 为什么要建设控制中心系统？
10. 控制中心系统的作用是什么？
11. 北京 TCC 系统的功能有哪些？

# 项目四　城市轨道交通正常行车的组织办法 ▶▶▶

　　在郑州，每天有 90 万人乘坐地铁。一到节假日，紫荆山、郑州东站、郑州火车站、二七广场站、会展中心这些常规大站，更是摩肩接踵。为应对节假日"大客流"的考验，地铁站里所有工作人员的脑子里都绷着一根弦，从物品过安检机到扫描乘客全身，每一处都不敢疏漏。节假日是她们最忙碌、工作量最大的时候。负责地铁行车调度的李明丽也是如此，如遇到紧急事故，李明丽必须在第一时间做出应急指挥，安排工作人员第一时间到达现场。在李明丽工作的三年间，她处理过上千种故障问题，小到地铁报错站，大到道岔故障。而面对所有的故障问题，她都认真对待，及时处理。城市脚步匆忙，我们往往容易忽视掉身边很多的人和事。就像地铁行车调度员，在其他人都在庆祝节日的时候，她们还在一线奋战着。许多细微的情感，隐藏在这片嘈杂的地铁站里，期待被看见、被安抚。

图 4-1　工作中的李明丽

城市轨道交通的行车组织工作是指在运输生产过程中，为完成运送乘客的任务所进行的一系列与运输有关的工作。行车组织工作是整个轨道交通运输生产的核心环节，行车组织工作的好坏，直接影响乘客的交通方式选择意愿，甚至关乎乘客的生命安全。

与铁路相比，城市轨道交通系统的技术设备自动化程度较高，因此城市轨道交通系统的运输组织和运营工作相比于铁路更加简单。正常情况下的行车组织工作是指在设备及客流比较稳定的情况下，列车运行实现自动控制的基本步骤。

行车组织工作包括列车进出车辆段、正线列车运行组织和车站接发列车三部分，分别由车辆段、控制中心和车站三地协调完成，因此本项目内容也会分别介绍这三地的行车组织工作。城市轨道交通的列车运行由控制中心统一指挥，车站和车辆段作为一级调度，按照控制中心的指挥组织列车运行。

# 任务一　正常情况下的列车运行组织概述

## 任务描述

列车运行组织经历了人工控制方式、调度集中、行车指挥自动化三个阶段，其中行车指挥自动化不需要调度员太多人工操作，仅需进行监控即可，其余两种均需调度人工介入进行行车指挥工作。城市轨道交通运行控制设备正逐步向自动化、远程化、计算机化发展，现代地铁的行车组织控制方式多以行车指挥自动化为主，本次任务将重点介绍行车指挥自动化的列车运行组织。

## 任务目标

1. 知识目标

理解列车运行控制的三种方式。

2. 能力目标

能够描述三种方式的不同点。

3. 职业素养目标

（1）精益求精、严谨细致、操作规范。
（2）安全意识、协作意识、服务意识。

## 知识储备

城市轨道交通具有行车密度高、运行间隔小和安全运营要求高等特点。根据信号设备所提供的运行条件，正常情况下列车的运行组织一般分为调度监督下的自动运行控制、调度集中控制和调度监督下的半自动运行控制三种方式。

## 一、调度监督下的自动运行控制

列车自动运行控制是城市轨道交通列车运行组织的主要控制方式,自动运行控制方式利用计算机技术对列车运行实行自动指挥和自动监控,并且具备列车自动防护系统,可以提高行车安全系数。在正常情况下,系统根据列车运行图自动排列列车进路,列车以自动驾驶模式运行;在非正常情况下时,按调度指令调整行车计划。

实现调度监督下的自动运行控制的基本条件如下:

(1)计算机系统可输入及储存多套列车运行图,并可根据设定的列车运行图实现行车指挥功能。

(2)能够对正线运行的列车实行自动跟踪,显示进路、道岔位置、区间及线路占用情况。

(3)可自动或人工对列车运行进行调整,可人工对进路排列、信号开放、道岔转换进行控制。

(4)提供中央及车站两级运行控制模式,并可根据需要进行控制权转换。

(5)列车运行自动保护系统对列车运行设定防护区段,控制前、后列车运行的安全距离。

(6)列车可使用自动驾驶功能,也可采用人工驾驶,列车占用区间的凭证是列车收到的速度码。

(7)通过计算机系统自动绘制列车实际运行图,并进行有关运营数据的统计工作。

## 二、调度集中控制

调度集中控制下的行车组织方式是在控制中心行车调度员的统一指挥下,利用行车设备对列车在车站的到达、出发和折返等作业进行人工控制及调整。调度集中控制下的行车组织指挥由行车调度员实施。一般情况下,车站不直接参与行车组织工作。

实现调度集中控制的基本条件如下:

(1)应具有微机联锁和电气集中联锁设备,实现远程控制功能,并从设备方面提供列车的运行安全保障。

联锁

(2)通过控制屏或显示器可监控全线列车运行状态、信号显示、道岔位置及线路占用情况。

(3)应能利用微机联锁或电气集中联锁设备转换道岔、排列进路、开放信号,指挥和调整列车运行。

(4)应能自动或人工绘制列车实际运行图。

## 三、调度监督下的半自动运行控制

调度监督下的半自动运行控制方式是在控制中心行车调度员的统一指挥和监督下,由车站行车值班员操作车站微机联锁设备、电气集中联锁设备或临时信号设备控制列车运行。在一些新线上,由于信号系统尚未安装调试完毕,在过渡期运营时会采取这种方式进行行车组织。在信号设备完全安装完毕的条件下,当中央列车自动监控子系统设备发生故障时或在特殊情况下,也可采取此种方式。

实现调度监督下的半自动运行控制的基本条件如下：
（1）车站信号控制系统具有联锁功能，可对进路排列、道岔转换、信号开放实行人工操作。
（2）可实时反映线路占用、信号及道岔等工作状态，对线路上的列车运行进行监控。
（3）可储存信号开放时刻、道岔动作及列车运行等各类运行资料，并根据需要调用。
（4）车站根据调度指令对列车运行进行调整。
（5）计算机自动绘制或人工绘制列车实际运行图。

# 任务二　控制中心的行车组织

### 任务描述

随着时代的发展以及科技的进步，城市轨道交通已经不再是过去简单的线路发展，而是形成了一定的规模，逐渐进入了网络化经营的阶段。传统单一的运营管理模式已经无法满足城市轨道交通快速发展的需要，这就需要在单一运营的基础上对其网络化模式进行关注，使城市轨道交通控制中心可以有效地控制轨道车辆和轨道资源，进而确保城市轨道交通的良好运行。

### 任务目标

1. 知识目标

（1）掌握控制中心的功能。
（2）能够列举控制中心的主要设备、指挥架构、岗位设置。

2. 能力目标

能够阐述控制中心的日常运作方式。

3. 职业素养目标

（1）精益求精、严谨细致、操作规范。
（2）安全意识、协作意识、服务意识。

### 知识储备

## 一、运行控制中心概述

运行控制中心（OCC）也被称为控制中心，它既是轨道交通日常运营管理、设备维修和行车组织的指挥中心，也是轨道交通系统的信息收发与通信联络中心。图4-2为某城市轨道交通的控制中心大厅。

在正常情况下，控制中心监控列车运行，维持正线列车的运行秩序，确保列车运行的安全与正点。控制中心代表运营公司负责与外界及各运营机构的协调联络工作。而当运营过程出现紧急事件时，控制中心分析影响程度，记录处理经过，通报故障及延误情况，及时调整列车运行，尽快恢复正常运营，减少损失。

图 4-2　某城市轨道交通的控制中心大厅

运营控制中心通常设有调度主任和行车、电力、环控、信息与维修等调度员（其中维修调度员有设在控制中心的，也有设在维修部门的，不同城市的轨道交通公司有不同的分法）等工作岗位。

按中央调度实施地点的不同，控制中心可分为分散式控制中心、集中式控制中心和区域式控制中心。

### 1. 分散式控制中心

每条或两条线路设置一个运营控制中心，负责本线的运营调度监控和指挥，同时把运营信息上报有关部门。

### 2. 集中式控制中心

集中式控制中心是指轨道交通所有线路的运营监控和指挥集中到一个统一的控制中心，集中式控制中心负责全部线路的协调指挥工作。

### 3. 区域式控制中心

在轨道交通网络中，区域式控制中心负责其中几条线路的运营监控和指挥，一般每三条线左右设立区域式控制中心，负责这几条线的运营调度监控和指挥工作，并接受线网指挥中心的统一指挥。

## 二、控制中心的设备及功能

控制中心主要设有自动运行监控系统、通信系统、供电与环控系统的中央监控终端设备，以及其他一些监控设备终端，以此实现对列车的自动运行控制。为便于了解控制中心的运作，首先对控制中心的布置做以下介绍。

控制中心中通常利用一面墙布置大屏幕,其主要作用就是为行车指挥人员提供直观画面,便于及时掌握列车运行动态,为指挥工作提供依据。大屏幕一般分几个区域,分别是闭路电视监控、环控、电力监控和列车自动运行控制系统的列车自动监控系统等,用以显示各设备系统的运作情况以及各车站的现场情况等信息,列车自动监控系统主要包括轨道电路与信号设备平面布置图、正线线路及各车站的简图等。

在控制中心设有列车自动监控系统的人机接口调度员工作站(Man Machine Interface,MMI),安装在行车调度员的控制台上,如图4-3所示。它具有显示和控制功能,可以显示列车自动监控系统的功能现状、以往的操作和报警信息,它实现了对正线列车的调整,并可对正线的道岔、信号机和进路进行操纵和控制。

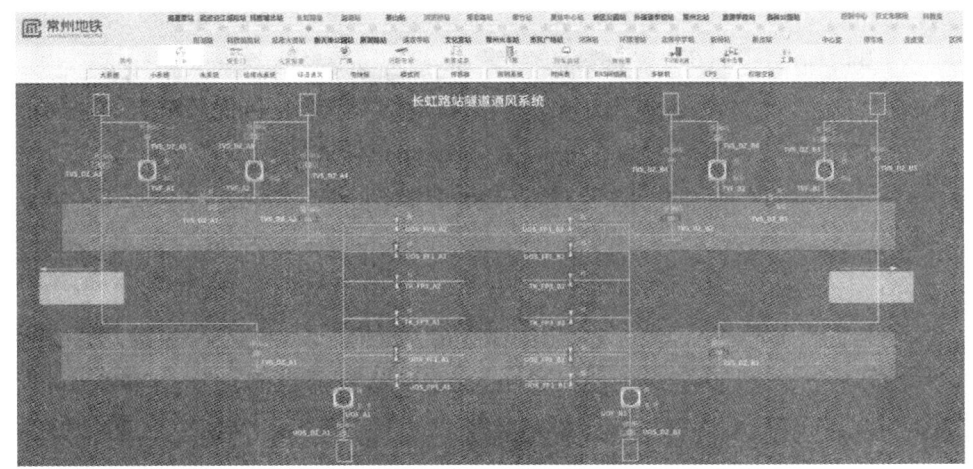

图4-3 某城市轨道交通控制中心的行车调度台

在列车自动监控系统正常的情况下,行车调度员通过MMI实现中央控制,在需要车站操作或列车自动监控系统不能正常使用时,可授权联锁站实行车站级控制。

中央联锁工作站(C-LOW),可实现对所管辖线路各联锁区的操作,在MMI发生故障或不能正常使用时,行车调度员可以使用中央联锁工作站对本线路联锁区内的列车进路及列车运行状态进行监督和控制。信号系统正常时,行车调度员可在中央联锁工作站上监督列车进路排列与列车运行状态。在正常情况下,行车调度员对全线列车的监控以MMI为主,以中央联锁工作站为辅。

运营控制中心的调度大厅是所有调度设备和人员集中的场所。其工作中使用的设备包括中央监控设备和中央通信设备两大类。其中,中央监控设备包括中央行车调度系统监控设备、中央电力调度系统监控设备和中央环控调度系统设备。中央通信设备包括调度电话和广播、闭路电视监视、调度命令打印及施工作业管理等系统。

(一)中央监控设备

**1. 中央行车调度系统监控设备**

中央行车调度系统监控设备主要包括列车自动监控系统的人机接口调度员工作站

（ATS-MMI）和中央联锁工作站（C-LOW）。

人机接口调度员工作站具备时刻表输入及储存、列车运行实时跟踪、列车晚点显示、运行图打印、列车运行调整中的扣停及跳停、车次变更设置等功能。中央联锁工作站除具备人工进路排列、信号开放、控制道岔转换等功能外，还具备列车扣停与提前释放运营停车点的功能。

当中央行车调度系统处在正常情况下时，列车的运行处于控制中心的信号设备自动监控状态。联锁系统根据列车自动监控系统的指令自动设置进路，列车在列车自动防护系统的安全保护下，按照列车自动监控系统的指令由列车自动驾驶系统自动驾驶列车，满足设计的行车、折返及列车出入段线等作业，并实现列车运行的自动调整。行车调度员则负责监督列车及设备的运行。

当运行被打乱而不能自动处理或遇其他特殊情况时，可人工介入，即运用联锁控制、调度调整和运行图数据应用等功能调整列车的运行。当信号系统设备发生故障而无法实现中央控制时，行车设备控制权下放到车站，当车站级信号设备无法控制现场设备时，则采用就地控制，并按有关规定处理。

### 2. 中央电力调度系统监控设备

中央电力调度系统监控设备的主要功能是对轨道交通各变电所、接触网设备进行实时监控和数据采集，使调度人员通过监控系统实时监控供电系统设备的运行情况，及时掌握和处理供电系统的各种故障与警报事件，准确实施调度指挥、事故抢修和故障处理，保证供电的可靠性与安全性。

### 3. 中央环控调度系统设备

中央环控调度系统设备可监视全线各车站的通风与空调系统、给排水系统、自动扶梯、防淹门和屏蔽门等设备的运行状态，监视、记录各车站主要设备的运行状态，统计设备累计运行时间，并将操作信息、报警信息进行记录和分析，自动生成日、周、月报表。同时该系统设备还具备火警监控功能，主要对轨道交通车站（站厅、站台、设备房）、变电所、控制中心大楼、车辆段等监管场所进行消防监控，为运营安全提供有力的保障。

## （二）中央通信设备

### 1. 调度电话

调度电话是为行车调度、电力调度、维修调度等提供指挥命令传递的工具。调度电话分为有线和无线两种，具有对本系统的用户进行单呼、组呼、全呼和紧急呼叫、各调度总机间通话录音的功能。

### 2. 广播系统

控制中心的广播系统可在事故抢险中组织指挥、疏导乘客和工作人员安全撤离时使用。

### 3. 闭路电视监视系统

闭路电视监视系统是轨道交通运营管理现代化的配套设备，可供控制中心调度员实时监视车站客流、列车出入站、乘客上下车及设备运作等情况，以提高运营组织管理效率，保证列车安全、正点地运送乘客。控制中心闭路电视监视系统必须有录放功能。

### 4．调度命令打印系统

调度命令打印系统用于行车调度员向车站或车辆段调度员发布调度命令、传递信息等，由行车调度员或信息发布员在计算机上填好相关命令后，点击相应按钮，向车站或车辆段调度员发布相关命令，此时在车站或车辆段的终端打印机会将其直接打印出来。

### 5．施工作业管理系统

施工作业管理系统具备施工作业计划的申报、审批和作业计划的清点与销点等功能。通过该系统，可大大减少施工作业清点与销点的通信时间。

## 三、运营前准备

在每天运营前的规定时间内，行车调度员应根据"施工登记表"检查当晚的所有维修、施工及调试作业是否完毕及销点，线路巡视工作是否完成，确认线路出清并符合行车条件后进行下列运营前的准备工作。

### 1．试验道岔

每天运营开始前的规定时间（各地铁公司根据设备情况对时间标准规定有所不同），行车调度员通知各联锁站（一般指设有联锁设备的车站）的行车值班员试验道岔，调度主任、行车调度员查看列车自动监控系统的人机接口调度员工作站及行车调度员模拟显示屏的显示情况。

联锁站试验完毕后，行车调度员收回控制权。调度主任、行车调度员使用调度员工作站试验进路、道岔的操作，使有关道岔处于正确位置。如果发现道岔不能正常使用，应及时通知维修调度，派人检查抢修。

### 2．检查和准备

运营前主要检查行车值班人员到岗情况，站台是否有异物侵入限界，行车设备是否正常，备品是否齐全、完好，当日运用车、备用车的安排及司机配备等情况。

行车调度员检查完毕后，于运营开始前规定时间通知电力调度给牵引系统送电。同时，行车调度员需按车辆段调度提供的当日上线列车及备用车编辑无线调度台动态组，以便调度。

### 3．装入列车运行图

由于城市轨道交通一般根据客流规律采用分号运行图，故在每天运营前的规定时间内，由控制中心调度主任在 MMI 上"装入"当天使用的列车运行图。当日使用的列车运行图装入后，必须检查其是否有效。

### 4．核对时钟时间

行车调度员、电力调度员在开始行车前与各站（含车辆段）、各变电所（站）核对日期和时钟时间（对表），行车调度员与车辆段派班员核对时钟时间、服务号和注意事项。

### 5. 核对列车出库计划

根据当日列车运行图,行车调度员与车辆段调度员核对列车出库计划是否准确。

### 6. 首班车组织

开行首班车应特别注意开行时间,严格按照列车运行图组织行车,按时开出,避免晚点发车。

## 四、运营期间

运营期间,行车调度员应充分使用各项调度指挥设备,组织指挥列车按照计划运行图安全、准点运行,尽量均衡在线列车的运行间隔。运营期间,行车调度员的主要工作有:列车运行监控及电力供应、环境控制、防灾救护和设备维修施工等的调度指挥,监视各站情况,与相关单位进行信息沟通,调整列车运行,组织末班车等。

### (一)列车运行监控

通过行车调度员的模拟显示屏,掌握调度区域范围内的信号系统设备(轨道电路、信号机等)的状况、列车占用线路情况、各次列车的运行位置。必要时,人工介入进行列车调整,如发现列车车次变化,可通过系统予以改正。

### (二)调度指挥

进行电力供应、环境控制、防灾救护及设备维修施工等的调度指挥工作。

### (三)监视各站情况

通过监视器监视各站的站厅、站台情况,一旦发现异常,可进行录像分析。

### (四)与相关单位进行信息沟通

运用调度电话与车站值班员、车辆段调度员和值班队长保持联系,发布调度命令,实现对列车运行的调度指挥。调度员在日常工作中,为了确保进行安全、高效的调度指挥,提高各调度的沟通技巧、工作效果,确保调度指令能够迅速、准确地下达和执行,必须使用标准用语。调度工作用语使用标准普通话;受令者必须复诵,严禁使用"明白"代替。说话者吐字要清晰,语速适中。发令完毕后,发令人应说"完毕",再给出调度代码,同时也应使用调度标准用语。

### (五)列车运营调整

受各种因素的影响,列车在运行过程中的实际运行图与计划运行图存在偏差,须通过系统自动或调度员人工介入的方式进行调整。因此,列车运行调整一般分为系统自动调整和人工调整。

1. **系统自动调整**

当列车运行偏离计划运行图时,系统可自动调整列车的区间运行时间。轨道交通信号系统的列车自动监控系统一般具有列车运行调整的功能。由于列车运行一般很少采取无驾驶员的方式,因此,信号系统只对列车区间运行的时间在系统能力范围内进行调整。列车自动运行调整可根据列车偏离计划运行图的程度大小自动决定所采用的调整策略。由于车辆性能、线路条件和站停时间等因素的制约,当这种误差较大时,往往不可能一次性调整到位。因此,系统需要采取弹性的调整策略,通过改变前后多趟列车的运行状态,逐步消除当前列车的运行偏差对系统总体的影响。

2. **人工调整**

当列车运行的偏差较大时,可由调度员人工介入,通过调整列车的停站时间和区间运行时间来达到实现计划运行图的目的。列车运行晚点或早点,可采用加快运行速度或者减少停站时间等方式进行调整。在遇到线路中堵塞时,行车调度员通过采取小交路、单线双向运行等特殊组织措施来维持一定水平的运行组织。

(1)人工调整的原则。

① 坚持按列车运行图行车,提高列车正点率。列车正点率是衡量城市轨道交通运行质量的重要指标,是运输管理水平的综合体现。在列车运行调整中,要提高调度指挥水平,严格按列车运行图行车,提高列车正点率,确保列车正点运行,重点抓好特殊时段(如上下班高峰、大型活动时)的运行组织工作。

② 单一指挥。行车调度员要努力提高调度指挥的科学性。在列车运行调整的过程中,与行车有关的各部门的工作人员,必须服从行车调度员集中统一的指挥,各级领导和主管领导对列车运行的指示要通过所在区段的行车调度员去实现,坚决杜绝"令出多口"或"多头指挥",维护调度命令的严肃性和权威性。

③ 下级调度服从上级调度指挥。在列车运行调整中,必须严肃调度纪律,下级调度必须服从上级调度的指挥,车站的行车值班员必须听从行车调度员的指挥,对不认真执行命令和指示,影响列车运行者,要追究责任,严肃处理。

④ 安全生产。调度指挥必须坚持安全生产,正确而及时地指挥列车运行。杜绝因调度指挥不当而造成事故隐患。当出现危及行车安全的情况时,要正确、及时和妥善地处理,提高应变能力。行车调度员必须正确、及时和清晰地发布调度命令,以保证列车安全为重点,组织列车安全运行。

(2)列车人工调整的主要方法。

① 提前或推迟发车。始发站提前或推迟发出列车,以保证列车按照既定的列车运行图运行。

② 提高或降低车速。根据车辆的技术状况、驾驶员驾驶水平和线路允许速度,组织列车加速或降速运行,恢复正点运行。

③ 缩短停站时间。组织车站快速作业,压缩列车停站时间。

④ 跳停。组织列车跳站停车,也就是个别或部分站通过。一般情况下不采取此措施,只有某一列车因晚点,造成后续列车大量拥堵,且在短时间内无法恢复,造成行车秩序紊乱,系统无法及时调整时,行车调度员才可以适当安排该列车不停车通过某些车站,使该列车缩

短运行时间，减少对后续列车的影响，恢复列车的正常运行秩序。

⑤加开备用列车。当出现列车晚点、客流异常、列车故障和开行专列等情况时，可以使用加开备用列车的调整方法。通过正线备用列车或库内备用列车进入正线运营，从而提高运能，解决运输"瓶颈"。该方法已经成为一种常用的调整方法，可以有效地解决短时运力紧张的问题。

⑥变更列车运行交路，组织列车在具备条件的中间站折返，以确保列车均衡和按列车运行图行车。这种方法一般在前方线路拥堵的情况下采用。

⑦组织列车反方向运行。在双线线路上，如果一个方向列车密度较大，而另一个方向列车密度较小，为了恢复正点运行，可利用有道岔车站的渡线，将列车转到列车密度较小的线路上反方向运行。

⑧扣车。当一条线路的列车由于车辆及其他设备故障或某种原因不能正常运行，造成换乘站台上乘客拥挤时，行车调度员应采取扣车措施，即将另一条线路的上下行列车扣在换乘站附近的各个车站，以缓解换乘站的压力。

⑨停运列车。即部分线路停止运营服务，通常在列车中断行车及降级模式时实施。

行车调度员对列车运行调整方法的选择，取决于列车运行的具体情况。在实际工作中，这几种列车运行调整方法可以结合运用。

（六）末班车组织

根据列车运行图，组织末班车正点运行，结束客车服务。需要特别注意的是，禁止末班车早点开出。

## 五、运营结束后

每天运营结束后，行车调度员要对当天的行车工作进行分析、总结。运营结束后，行车调度员的作业主要包括以下几方面的内容。

（一）打印

打印当日计划和实际运行图。

（二）编写运营情况日报表

运营情况日报表的主要内容包括当天完成运送客运量、客车开行情况、兑现率与正点率和月度累计指标等，以及客车加开、停运及中途退出服务的情况，耗电量和温度、湿度情况，客车服务情况，包括事故、故障和列车运行延误及处理有关工程列车、试验列车运行方面的信息等。

（三）组织施工计划的实施

根据施工计划及施工申请，对需要停电区段的接触网通知调度停电，根据线路情况和施工负责人请点情况，批准开始施工。作业完毕后，确认人员出清，同意办理销点。

（四）运营指标统计

运营指标主要包括客车运行、客运量、工程车、调试列车、检修施工作业、用电量及设备故障情况等统计内容。一般运营指标的计算由专门的系统自动进行。

1. **客车运行统计**

（1）在运营结束后，由行车调度员提供以下数据，调度主任负责进行当日的客车统计。统计的内容包括：计划开行列数、实际开行列数、救援列次、清客列次、下线列次、晚点列数、正点率和运营里程等。这些数据由行车调度员计算并向车辆段调度员收集。

（2）运营晚点统计。比照列车运行图统计单程每列晚点时间，行车调度员对发生晚点的客车记录晚点原因。

（3）对客车晚点原因进行分类。晚点原因分为车辆故障、线路故障、供电故障、通信故障、信号故障、客流过大、调度不当以及其他故障问题。

2. **客运量统计**

调度主任根据车站计算机的客流数据和行车调度员向车站收取的免票客流数据，对分站客运量、总客运量和换乘客运量等进行统计，并填写"运营日报"。

3. **工程车统计**

要求根据当天工程车开行情况进行统计，统计的内容包括工程车列数、实际进出车辆段的时间。

4. **调试列车统计**

行车调度员根据当天调试列车开行情况，统计实际开行调试列车数。

5. **检修施工作业统计**

（1）对本班正线、辅助线的检修计划件数和完成情况进行统计，对检修施工完成情况进行分析。

（2）各检修施工单位月计划、周计划、日变更计划及临时抢修计划件数的统计。

（3）检修施工作业请点总件数的统计。

6. **用电量统计**

电力调度员每天凌晨运营开始前统计好牵引、动力照明和总用电量数据，供调度主任填写"运营日报"。如发现用电量异常时，电力调度员应及时查找原因并报调度主任，同时在"运营日报"上说明。

7. **设备故障情况统计**

行车调度员负责所管辖线路范围内影响列车运行、客运组织和票务运作等设备故障情况的统计。

# 任务三　车站的行车组织

### 任务描述

车站是乘客乘降列车的主要场所,同时还是轨道交通系统行车组织指挥的二级调度所在,其主要任务是在调度的指挥下完成接、发列车工作,保证列车按照列车运行图安全、正点地运行。

### 任务目标

#### 1．知识目标

（1）了解车站管理、运作架构。
（2）熟悉车站控制室的设备及功能。
（3）掌握车站日常运作情况。

#### 2．能力目标

能复述车站接车、发车作业程序。

#### 3．职业素养目标

（1）精益求精、严谨细致、操作规范。
（2）安全意识、协作意识、服务意识。

### 知识储备

## 一、车站管理概述

通常来说,车站统一由一家运营公司负责管理,但在一些城市轨道交通中,由于涉及几家运营公司,故换乘站和一些枢纽站的管理方式有多种,主要有集中式管理、分散式管理和混合式管理三种。

（1）集中式管理:由其中一家运营公司统一管理,所有人员归属一家运营公司,接受单一控制中心的指挥。

（2）分散式管理:在车站范围内将双方运营公司的管理范围划分清楚,在各自范围内运作,分别接受本运营公司控制中心的统一指挥。

（3）混合式管理:以一家运营单位为主,另一家安排工作人员听从主运营单位的指挥共同参与车站的管理。在通常情况下,车站接受双方控制中心的双重指挥。

车站行车指挥系统一般设有值班站长、车站控制室的行车值班员和站台工作人员等岗位。值班站长负责全站行车组织、客运组织的指挥工作,而具体行车组织工作的实施和指挥由车站控制室行车值班员完成。行车值班员主要负责列车运行监控、接收调度命令、按调度要求组织行车,以及设备状态的监控等。站台工作人员主要负责列车监控、乘客上下车组织、设备监控及处理设备故障等。

## 二、车站控制室的设备及功能

车站控制室一般设有信号系统终端操作设备、通信设备和环境控制设备等,如图 4-4 所示。

图 4-4 某车站的控制室

(一)信号系统终端操作设备

该设备主要设置在车站人工控制盘（Monitor Control Panel，MCP）上，通常具有扣车、设置紧急停车、解除扣车、取消紧急停车及故障报警等功能。在联锁站一般还设有信号系统现场操作站，通常具备人工排列进路、信号开放、道岔转换、列车扣停和提前释放运营停车点等功能。

(二)通信设备

**1. 调度电话**

车站的调度电话可与行车调度、电力调度、维修调度及相邻车站间进行通话，调度电话通常只有单独呼叫功能。

**2. 广播系统**

车站的广播系统只能对车站区域进行广播。

**3. 闭路电视监视系统**

车站闭路电视监视系统只能对车站区域摄像头范围内的情况进行监视与录像。

**4. 调度命令打印系统**

车站调度命令打印系统只设终端打印机，可将控制中心的命令直接打印出来。

**5. 施工作业管理系统**

车站施工作业管理系统与中央控制中心的功能一致，只是在审批权限上有所区别。

## （三）环境控制设备

环境控制设备的功能与中央环境调度系统相同，唯一的区别是车站的环境控制设备只监控本站的设备状态，而中央环境调度系统可监控全线车站的设备状态。车站的环境控制设备主要完成对冷水机组、风机组及空调机组、通风系统、给排水系统、照明系统、屏蔽门系统和系统环境变化等进行监视和控制的任务。

### 1．对冷水机组的监控

（1）实时控制。按时间程序，自动启动、停止。

（2）启动/停止顺序控制。根据操作或设备要求，对冷水机组、冷冻水泵、冷却水泵及冷却塔实施按顺序联锁启动、停止。

（3）节能及优化启停控制。根据冷冻供水、回水温度差及回水流量，计算出实际的冷负荷，用来确定冷水机组开启的台数。冷水机组的启停顺序是根据机组运行时间来确定的，累计运行时间少的先启动，累计运行时间长的先停止，保证各机组具有均匀的运行时间。以上控制能使冷水机组始终在最优化的状态下工作，从而达到节能和延长机械设备平均使用寿命的目的。

（4）压差控制。设于供水、回水管间的旁通阀的开度会自动调节。当机组运行后，根据供回水压差自动调节相关阀门的开度，保持供回水压差平衡。

（5）监视功能。监视冷水机组各设备的工作状态和事故状态，并累计设备运行时间。

（6）显示、打印。显示及打印被监控参数、设备状态、报警和动态流程图等。

### 2．对风机组及空调机组的监控

（1）实时控制。按时间程序，自动启动、停止。

（2）温度控制。测量回风或送风温度并与设定值比较，按比例积分规律输出相应的控制信号。

（3）调节电动阀的开度，使回风温度和送风温度控制在设定值范围内。

（4）电动阀冬季、夏季工作模式自动转换。此功能只用在北方需冬季采暖的地区。

（5）冬季湿度控制。测量回风湿度，调节蒸汽流量，使湿度控制在设定范围内。

（6）监视功能。监视风机运行状态、故障状态，并累计运行时间，发出过滤器阻塞报警及送风温度超限报警。

（7）显示、打印。显示及打印被监控参数、状态、报警和动态流程图等。

### 3．对通风系统的监控

（1）实时控制各送风机、排风机的启动，火灾时，也可启动排烟系统。

（2）监视功能。监视风机的运行状态和故障状态，并累计运行时间。

### 4．对给排水系统的监控

（1）监视各类水池、水箱的水位上下限，并根据上下限水位，启动及停止相关水泵。

（2）监视各类水泵的运行状态、故障状态，并累计运行时间，根据累计时间自动调整水泵的常用、备用状态。

## 5. 对照明系统的监控

（1）监视功能。监视照明系统的工作状态和故障状态，通过时间表控制及客流控制等方式实现照明系统的节能运行，以及在灾害模式下，切换照明系统用电及指导应急疏散导向系统。

其主要监控功能有：

① 监控照明回路的开关状态和故障状态.
② 监控照明模式的运行状态.
③ 监控应急照明电源系统的电压、电流、功率因数、用电量以及开关状态，并发出故障报警。

（2）显示、打印。显示及打印参数、状态、报警和动态流程图等。

## 6. 对屏蔽门系统的监控

监视屏蔽门系统的运行状态、故障状态和紧急开关门状态，根据模式控制要求输出屏蔽门控制指令等。

## 7. 对系统环境变化的监控

进行温度、湿度检测以及空气质量检测，控制相应的空调系统，以实现对环境的控制。

### 三、运营前的准备

车站每天运营前应在规定时间根据"施工登记表"检查当晚的所有维修施工及调试作业是否完毕及销点，线路巡视工作是否完成，确认线路出清并符合行车条件后进行下列运营前的准备工作。

#### （一）试验道岔

在每天运营开始前的规定时间（各地铁公司根据设备情况对时间标准的规定有所不同），各联锁站（一般指有联锁设备的车站）的行车值班员按照行车调度员要求试验道岔。试验完毕后，将控制权交回行车调度员。如果发现道岔不能正常使用，应及时通知维修调度，派人检查抢修。

#### （二）检查和准备

主要检查车站值班人员到岗情况，检查站台区域轨行区是否有异物侵入限界，开关屏蔽门，以检查屏蔽门状态。

### 四、运营期间的行车组织

车站行车组织工作由车站当班值班站长统一负责，行车值班员具体负责。值班站长必须服从行车调度员的统一指挥，执行行车调度员的命令。正常情况下，车站的行车组织作业主要包括首末班车组织、运营期间的接发列车作业和向行车调度员报告几个方面的内容。以下主要介绍首班车组织、接发列车作业和末班车组织的办法。

## （一）首班车组织

开行首班车前，车站各岗位工作人员要准时开启自动扶梯及照明设备并巡视车站等。首班客车发车前在规定时间内向乘客广播第一列列车的到达时间及注意事项。

接发列车作业

## （二）接发列车作业

**1. 采用调度监督下的自动运行控制组织行车**

采用调度监督下的自动运行控制组织行车时，列车是自动运行控制的，除了站台客流疏导和运行监控外，车站基本不参与组织行车。

车站接发列车作业

**2. 采用调度集中控制下的组织行车**

采用调度集中控制下的组织行车时，在大多数情况下，车站不参与行车组织的工作。列车以规定速度进站、车站不显示接车信号，车站原则上不办理接发列车作业，值班站长（行车值班员）根据列车所处状态播放录音广播，并做好乘客服务工作，监视站台乘客候车秩序，以确保站台安全。

**3. 采用调度监督下的半自动控制组织行车**

采用调度监督下的半自动控制组织行车时，由车站行车值班员操作车站微机联锁设备、电气集中联锁设备或临时信号设备控制列车运行。为保证列车运行安全，车站须办理接发车手续。

一般的城市轨道交通车站接发列车的基本程序为：办理闭塞、布置与准备进路、排列进路、接送列车和车站报点（也作为开通区间的同步作业）五个步骤。具体接发列车作业程序与信号联锁设备及其状态有关。

（1）办理闭塞。

闭塞的实质是同一区段在同一时间内只允许一列列车占用。办理闭塞实际上就是使出发点列车取得占用区间的许可权。闭塞区段有以联锁范围为一闭塞区段划分的，也有以相邻两车站间为一闭塞区段划分的。一般情况下，视行车间隔和运行效率不同来划分。

办理闭塞时，由区间两端车站行车值班员通过按压闭塞按钮办理闭塞，当区间两端车站闭塞表示灯均亮绿灯时，表示闭塞好了。无闭塞按钮装置时，可通过电话办理闭塞。

（2）布置与准备进路。

① 布置进路。

在轨道交通系统中接发列车的关键是正确而及时地准备好列车进路，值班站长（行车值班员）必须亲自布置和确认进路是否准备妥当。布置进路时，应讲清两项内容：一是车次，二是列车占用的线路。如果车站一端有两个或两个以上列车运行方向或双线反方向行车时，还应认清方向。

② 准备进路。

准备进路与联锁设备有关，电气集中联锁和微机联锁均是进路式集中联锁。准备进路时，顺序按压进路始端、终端按钮，道岔即自动转换并锁闭进路，进路一次性排列完毕，同时防护该进路的信号机自动开放。

布置和准备进路涉及闭塞区段的两个车站:一个车站负责办理接车进路;另一个车站负责办理发车进路。

(3)排列进路。

当集中联锁站接发列车进路准备好了后,信号自动开放。由于轨道电路的作用,当机车或车辆第一轮对越过该信号机后,信号即自动关闭。

(4)接送列车。

在此类条件下,列车发车凭证一般为车站的发车手信号。列车发车后到达下一车站停车,没有特殊的接车工作内容。

(5)车站报点。

列车自动监控系统正常时,城市轨道交通系统的各站不向行车调度员报客车到开点;列车自动监控系统不能正常显示时,部分联锁站向行车调度员报点;采用调度监督下的半自动控制组织行车,车站须向行车调度员报点,并同时向前方站报开点;正常情况下,客车在车站的停站时间超过于规定时间(如30 s)以上时,车站要向行车调度员报告原因。

### (三)末班车组织

车站在末班车开出前应在规定时间内开始广播,通知停止售票和进站检票工作,检查、确认付费区内乘客均已上车,并确认无异常情况后才能向司机显示发车信号。在最后一班车离开车站后,应即时清客,关闭车站出入口,关闭自动扶梯,并执行车站省电照明模式。运营结束后,车站主要负责组织施工计划的实施,办理施工清销点手续,确认人员进出轨行区及出清情况。

## 五、车站接发列车作业程序

采用调度监督下的半自动控制组织行车时,各地方城市轨道交通系统都有自己的接发列车标准,但也不尽相同。下面以某城市轨道交通运营单位为例介绍接发列车作业的基本程序。如表4-1和表4-2所示。

表4-1 接车作业程序

| 作业程序 | 作业程序用语 | | |
|---|---|---|---|
| | 值班站长 | 行车值班员 | 站台接车人员 |
| 听取预告 | 1. 根据行车日志和LOW工作站显示,确认接车线路空闲。<br>2. 听取发车站预告"××次预告"并复诵,通知行车值班员"排列××次接车进路" | — | — |
| 排列进路 | 4. 确认接车进路信号开放正确后,复诵"信号好了" | 3. 听取值班站长"排列××次接车进路"后,在LOW工作站上排列接车进路,确认进路防护信号开放好后口呼"信号好了" | — |

续表

| 作业程序 | 作业程序用语 | | |
|---|---|---|---|
| | 值班站长 | 行车值班员 | 站台接车人员 |
| 接车 | 5. 听取发车站报点，复诵并填写行车日志 | — | — |
| | 6. 通知站台接发车人员"××次开过来，准备接车"并听取汇报 | — | 7. 站台接车人员复诵"××次开过来，准备接车"并立岗接车 |
| | 9. 监视列车到达 | 10. 监视列车到达 | 8. 监视列车到达及注意站台乘客安全 |
| 报点 | 11. 向发车站报点"××次×点×分×秒到"，并填写行车日志 | — | — |
| | 12. 向行车调度员报点"××次×点×分×秒到" | — | — |

表 4-2 发车作业程序

| 作业程序 | 作业程序用语 | | |
|---|---|---|---|
| | 值班站长 | 行车值班员 | 站台发车人员 |
| 发车预告 | 1. 根据行车日志和 LOW 工作站显示，确认发车线路空闲，向前 LOW 工作站预告"××次预告"。<br>2. 填写行车日志 | — | — |
| 排列进路 | 3. 听取接车站"同意××次发车"，并复诵。<br>4. 通知行车值班员"排列××次发车进路"。<br>6. 确认发车进路准备好后，复诵"信号好了" | 5. 复诵"排列××次发车进路"的命令后，排列发车进路；确认进路排列好，信号开放后，口呼"信号好了" | |
| 发车 | 7. 通知站台发车人员"××次发车" | — | 8. 复诵"××次发车"，确认车门关闭好后，向司机显示"车门关闭好了"的手信号 |
| | 11. 监视列车运行 | 10. 监视列车运行，直到列车出清车站线路 | 9. 监视列车运行及注意站台乘客安全 |
| 报点 | 12. 向接车站报点"××次×点×分×秒开"。<br>13. 填写行车日志 | — | — |
| | 14. 向行车调度员报点"××次×点×分×秒开" | — | — |

# 任务四　车辆段的行车组织

### 任务描述

车辆段是城市轨道交通车辆停放的基地，也称车厂或车库，主要承担轨道交通车辆的运用、停放、列检、清扫、洗刷、维修和保养等任务。每天运营开始时，列车由车辆段出发到正线运行；运营结束后，列车回到车辆段检修保养。

车辆段内的行车指挥部门为车辆段控制中心，是轨道交通系统行车组织指挥的二级调度，主要负责组织列车出入段，实施客车、机车车辆的转轨、取送、检修作业以及车辆段内行车设备检修维护作业，客车调试等工作。

### 任务目标

1. 知识目标

（1）能够描述车辆段的功能和列车进出段作业的内容并解释调车的定义和分类。
（2）能够示范调车作业计划的编制、传达和变更过程。

2. 能力目标

能够说明调车作业防溜及防护要求。

3. 职业素养目标

（1）精益求精、严谨细致、操作规范。
（2）安全意识、协作意识、服务意识。

### 知识储备

车辆段在行车组织方面，通常包含信号系统设备、通信设备和供电设备等，其功能与车站相应的系统设备功能基本相似。

## 一、车辆检修基地概述

### （一）地铁车辆检修基地的功能与特点

地铁车辆检修基地不仅是地铁车辆运用、停放、清洁、检修的基地，还可以和综合检修中心、运营公司材料总库、办公楼等联系在一起组成地铁系统的检修、维护及技术支持的保障基地。具有以下功能：

（1）地铁车辆的运用功能。
（2）地铁车辆的检修功能。
（3）地铁车辆的清洁功能。
（4）地铁事故列车的救援功能。

（5）地铁沿线固定设备的日常检查、检修功能。

（6）地铁运营所需物资、设备的采购、储存、供应功能。

（7）地铁系统各类管理、技术人员的日常管理办公和培训功能。

### （二）地铁车辆检修基地的分类

《地铁设计规范》（GB 50157—2013）中规定：地铁检修基地根据功能可分为检修车辆段（简称车辆段）和运用车辆段（简称停车场）两种。

车辆段的主要功能：承担车辆的定修、大修、架修（厂修）等定期修理任务，段内设备和机具的维修，调车机车、工程车等的整备及维修，以及负责段内列车停放、编组和日常检查、一般故障处理、清扫洗刷及定期消毒等日常维护保养。

停车场的主要功能：负责段内列车停放、编组和日常检查、一般故障处理、清扫洗刷及定期消毒等日常维护保养。

### （三）车辆段的主要功能分区

车辆段所承担的具体任务决定了建设一个车辆段需要较大占地面积和较高的建设费用。因此做好地铁车辆段的规划设计工作对于在各城市地铁建设中控制投资、控制用地、提高土地利用率、避免规划与建设的矛盾、提高地铁车辆段的经济效益和社会效益具有重要的意义。

车辆段的主要功能分区有：出入段线、段内线路设施、运用库、检修库、调机工程车库、洗车机库、综合楼、物资总库、生活区等。国内某地铁车辆段平面布局图如图4-5所示。

#### 1. 出入段线

车辆段的出入段线主要功能是衔接运营线路（正线）与车辆段之间的线路，一般情况是与车站或运营线路接轨。它不仅关系到地铁车辆进出段时能否保证正线安全、正点运营，还关系到车辆段内部的整体布局。车辆段出入段线布置是否合理，对车辆段的线路布置形式、地铁车辆运用方便与否以及控制车辆段的占地规模都有重要影响，因此必须慎重考虑。规划设计时，一般要考虑以下几个方面：

（1）车辆段出入段线应有利于车辆段内部线路的布置及占地的合理使用。

（2）出入段线的接轨方式应保证地铁车辆进出段的方便快捷，尽可能减少对正线的干扰。

（3）在出入段线连接站为高架站或地下站时，出入段线应具有一定的长度以保证有足够的爬坡能力。

#### 2. 段内线路设施

由于车辆段线路区域是车辆段内最重要和占地面积较大的部分，其布局形式在很大程度上决定了整个车辆段的布局，同时对整个车辆段的建筑物布置也起到决定性的作用，做好车辆段段内线路的布置是非常重要的。段内线路布置应使车辆流程顺畅，尽量避免车辆在段内走行时的相互干扰。在满足作业的情况下要使线路布置合理紧凑，铺轨最短、道岔最少，便于组织和指挥生产。

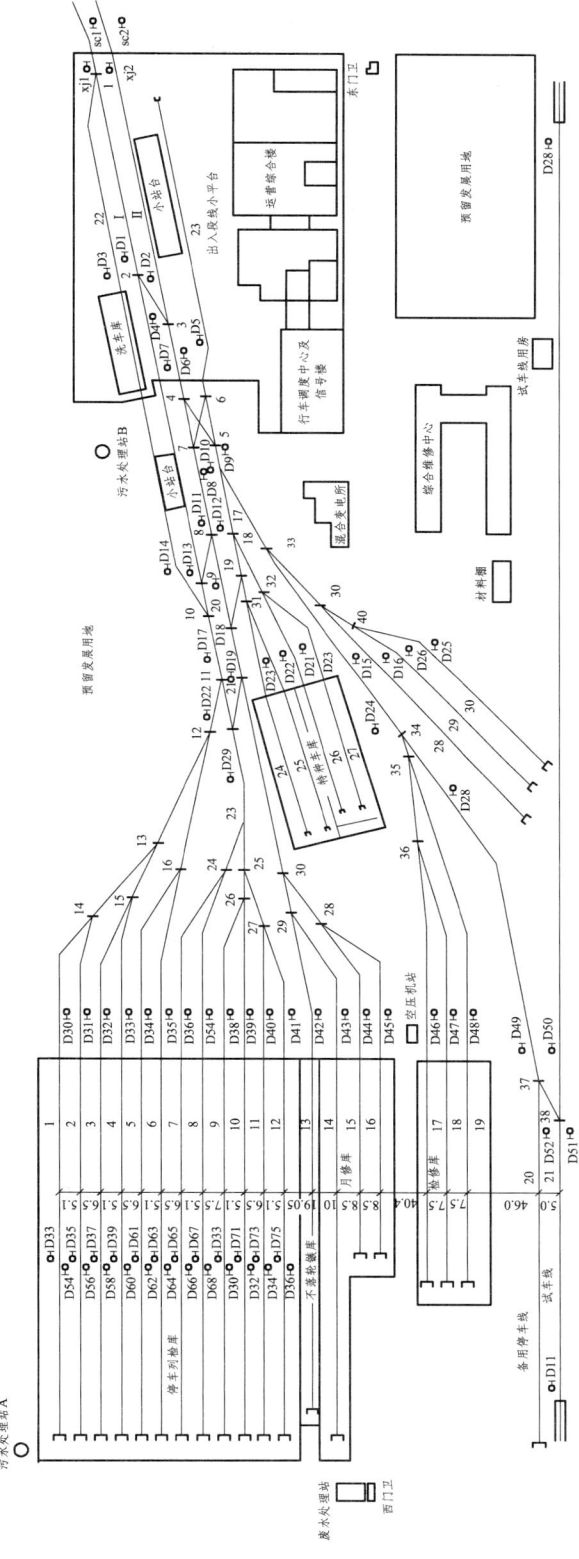

图 4-5 国内某地铁车辆段的平面布局图

段内线路设施主要解决地铁车辆在车辆段内的运转、停放和检修作业，按其功能不同可分为：

（1）洗车线：洗车线一般与洗车机配合使用，承担地铁车辆的车辆外皮定期自动洗刷和检修前的外皮自动洗刷任务。洗车线有效长度需满足洗刷设备前后各有1列车长的要求，洗车机设备前后平直线路一般不小于4辆车长的要求，宜采用贯通式布置。

（2）吹扫线：承担地铁车辆检修车的车底部分的冲洗、吹干任务，以便提高车辆检修质量和改善工作条件，减少对环境的污染，一般可满足每次吹扫1列车的需要，并设有检查坑，便于车下冲洗、吹扫作业。

（3）试车线：承担地铁车辆检修后动态调试工作和购置新车的调试验收工作。要求为平直线，其长度应能满足列车最高速度试车要求，试车线应设双向信号。

（4）回转线：为避免地铁车辆轮对的偏磨和解决单司机室的调车机车转向问题，根据实际需要设置的线路，可满足车辆调头的要求，也可利用三角线或转车盘代替。

（5）材料线：为便于地铁运营线路材料、机具的运输而设置的线路，一般供地铁平板车使用，如果车辆段具备与国铁轨道相连接的条件，还应考虑铁路车辆的运输。

（6）地铁车辆停放、检修线：包括停车列检线、月检线、年检线、架修线、静调线等，设置在运用库和检修库内，并应布置为平直线路，其定位要满足车辆停放、检修需要。

### 3. 运用库

运用库是地铁列车的停放和日常检查、月检等作业场地。

### 4. 检修库

检修库是地铁车辆年修、架修、大修等修程的作业场地。

### 5. 调机、工程车库

调机、工程车库是检修内燃调车机、轨道检查车、接触网检查车等轨道车辆的停放及检查作业场所。

### 6. 洗车机库

洗车机库是地铁列车的清洗库。

### 7. 综合楼

综合楼是车辆段办公用房、综合检修中心培训中心设于综合楼内。
综合检修中心主要承担的任务包括如下几项：
（1）承担全线轨道、桥梁路基、隧道等建筑设施的巡检和检修保养工作。
（2）承担全线车站建筑、站内装饰、导向标志、出入口设施的检查和检修工作。
（3）承担全线所有地面建筑的检修保养工作。
（4）承担全线变电所、接触网供电线路及设备的运营管理、巡检和检修保养工作。
（5）承担全线各种机电设备，包括通风空调系统、给排水系统、电梯及自动扶梯以及车站其他设备的巡检和检修保养工作。

（6）承担全线通信、信号系统的线路和设备，行车调度设备等的巡检和检修保养工作。

（7）承担全线自动化系统，主要包括自动售检票系统（AFC）、防灾报警系统（FAS），车站设备监控系统（BAS）以及通用办公自动化系统的巡检和检修保养工作。

综合检修中心配备的主要大型设备有轨道检测车隧道清洗车接触网作业车等特种工程车辆，各检修车间内的起重机以及各种机加工设备等。

培训中心承担新老员工的培训工作，配备司机模拟驾驶操作系统及必要的教学器具。

### 8. 物资总库

物资总库是对车辆配件、机电设备配件、轨枕、劳保等物资的存放和发放的场地。主要配备了自动化立体仓储设备，在大部件存放区配备2 t悬挂起重机，以及必要的地面运输设备。

### 9. 生活区

生活区由食堂、公寓组成。

## 二、列车进出段作业

列车进出段作业过程包括车辆移交、列车出入段计划编制、接发车作业等内容。

### （一）车辆移交

客车及工程车根据其所处状态不同分为运营状态和维修状态。不同的状态下，其调度指挥权各不相同。因此，从一种状态转入另一种状态时，就须交换调度指挥权。

#### 1. 客车及工程车从运营状态转入维修状态

（1）凭证：列车处于计划中的维修状态时，以车辆维修部门的调度员提交给车辆段调度员的周检修计划为凭证。列车是维修状态时，凭证为扣车单。客车或工程车临时发生故障影响运用时，以车辆维修部门的调度员提交给车辆段调度员的扣车单为依据进行扣车，并及时组织换车。

（2）转入时间：转入时间以扣修车辆送达指定地点的时刻为准。

（3）周检修计划的确认和变更：列车进厂前2 h，由车辆维修部门的调度员与车辆段调度员确认周检修计划并安排好股道。如周检修计划有变更，以车辆维修部门的调度员提交的书面通知为准。

（4）车辆的防护和防溜措施：车辆送达维修的指定地点后，由车辆段调车作业人员负责对车辆进行防护和防溜。车辆在扣修期间的防护和防溜措施由车辆维修部门负责。

#### 2. 客车及工程车从维修状态转入运营状态

（1）凭证：客车以车辆维修部门的调度员提交给车辆段调度员的出车计划表和技术状态卡为凭证；工程车以车辆维修部门的调度员签认后返回给车辆段调度员的交车单（计划修）或报活单（临修）为凭证。

（2）转入时间：转入时间以车辆段调度员接收以上凭证的时间为准。

（3）防护和防溜措施的撤除：由车辆维修部门人员负责在调车作业实施前撤除车辆维修部门所做的防护和防溜措施，并出清线路车辆送达维修指定地点时，原来由车辆段调车作业人员所采取的防护、防溜措施由调车作业人员负责解除。

### 3. 客车整备作业

在客车转入运营状态后，司机驾驶列车前须进行整备作业，检查其是否具备上线条件。

## （二）列车出入段计划编制

### 1. 列车出入段计划编制的前提

编制列车出入段计划须满足以下条件：
（1）车辆维修部门已移交足够的运用车辆。
（2）运用车辆停放及进出的线路接触网已送电。
（3）当日其他有关列车开行的文件已进行确认。

### 2. 列车出入段计划编制的实施

（1）出段计划的编制：由车辆段调度员根据当日的列车运行图和其他有关列车开行文件的要求编制列车出段计划。编制好的计划由车辆段调度员提前送达控制中心行车调度员和信号楼值班员。具体编制内容如表4-3所示。

表4-3 列车出段计划单

| 序号 | 车次 | 车底号 | 存车股道号 | 计划发车时间 | 计划出段股道 | 回段是否洗车 | 备注 |
|---|---|---|---|---|---|---|---|
| 1 | 160502 | K101 | 2A | 06:07 | Ⅱ | 否 | |
| 2 | 280602 | K103 | 3A | 06:12 | Ⅰ | 是 | |
| …… | …… | …… | …… | …… | …… | …… | …… |

（2）入段计划的编制：由车辆段调度员根据当日的列车运行图编制列车入段计划。编制好的计划由车辆段调度员提前送达控制中心行车调度员和信号楼值班员。具体编制内容如表4-4所示。

表4-4 列车入段计划单

| 序号 | 车次 | 车底号 | 计划到达时 | 计划接车股道 | 计划停放股道 | 是否洗车 | 备注 |
|---|---|---|---|---|---|---|---|
| 1 | 280834 | K112 | 00:16 | Ⅱ | 3B | 否 | |
| 2 | 281832 | K115 | 00:25 | 洗车线 | 4B | 是 | |
| …… | …… | …… | …… | …… | …… | …… | …… |

## （三）接发车作业

车辆段列车接发车作业过程由两部分组成：一部分是车辆段车库到车辆段接发车线（转换轨）的进路安排及列车运行组织；另一部分是车辆段接发车线（转换轨）与正线出入段线

相连接的车站之间的接发车作业。

车辆段车库到车辆段接发车线（转换轨）的接发车作业比较简单，与列车转线大致程序一致。而车辆段接发车线（转换轨）与正线出入段线相连接的车站之间的接发车作业，在正常情况下由调度集中控制，控制中心行车调度员排列进路，并通知司机按信号行车，当无法实施调度集中控制时，由车辆段与车站直接办理接发车作业。

**1. 调度集中控制时的接发车作业**

（1）确认线路空闲。

① 设有轨道电路的线路，在轨道电路和信号、联锁设备工作正常时，除了直接在控制屏上确认接车线路是否空闲外，车辆段信号楼值班员还应认真核对线路运用记录簿和占线板的记录，确保接车线路空闲。

② 无轨道电路的线路，由车辆段信号楼值班员认真核对线路占用登记表和占线板的记录，并由车厂行车助理现场确认线路是否空闲。

③ 线路上接入轻型轨道车辆或长期停放机车和车辆时，应在控制屏及线路占用登记表、占线板上特别注明，当相关车辆转出后，由车辆段行车助理现场确认线路空闲并通知车辆段信号楼值班员，由车辆段信号楼值班员在线路占用登记表和占线板上注明。

（2）进路准备。

① 出库。列车整备完毕且状态符合正线服务要求后，司机与车辆段信号楼值班员联系出库。信号楼值班员按照列车开行计划、列车运行图的要求及行车调度员和车辆段调度员的命令，及时而正确地准备发车进路。

② 列车到达车辆段接发车线（转换轨）后，由行车调度员安排进路，并通知司机驾驶进入正线运行。

（3）回段。

在确认线路空闲后，信号楼值班员按照列车开行计划、列车运行图的要求及行车调度员、车辆段调度员的命令，及时且正确地准备接车进路，并排列由列车接车线路至停车库的进路。

**2. 无法实施调度集中控制时的接发车作业**

（1）列车出段时，车辆段信号楼值班员必须通过行车电话与接车站值班员联系，预告发车车次。得到接车站值班员同意接车的回复后，车辆段信号楼值班员在控制屏上确认出厂信号机至车站的接车进路已经排好，然后排列出段进路，开放出段信号。发车作业程序如表 4-5 所示。

表 4-5　发车作业程序

| 作业程序 | | 岗位作业标准 |
|---|---|---|
| 序号 | 程序 | 车辆段信号楼值班员 |
| 1 | 发车预告 | （1）按列车运行计划核对车次、时刻、命令和指示，必要时与行车调度员联系。确认无误后，向接车车站预告"×（次）出厂"，并听取复诵 |
| | | （2）填写车辆段行车日志 |

续表

| 作业程序 | | 岗位作业标准 |
|---|---|---|
| 序号 | 程序 | 车辆段信号楼值班员 |
| 2 | 排列进路开放信号 | （3）停止影响进路的调车作业。确认停止后，口呼"影响发车进路的调车作业已停止" |
| | | （4）排列出段列车所在股道至出段信号机的调车进路。鼠标对准（手指）进路始端按钮，口呼"×道"，点击（按下）按钮，眼看、鼠标对准（手指）进路终端按钮，口呼"出库"，点击（按下）按钮。确认光带、信号显示正确后，口呼"信号好（了）" |
| | | （5）通知司机"×道×次出段，调车信号好" |
| | | （6）在控制屏上确认出厂信号机至接车站接车进路已排好后，眼看、鼠标对准（手指）进路始端按钮，口呼"×道"，点击（按下）按钮；眼看、鼠标对准（手指）进路终端按钮，口呼"出段"，点击（按下）按钮。确认光带、信号显示正确后，口呼"信号好（了）" |
| 3 | 发车 | （7）确认信号开放正确后，通知司机"×道×次出段，出段信号好" |
| | | （8）通过控制屏（台）监视信号及进路表示 |
| 4 | 列车出发 | （9）列车在出段信号机前启动，通知接车站："×（次）×（点）×（分）开" |
| | | （10）填写车辆段行车日志 |
| | | （11）通过控制台确认列车整列出厂 |
| | | （12）向控制中心行车调度员报点"车辆段报点，×（次）×（点）×（分）开"；列车有异状时，一并报告 |

（2）列车进段时，由发车车站值班员通过行车电话与车辆段信号楼值班员联系，得到车辆段信号楼值班员同意接车的回复后，方可排列列车进段进路并开放信号。接车作业程序如表4-6所示。

表4-6　接车作业程序

| 作业程序 | | 岗位作业标准 |
|---|---|---|
| 序号 | 程序 | 车辆段信号楼值班员 |
| 1 | 接受预告 | （1）接受发车车站预告并复诵"×（次）进段" |
| | | （2）填写车辆段行车日志 |
| 2 | 排列进路开放信号 | （3）按列车运行计划核对车次、时刻、命令、指示，必要时与行车调度员联系 |
| | | （4）确定接车线路 |
| | | （5）填写车辆段行车日志 |
| | | （6）确认接车线路空闲 |
| | | （7）停止影响进路的调车作业。确认停止后，口呼"影响进路的调车作业已停止" |
| | | （8）排列接车进路。眼看、鼠标对准（手指）进路始端按钮，口呼"进段"，点击（按下）按钮；眼看、鼠标对准（手指）进路终端按钮，口呼"×道"，点击（按下）按钮。确认光带、信号显示正确后，口呼"信号好（了）" |

续表

| 作业程序 | | 岗位作业标准 |
|---|---|---|
| 序号 | 程序 | 车辆段信号楼值班员 |
| 2 | 排列进路开放信号 | （9）通知发车车站"×（次）接车进路好，同意接车" |
| | | （10）接受并复诵发车车站开车报点"×（次）×（点）×（分）开"，填写车辆 |
| 3 | 排列入库调车进路 | （11）排列入段进路。眼看、鼠标对准（手指）进路始端按钮，口呼"入库"，点击（按下）按钮；眼看、鼠标对准（手指）进路终端按钮，口呼"×道"，点击（按下）按钮。确认光带、信号显示正确后，口呼"信号好（了）" |
| 4 | 接车 | （12）通过控制屏（台）监视信号及进路表示 |
| | | （13）通知发车车站"×（次）×（点）×（分）到" |
| | | （14）填写车辆段行车日志 |
| | | （15）向控制中心行车调度员报点"车辆段报点，×（次）×（点）×（分）到"；列车有异状时，一并报告 |

## 三、调车作业

### （一）调车的定义与分类

车辆段的行车组织工作中，调车是一项重要的工作。调车是指除列车在车站的到达、出发、通过及在区间内运行外，列车或车辆有目的地移动。

车辆段内的调车作业按其目的不同，可分为转线调车、取送调车、解体调车和编组调车四种。

转线调车是指将列车或车辆从某一条线路转移到另一条线路的作业过程。

取送调车是指将列车或车辆送到与其接驳的轨道上，或由接驳的轨道上将列车或车辆调回本单位停车线的作业过程。

解体调车是指通过分解、移动的方法将一列列车分开。一般在列车检修作业前运用。

编组调车是指将单个车辆或单组车通过移动、连挂的方法组成一列列车。一般在列车检修作业后运用。

### （二）调车工作的指挥

调车工作是一项多工种联合行动的工作，为了安全、准确、迅速和协调地进行，必须坚持"统一领导、单一指挥"的原则。

在车辆段调车，车辆段调度员为调车领导人，调车长为调车指挥人。

在调车作业中，根据作业中所处的位置和所具备的瞭望条件，规定在牵引车辆运行时，前方进路的确认由调车司机负责；在推进车辆运行时，前方进路的确认由调车指挥人负责。如调车指挥人因所处位置确认前方进路有困难时，可指派参加调车工作的其他人员确认。

### （三）调车作业计划的编制、传达和变更

（1）调车作业计划由调车领导人编制，形成调车作业通知单。

（2）调车作业计划由车辆段调度员以书面形式向调车长下达，并说明具体要求和注意事项，调车长于作业前将作业计划和注意事项向司机、调车员传达清楚。

（3）在作业中需变更计划时，必须先停止作业。调车作业计划变更不超过两钩时，由调车领导人将变更后的计划口头向有关人员传达清楚，有关人员必须复诵，确认无误后才能开始调车作业；调车作业计划变更三钩及以上时，须重新编制调车作业通知单后执行。

（四）调车作业的准备工作

（1）调车作业前，调车组成员必须按规定着装，穿戴好防护用品，并认真确认信号灯、对讲机工作状态良好。

（2）调车长应根据车辆段调度员的布置及调车作业计划的要求，开好调车作业预想会，交代作业要求和注意事项，传达作业计划。

（3）司机应认真检查机车，确保机车走行部、制动系统、电台和头灯等状态良好。

（4）调车长或指派调车员检查线路、车辆和库门状态，内容包括车辆防溜措施情况、是否进行技术作业、是否有侵限物搭靠、装载加固是否良好、是否插有防护红牌（红灯）及车库门是否打开并固定良好等。

（五）调车作业的规定

**1. 调车作业方法限制**

调车作业方法仅限牵引、推进调车，禁止溜放调车和手推调车（特殊情况下，经公司指定负责人同意方可手推调车）。

**2. 调车作业应按信号显示要求进行**

调车作业必须按照调车信号机和调车手信号的显示要求进行。没有信号，不准动车；信号不清，立即停车。调车作业时，调车长必须正确并及时地显示信号，司机要认真确认信号，并鸣笛回示；没有回示时，应立即显示停车手信号。连挂车辆时，必须显示三车、二车、一车的距离信号和连挂信号，一车距离以 20 m 为标准。没有显示三车、二车、一车距离信号和连挂信号的，不准挂车。

**3. 调车手信号的显示**

（1）城市轨道交通采用的调车手信号与铁路系统基本相同，一般使用信号旗来显示，如表 4-7 所示。

表 4-7 调车手信号表

| 序号 | 调车手信号类别 | 显示方式 | |
|---|---|---|---|
| | | 昼间 | 夜间 |
| 1 | 停车信号 | 展开红色信号旗，无红色信号旗时，两臂高举头上，向两侧急剧摇动 | 红色灯光，无红色灯光时，用白色灯光上下急剧摇动 |
| 2 | 减速信号 | 展开绿色信号旗下压数次 | 绿色灯光下压数次 |

续表

| 序号 | 调车手信号类别 | 显示方式 | |
|---|---|---|---|
| | | 昼间 | 夜间 |
| 3 | 指挥列车或车辆向显示人方向来的信号 | 展开绿色信号旗在下方左右摇动 | 绿色灯光在下方左右摇动 |
| 4 | 指挥列车或车辆向显示人反方向去的信号 | 展开绿色信号旗上下摇动 | 绿色灯光上下摇动 |
| 5 | 指挥列车或车辆向显示人方向稍行移动的信号（包括连挂） | 左手拢起红色信号旗直立平举，右手展开绿色信号旗在下方左右小摇动 | 绿色灯光下压数次后，再左右小摇动 |
| 6 | 指挥列车或车辆向显示人反方向稍行移动的信号（包括连挂） | 左手拢起红色信号旗直立平举，右手展开绿色信号旗在下方上下小摇动 | 绿色灯光平举上下小摇动 |
| 7 | 三、二、一车距离信号：表示推进车辆的前端与被连挂车辆间的距离 | 右手展开绿色信号旗下压三、二、一次，分别表示距停车三车（约60 m）、二车（约40 m）、一车（约20 m） | 绿色灯光平举下压三、二、一次 |
| 8 | 连挂作业 | 两臂高举头上，拢起的手信号旗杆呈水平，末端相接 | 红、绿色灯光（无绿色灯光，用白色灯光代替）交互显示数次 |
| 9 | 试拉信号（连挂好后试拉） | 按本表第6项的信号显示，当车列启动后立即显示停车信号 | |
| 10 | 取消信号：通知前发信号取消 | 拢起手信号旗，两臂于前下方交叉后，左右摇动数次 | 红色灯光作圆形转动后，上下摇动 |
| 11 | 停留车位置信号：表示车辆停留地点 | — | 白色灯光左右小摇动 |
| 12 | 道岔开通信号：表示进路道岔准备妥当 | 地下车站为绿色信号旗高举头上左右小摇动；车厂（地上车站）为拢起的黄色信号旗高举头上左右摇动 | 绿色灯光高举头上左右小摇动 |

（2）在没有信号旗时，也可使用徒手信号来显示调车信号。

调车长或管理人员及行车有关人员检查工作或发生紧急情况时，没有携带信号灯或信号旗，可用徒手信号显示。

车辆连挂前要一度停车，连挂后的车辆要先试拉，确认连挂妥当，撤除防溜措施后，方可动车。调车作业完毕，应将车辆或列车停于线路警冲标内方，并做好防溜措施，防止车辆或列车溜走。

### 4．取消调车进路

取消调车进路时，应确认列车尚未启动，通知调车长或调车司机，得到应答后，方可关闭调车信号。信号机因故障而开放不了，须越过关闭的信号机时，调车长须得到车厂信号楼值班员通知，确认进路开通后方可指挥列车越过该信号机。

### （六）无线调车电台的使用

除了使用手信号调车外，很多运营单位都采用无线调车电台进行调车作业的联系和信号显示，目前应用比较广泛的是ZTD-6型无线调车系统。

#### 1. ZTD-6型无线调车系统简介

ZTD-6型无线调车系统在铁路调车工作中广泛使用，目前国内城市轨道交通也开始使用该系统，该系统设备由机车设备和移动设备两部分组成。该系统除了可以相互对讲外，还具有语音和灯光显示功能，调车长通过移动设备可向司机发出调车指令，具体操作如表4-8所示。

表4-8 ZTD-6型无线调车系统指令表

| 序号 | 按键方式 | 显示方式 | 辅助语音 | 指令含义 |
| --- | --- | --- | --- | --- |
| 1 | 红 | 红灯 | 停车、停车 | 停车信号、终止行车 |
| 2 | 绿、绿 | 绿灯长亮 | 推进、推进 | 启动、推进信号 |
| 3 | 绿（长按） | 绿灯闪数次后熄灭 | 启动、启动 | 牵出、单机启动信号 |
| 4 | 绿、红 | 绿、红灯交替后绿灯长亮 | 连接、连接 | 连接信号 |
| 5 | 黄、黄 | 黄灯闪亮后绿灯长亮 | 减速、减速 | 减速信号 |
| 6 | 黄（1.5 s） | 黄灯长亮 | 三车 | 三车信号 |
| 7 | 黄（0.5 s） | 黄灯长亮 | 二车 | 二车信号 |
| 8 | 黄（0.5 s） | 黄灯长亮 | 一车 | 一车信号 |
| 9 | 黄（0.5 s） | 黄灯长亮 | 减速、减速 | 减速信号 |
| 10 | 黄、绿 | 黄灯长亮 | 二车、二车 | 直接发二车信号 |
| 11 | 黄、红 | 黄灯长亮 | 一车、一车 | 直接发一车信号 |

#### 2. 无线调车电台的使用规定

（1）操作人员必须掌握无线调车电台的性能和使用方法，严格按规定操作。发生设备故障或损坏时，应及时告知车辆段调度员，办理更换签认。

（2）调车作业过程中，严禁关闭无线调车设备及将指定使用频道随意转换。

（3）使用无线调车电台进行行车调度作业时，严格按规定用语通话，严禁用对讲机谈论与作业无关的内容。

（4）调车作业必须坚持单一指挥的原则，除调车长外，原则上其他人员均不得直接指挥司机动车，当调车长通话时，其他人员不得按下通话按钮，避免干扰。

（5）现场调车人员应根据作业要求，站在便于前后瞭望的位置，加强联系。不准在建筑物内或离开作业地点遥控指挥作业。

### （七）调车作业的防溜与防护

为防止车辆溜逸，避免列车冲撞事故，须制定列车、车辆的防溜及防护规定，具体的防溜及防护要求如下所述。

（1）牵出线、洗车线、出入段线、试车线和咽喉道岔区禁止停放机车车辆，其他线路存放车辆时，应经车辆段调度员同意后方可占用。机车车辆应停在线路两端信号机内方，并做好防溜措施。对于没有设置信号机的线路，机车车辆应停放在该线路的警冲标内方。

（2）工程机车车辆和轨道车应在上车顶扶梯处悬挂"高压电""禁止攀爬"字样的标示牌。

（3）平板车及机车车辆停放在线路上不再调动时，应连挂在一起，并拧紧两端手闸，必要时放置铁鞋。因装卸设备需要而不能连挂在一起时，应分组做好防溜措施，中间车组拧紧手闸，两端放置铁鞋。

（4）调车作业过程中，应做到摘车时先做好防溜（客车应恢复气制动和停车制动，工程车拧紧手闸，必要时放置铁鞋）后再摘车连挂，挂妥后再撤除防溜措施。

### 思考与练习

1. 按中央调度实施地点的不同，可以分为哪几种控制中心？
2. 城市轨道交通根据信号设备所提供的运行条件，一般分为哪几种控制方式？
3. 什么是区域式控制中心？
4. 控制中心模式下，运营前的准备工作有哪些？
5. 可实现调度集中控制的基本条件是什么？
6. 简述车辆段调车的定义和分类。
7. 简述调车手信号中"停车信号"的显示方式。
8. 编制列车出入段计划须满足的前提条件有哪些？
9. 调车的防溜及防护作业的具体要求有哪些？

# 项目五　非正常情况下的行车组织　▶▶▶

一字排开的20多台电脑、不间断的电话铃声、信号机和彩光带不停闪烁的大屏幕……这个庞大的指挥大厅就是行车调度员武林帅工作的地方，其位于郑东新区康宁街的郑州地铁调度指挥中心。如今郑州地铁早晚高峰期的每一趟车都是满员的状态，虽然客流量巨大，但加密的班次能够及时地疏散焦急等待的乘客，班次井然科学的加密离不开行车调度员在背后的辛勤付出。此刻，乘客每天乘坐的每一趟地铁汇成一个个红色标识，出现在调度指挥中心的屏幕上，在郑州地铁网络中有序匀速地移动。移动速度慢了一点、与前后车距离拉大了一点等"异常"都逃不过武林帅的眼睛。在特殊的岗位上，节假日加班是工作的常态，但为了保证更多人的旅途平安和顺利，像武林帅这样的地铁行车调度员们，一直在默默地、毫无怨言地奉献着自己的青春。

图 5-1　工作中的武林帅

非正常情况下的行车组织是相对于正常情况下的行车组织而言的，主要是指由于设备故障、火灾、大客流或运行秩序紊乱等原因不能继续采用正常情况下的行车组织方法来组织城市轨道交通的行车。由于城市轨道交通具有站间距离小、密度高、运营不间断等特点，其运行间隔小（通常为 2~3 min），停站时间短（计量单位通常是 s）。一旦出现列车晚点，尤其在高峰运行时分，必然会对列车的整体运行造成很大的影响。同时，为了减少晚点或事故对城市轨道交通系统造成的影响，需要城市轨道交通运输组织人员在发现列车晚点或事故后，能够立即对城市轨道交通系统进行车调度员调整和处理。由于城市轨道交通系统除端点车站和换乘站设有配线外，中间车站一般没有侧线，无法实施会让和越行，列车之间追踪间隔小，因此，相对于城市铁路运输系统而言，城市轨道交通系统的列车运行车调度员调整和事故处理难度很大。

城市轨道交通由于采用先进的设备，自动化程度较高，正常情况时的行车组织作业主要是利用先进设备监控列车运行。然而，由于使用的先进设备，平时很少出现故障，一旦出现故障，则考验各级行车人员的事故处理及应变能力。因此，为提高员工在非正常情况下的处理能力，城市轨道交通系统非常重视非正常情况事故的演练。本章介绍部分城市轨道交通系统在非正常情况下的行车组织的基本方法（以国内部分轨道交通系统设备为例），具体操作程序及作业流程与所采用的运输设备有关。

本项目中，首先介绍了 ATC 故障情况下的行车组织，其次说明了车站联锁设备故障以及特殊情况下的行车组织，最后介绍了救援列车和工程列车的开行及注意事项等内容。

# 任务一　ATC 设备故障时的行车组织

### 任务描述

列车自动控制系统 ATC（Automatic Train Control），简称列控系统，是城市轨道交通调度实现自动化、现代化和信息化的基础，主要包括列车自动监控系统 ATS（Automatic Train Supervise）、列车自动防护系统 ATP（Automatic Train Protection）和列车自动运行系统 ATO（Automatic Train Operation）三个子系统。其中从安全角度来看，ATS 和 ATO 两个子系统属于非安全性系统，ATP 属于安全性子系统。

### 任务目标

1. 知识目标

掌握 ATC 设备的故障情况下的行车组织

2. 能力目标

（1）掌握 ATS 无显示或追踪进路不能自排时的列车行车组织方法。
（2）掌握 ATP 车载设备故障、地面设备故障的列车行车组织方法。

3. 职业素养目标

（1）精益求精、严谨细致、操作规范。
（2）安全意识、协作意识、服务意识。

### 知识储备

## 一、ATC 设备的故障情况

常见的 ATC 设备故障情况分为五类：控制中心 ATS 设备故障、车站 ATS 设备故障、ATP 地面设备故障、ATP 车载设备故障和 ATO 子系统故障。

## 二、ATS 故障时的行车组织

ATS 系统的主要功能是控制和监督列车运行。ATS 系统按列车计划运行图指挥列车运行，办理列车进路，控制发车时刻，及时收集和记录列车运行信息，跟踪列车位置、车次，绘制列车运行图，并在控制中心的模拟盘上显示列车信息及线路情况。

正常情况下，城市轨道交通列车运行实行中央控制，由控制中心 OCC 的行车调度员通过 ATS 系统监控全线列车运行；当 ATS 系统运行出现故障时（如工作站无显示），控制中心行车调度员应通过专用调度电话授权给联锁车站行车值班员，转换列车运行控制模式，实行临时性的站控，通知相关车站通过联锁工作站 LOW 监控列车运行状态，发现问题及时上报控制中心行车值班员。

（一）控制中心 ATS 设备的故障

**1. 控制中心 ATS 故障可能出现的现象**

（1）调度中心 MMI 无显示，但车站的联锁工作站 LOW 有显示，且在车站联锁工作站 LOW 上可以人工排列进路。

（2）调度中心 MMI 有显示，但出现较多错误车次，导致进路无法自动排列，但在 MMI 与联锁工作站 LOW 上可以人工排列进路。

**2. 进路排列**

（1）联锁站值班员首先应确认联锁工作站上的 RTU（ATS 的远程终端控制单元）降级模式是否激活，当"RTU 降级模式"被激活时，联锁站不用操作，列车可自排进路及自动取消运营停车点。

（2）若"RTU 降级模式"未被激活，行车调度员没有特殊指示时，车站必须在工作站上按正常情况人工排列进路及人工取消运营停车点。

（3）如果车站在工作站上取消不了运营停车点时，应立即报告行车调度员，由行车调度员转告司机，用 RM 模式驾驶客车出站，直至转换为 ATO 模式。

（4）当车站取消运营停车点而客车目标速度仍为零，且超过规定时间时，车站值班员应报告行车调度员，由行车调度员指示司机开车。

（5）当ATO驾驶恢复正常时，应向行车调度员报告。

### 3. 列车运行信息处理

当ATS系统发生故障时，ATS系统功能不能实现，行车调度员应通知驾驶员在PTI（Positive Train Identification，列车识别系统）显示屏终端上输入当时的列车车次号，到转换驾驶台换向运行时，输入新的列车识别号（即目的地码和车次号），直至行车调度员通知停止输入为止。

报点车站向行车调度员报告各次列车的到、发点及停站时分，到行车调度员收回控制权时止。

行车调度员通过人工铺画列车运行图，掌握全线列车运行情况及列车具体位置，到ATS设备恢复正常，收回控制权时止。

当车站在联锁工作站LOW工作站取消不了运营停车点时，应立即报告行车调度员，由行车调度员通知驾驶员，用RM（限速人工驾驶模式）模式驾驶列车出站，直至转换为ATO模式。

当车站取消运营停车点而列车目标速度仍为零，且超过30 s时，驾驶员应及时报告行车调度员，由行车调度员指示驾驶员开车。ATO驾驶恢复正常时，应向行车调度员报告。

当ATS的自动排列进路或联锁系统（CIS）的追踪进路不能自动排列时，应由人工介入，在MMI上或在联锁工作站LOW工作站上人工排列进路。

## （二）车站ATS设备的故障

车站ATS储存有和本站相关的运行图，且全部车站ATS的运行图合在一起就是完整的全线运行图。所以在ATS发生故障时，车站ATS可以凭借局部运行图，通过各车站ATS之间的协作来维持列车的运作。但由于车站ATS不具有ATR（列车自动调度）功能，所以系统不可以对早点或晚点的列车做运行调整。

由于车站ATS处在控制中心ATS和轨旁ATC及计算机联锁CBI的联系通道上，因此车站ATS的故障会使中央ATS和轨旁ATC及计算机联锁CBI的联系中断。这样一来，中央的全线运行图中与故障车站ATS所在车站相关的部分及故障车站ATS所储存的局部运行图就都不能发挥作用。

此时，若故障前相关列车正线进路被设为"多次进路"，折返进路被设为"组合进路"时，车站ATS设备故障只影响到停站时分或运行时分，而不影响进路，列车仍可以继续运作；否则须通过联锁工作站LOW人工排列进路。

### 1. 确认故障并下放联锁工作站LOW的控制权

（1）行车调度员。

① 监视调度中心的MMI，发现出现各种非正常现象，包括MMI屏幕显示较长时间得不到更新、MMI较长时间没有回应所输入的控制命令。

② 对故障进一步确认：尝试以手动模式在MMI上排路，检查是否可以得到正确的反应。

③ 询问车站联锁工作站LOW的显示，是否与MMI信息一致。

④ 向某次列车司机查问列车所在位置以查证 MMI 上列车信息。

（2）司机。

列车司机在行车调度员要求下，汇报列车所在位置并查看列车前方的进路情况。

（3）各有关站行车值班员。

各有关车站行车值班员应答和向行车调度员报告：联锁工作站 LOW 的显示状态和列车动态信息的更新以及有关报警窗口的内容。

（4）行车调度员。

① 向调度长汇报 ATS 系统发生故障。

② 要求设备维修调度员迅速派人检查和排除故障。

③ 通知有关受影响区域的相关车站值班站长并下放联锁工作站 LOW 的控制权。

④ 通知所有相关列车司机。

⑤ 指示各有关车站值班站长监视各管辖范围内的列车运行情况。

（5）受影响区行车值班员。

受影响车站行车值班员接收联锁工作站 LOW 控制权后按行车调度员的要求监视各列车的运行状况并向调度中心汇报。

（6）检修人员。

设备维修调度员派遣维修人员开展故障排查与抢修。

**2. 启动车站级自动控制模式**

（1）行车值班员。

受影响车站的行车值班员启动联锁工作站上的 RTU（ATS 的远程终端控制单元），激活车站级自动控制模式，如果该后备模式启动，立即报告行车调度员，并加强列车监控，不需要介入操作。

（2）行车调度员。

① 行车调度员听取行车值班员"RTU"是否激活的汇报。

② 询问各受影响区域列车司机的列车号码是否正常，并指导司机设置正确的车次号。

（3）司机。

列车司机应按行车调度员的要求检查列车号码，发现不正确的车号，在行车调度员的指导下予以更正。

**3. 车站手动排列列车进路**

（1）行车值班员。

① 如果没有激活 RTU，行车值班员要在联锁工作站 LOW 上进行直接手动操作排列列车进路，并根据行车调度员要求调节停站时间，控制和管理站台停车点的释放。

② 监视车站联锁工作站 LOW 管辖范围内的列车运行情况。

③ 向行车调度员报告列车停开时间。

（2）行车调度员。

① 行车调度员监督正线列车的运行状态，要求司机报告运行状态。

② 根据列车晚点情况，通知行车值班员调节停站时间，必要时组织越站运行。

③ 根据列车晚点情况，通知司机手动区间赶点。
④ 根据车站报告列车停开时间，绘制实时运行图。
（3）司机。
各列车司机根据行车调度员的要求采用 ATP 模式驾驶列车。

**4. 故障排除收回联锁工作站 LOW 控制权**

（1）检修人员。
通过设备维修调度员通知调度长和行车调度员，故障已排除，并进行维修销点。
（2）行车值班员。
有关车站向行车调度员交回联锁工作站 LOW 控制权。
（3）行车调度员。
① 收回有关车站的联锁工作站 LOW 控制权，并在 MMI 上进行如下检查：确定 ATS 已能及时更新列车位置信息、可以手动在 MMI 上排列进路、与列车司机核对车次号码，在检查无异常后确认 ATS 故障排除。
② 确认故障排除后报告调度长，并通知车站值班员故障已经排除，系统恢复正常。
（4）有关司机应行车调度员要求核对车次号码。
车站 ATS 由列车与地面数据传输设备和电器集中联锁或微机联锁设备等构成。车载 ATS 由列车与地面间数据传输设备等构成。当信号联锁设备故障时，按站间电话联系法组织行车。

## 三、ATP 系统故障时的行车组织办法

ATP 子系统是确保列车安全的关键设备，由轨旁地面设备和车载设备组成。列车通过地面 ATP 设备接收运行于该区段的目标速度，保证列车在不超过此目标速度情况下运行，从而保证后续列车与先行列车之间的安全距离。对联锁车站，ATP 系统确保只有一条进路有效。ATP 系统同时还监督列车车门和车站站台屏蔽门的开启和关闭，进而保证操作安全。

### （一）ATP 地面设备故障

当 ATP 地面设备发生故障时，ATP 车载设备接收不到限速命令，无法按自动闭塞法行车。此时，列车通常会产生紧急制动。若列车在区间运行发生紧急制动，且司机不明白列车发生紧急制动的原因时，驾驶员应立即向行车调度员报告，按行车调度员指示要求执行。若列车在区间运行发生紧急制动，且驾驶员明确发生紧急制动的原因时，在确认前方列车进路安全的情况下，首先转换 RM 驾驶模式（限速 25 km/h 运行）驾驶运行，再向行车调度员报告无法接收 ATP 限速命令。

如果是小范围的设备故障，可由行车调度员确认故障区间空闲后，命令驾驶员在故障区间以 RM 模式限速运行，经过规定数量（如两个轨道电路）的轨道电路后，若还未恢复 ATO 模式，驾驶员再次报告行车调度员，行车调度员指挥司机以 RM 模式驾驶至前方车站或终点站。如是大范围的设备故障，须停止使用自动闭塞法，改为电话闭塞法行车，按电话闭塞法组织行车。

## （二）ATP 车载设备故障

车载 ATP 设备发生故障时，因故障列车接收不到 ATP 限速命令，运行中的列车将发生紧急制动，这时主要解决列车的驾驶模式问题。为了将此故障车移出正线，不妨碍其他列车的运行，有两种办法：第一种是使用车上的"ATP 切除"旋钮，切除故障的 ATP；第二种是进行连挂救援。

若行车调度员命令驾驶员在切除车载 ATP 后，以 URM 模式驾驶列车运行至前方终点站退出服务（也可根据情况在中间有存车线的车站退出运行）。由于此时列车仍可以以较高速度（60 km/h）行驶，危险性极高。为了确保安全，一方面要提醒司机加倍小心，另一方面要确保前方至少有一个站的距离，且没有其他列车。此时，运行组织各岗位的工作内容如下。

### 1. 司 机

根据行车调度员命令，人工驾驶限速运行，即以 URM 模式驾驶列车至前方站；列车到达前方站（或在车站发生故障）仍不能修复时，由行车调度员命令司机和车站，并由车站值班员（或值班站长）上驾驶室添乘（员工车除外）沿途协助司机瞭望，行车调度员命令司机以 URM 模式继续驾驶列车至前方终点站退出服务。

### 2. 添 乘

（1）协助司机瞭望，监控速度表，列车按规定速度运行，不准超速。
（2）在有屏蔽门的车站，须协助司机开关屏蔽门。
（3）如遇到超速时，提醒司机控制速度，必要时，立即按压紧急停车按钮。

### 3. 行车调度员

应该随时注意 ATP 车载设备发生故障的列车的运行情况，严格控制速度以确保列车与列车之间的最小间隔在一个区间及以上，当遇到两列车进入同一个区间时，应采取紧急措施扣停后续的列车。

如果列车在站台发车前收不到 ATP 速度码时，司机应报告行车调度员，在得到行车调度员同意后方可使用 RM 模式动车。

若要用连挂救援的方法，那么要先连挂，再利用车上的旁路开关把紧急制动缓解掉。连挂和制动缓解的顺序不能倒反，否则故障车有溜车的危险。

## 四、ATO 子系统故障

当 ATO 子系统发生故障时，列车自动运行功能不能实现，此时司机应立即报告行车调度员，经行车调度员同意后，切换到相应的 ATP 模式驾驶列车，在 ATP 车载设备的监护下，按车内速度信号显示运行。

若有备用车，行车调度员则安排 ATO 故障列车运行至终点站退出运营服务，备用车替换运行。

当 ATO 系统发生故障，车门和屏蔽门不能联动时，需要车站人员在站台和到站列车司机配合开关门。此时需要格外小心，否则也可能发生事故。比如：站台工作人员看到列车进站停下来，马上手动开屏蔽门，但没料到列车司机不仅没有开车门，反而又启动列车，因为他觉得还没有停准，需要再次对位。

列车 ATO 故障时，司机应立即报告行车调度员，经行车调度员同意后，切换相应的列车降级运行模式（ATP 监控下的人工驾驶模式）运行。若有备用车，行车调度员则安排 ATO 故障列车运行至终点站退出运营服务，备用车替换运行。

# 任务二　车站联锁设备故障时的行车组织

## 任务描述

列车的进、出站和站内的调车工作通常是根据防护每一进路信号机的显示状态进行的，而被防护的进路又是靠操纵道岔来排列的，因此，在有关信号机和道岔之间，以及信号机和信号机之间应建立起一种互相制约的关系，才能保证车站的安全，我们把信号、道岔、进路之间的这种相互制约关系叫作联锁；把为完成这种联锁关系而安装的技术设备叫作联锁设备。

## 任务目标

1. 知识目标

掌握车站联锁设备故障时的行车组织。

2. 能力目标

（1）掌握电话闭塞法接发车作业程序。

（2）掌握正线车站联锁设备故障时的行车作业的要求，以及开放引导信号、单操单锁道岔、进路取消和进路解锁的操作方法。

3. 职业素养目标

（1）精益求精、严谨细致、操作规范。

（2）安全意识、协作意识、服务意识。

## 知识储备

### 一、车站联锁设备概述

目前城市轨道交通系统的车站多采用计算机联锁系统（CBI）。该系统的设备构成分为室内和室外两部分。

1. 室内设备

（1）联锁计算机：实现联锁功能，主要为建立进路和解锁进路，如图 5-2 所示。

（2）接口设备：协助联锁计算机用于接口处理，如驱动现场设备并采集信息等，如图 5-3 所示。

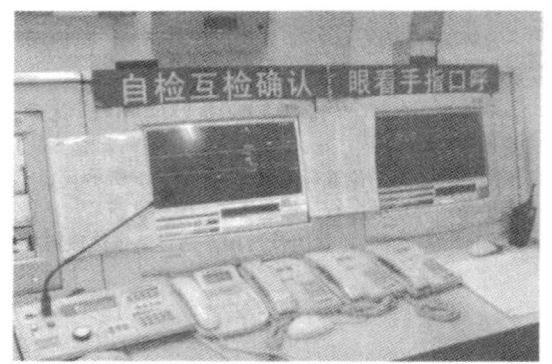

图 5-2　联锁计算机

图 5-3　接口设备

（3）LOW 局域操作员工作站：用于控制和监督信号机、道岔、进路及列车的运行，如图 5-4 所示。

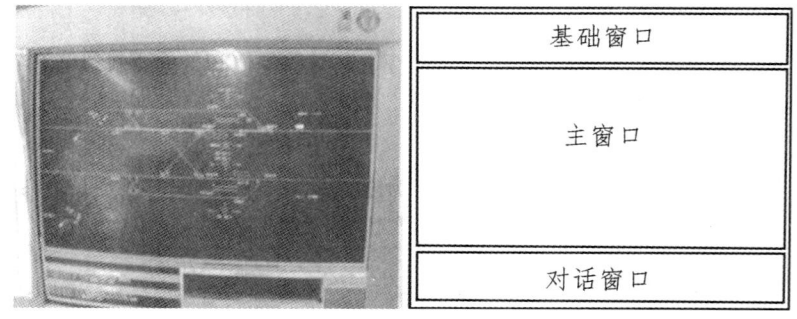

图 5-4　联锁工作站 LOW 电脑显示器及命令对话窗口

## 2. 室外设备

（1）转辙机：用于转换道岔的位置，如图 5-5 所示。
（2）信号机：用于指示列车的运行，如图 5-6 所示。
（3）轨道电路：可监测轨道区段空闲及占用，通过轨道区段可判断出列车的位置及运行情况。

图 5-5 转辙机和道岔

图 5-6 信号机和轨道电路

## 二、道岔出现异常时的处理措施

(一) 道岔故障的分类

### 1. 正线道岔故障

正线道岔发生故障,正常的进路无法实现,区间车站必然引起堵塞,此时列车运行转为线路堵塞模式,采用临时交路运行模式。

### 2. 折返线道岔故障

如北京地铁的终点折返站奥体中心站和迈皋桥站均有两条折返进路,如果道岔故障引起一条折返进路不能实现时,可以利用另一条进路进行列车折返,以维持全线列车运行。如果由于道岔故障两个进路均不能办理列车折返时,列车将采用线路堵塞模式运行。

(二) 道岔区段出现红光带造成进路排不出时的处理

(1) 行车值班员应立即报告行车调度员、信号工区、值班站长及段调度员,并在《施工检修作业登记簿》上登记。

（2）行车调度员放权站控后，行车值班员应利用其他进路，确保正常接发列车。

（3）若必须使用该进路时，行车值班员可使用单操道岔的方法，将道岔转换至所需位置并单锁，在确认线路空闲及安全的前提下，开放引导信号接发列车。

（4）值班站长接到故障报告后应到车控室把关，协助行车值班员做好行车组织工作。

（5）信号工区人员检修完毕并在《施工检修作业登记簿》上登记签认正常后，行车值班员试排进路确认正常并签认后，方可通知行车调度员、段调度员设备恢复正常使用。

### （三）道岔发生故障时的处理

**1. 道岔发生病害危及行车安全时**

（1）行车值班员应立即报告行车调度员，禁止列车通过该道岔，若线路上有列车，行车值班员应指派扳道员到现场保护，防止列车驶经该道岔，通知工务人员抢修并在《施工检修作业登记簿》上登记。

（2）行车值班员应通知站长在车控室把关，并报行车调度员。

（3）工务人员抢修完毕在《施工检修作业登记簿》上签认正常后，行车值班员应在试排进路或单操道岔试验正常后，方可通知行车调度员、段调度员设备恢复正常使用。

（4）在恢复正常使用前，行车值班员应利用其他进路确保正常接发列车。

**2. 道岔失去表示或道岔电气故障必须手摇时**

（1）道岔故障时的处理原则如下。

① 进入现场检查道岔时应确认道岔各部件良好：道岔尖轨与基本轨间是否卡有异物；道岔滑床板有无异物卡住。

② 确认道岔非机械故障，应人工排列列车进路接发列车，手摇道岔必须严格遵守"六步曲"。手摇道岔的六步曲总结如下：

一看：看道岔开通位置是否正确，是否有钩锁器，是否需要改变位置，钢轨间是否有异物；

二开：打开盖孔板，如果有钩锁器，则需要打开钩锁器的锁并拆下钩锁器；

三摇：手摇道岔转向所需的位置，在听到"咔嚓"的落槽声之后停止；

四确认：手指尖轨，确认尖轨密贴，开通 X 位，并和另一人共同确认；

五加锁：双人确认道岔位置开通正确后，用钩锁器锁定道岔的尖轨；

六汇报：向控制室汇报道岔的开通位置与枷锁情况。

③ 若一条进路上有多副道岔，摇岔人员仅对故障道岔按照规定进行处理，其他正常道岔不需作任何处理，但可与行车调度员确认开通位置。

④ 按照"先通后复"原则，值班站长负责现场指挥。没有得到行车调度员允许，现场不得进行影响行车的抢修作业。

（2）道岔故障时的处理要点如下。

① 值班站长及有关摇岔人员听到故障报警后，应立即赶到车控室查明故障情况，了解有关进路安排。

② 行车值班员应立即报告行车调度员，通知信号工区、段调度员和站长，并在《施工检

修作业登记簿》上登记。

③ 站长应派有关人员携带手摇道岔工具，穿戴好防护用品到指定地点待命（尽可能接近下轨行区的位置），途中应与行车调度员取得联系，得到行车调度员允许到现场手摇道岔的许可，站长在车控室把关。

④ 如需到现场检查确认，经行车调度员同意，打开隧道灯，进入现场。在保证安全的前提下，走行速度可适当加快。

⑤ 手摇道岔人员应严格按照行车值班员指令准备列车进路，认真执行手摇道岔作业制度办理行车作业。

⑥ 需要时，按行车调度员命令人工排列列车进路；摇岔人员既要分工明确，又要协助配合默契。如"一看"与设红闪灯可同步进行；"二开"与检查准备钩锁器可同步进行；"三摇"与准备钩锁器（含锁具）可同步进行，但两人应相互确认摇岔方向是否正确并共同确认尖轨密贴；"四确认"必须两人共同确认故障道岔及列车进路开通正确；"五加锁"与撤除红闪灯可同步进行；"六汇报"两人必须确认线路出清安全。

⑦ 信号工区人员抢修完毕，并在《施工检修作业登记簿》上签认正常后，行车值班员应在试排进路或单操道岔试验正常后，方可通知行车调度员、段调度员设备恢复正常使用。

⑧ 如故障影响列车运行交路车站需停止服务清客关站时，按"车站清客程序"执行。

### 3. 道岔区段分路不良的处理

（1）行车调度员指示相关车站，禁止扳动相关道岔。
（2）车站人员确认当前列车位置及道岔位置，并向行车调度员报告。
（3）需要使用此道岔时，须获行车调度员授权，道岔扳到需要位置后要进行道岔单锁，方可进行作业。
（4）分路不良的轨道电路存车时，列车停稳后在分路不良区段内两端加装短路线。

### 4. 道岔防护信号机不能正常显示时的处理

（1）若发生主灯丝断丝报警，通过中央调度终端确认进路已正确排列，与驾驶员确认列车车载信号显示正常，则说明现场信号灯丝故障。
（2）若列车驾驶员或车站人员报告信号机显示不正确，且无主灯丝断丝报警，应立即通过中央调度终端确认进路是否已正确排列，与车站进行确认是否有相关报警出现，与驾驶员确认列车车载信号显示是否正常。
（3）通知维修调度和驻站信号维修人员，进行进一步的检查。
（4）与即将通过该联锁区的列车驾驶员取得联系，通知其该信号机显示故障，当列车到达联锁区时与驾驶员确认车载信号是否正常，并且通知驾驶员注意道岔位置；若机车信号正常且道岔位置正确，指示驾驶员凭机车车载信号驾驶列车驶过该联锁区。

## 三、轨道电路故障时的处理

### （一）区间轨道电路故障

列车在区间轨道电路故障区段停车后，在确认线路正常且不危及行车安全情况下，司机可根据行车调度员指示转换为 RM 模式驾驶，列车重新启动并运行出清故障区段若干轨道电路区段后，由驾驶员手动恢复为 ATO 驾驶模式，继续运行。

（二）车站道岔区段轨道电路故障

此类故障直接影响中央 ATS 自动和人工设置列车进路，行车调度员可授权区域联锁工作站以单操道岔的方式，将进路中的道岔转换到所需位置锁闭，然后开放有关防护信号机的引导信号。列车根据引导信号的指示，以 RM 模式运行，出清故障区段若干轨道电路区段后，列车自动转换为 PM 模式，此时驾驶员可手动恢复为 ATO 驾驶模式。

### 四、电话闭塞法的接发列车作业

车站原则上不办理接发列车作业，在电话闭塞组织行车时须接发列车，车站接发列车人员应严格执行接发列车作业程序，手信号的显示地点应便于司机瞭望和确认。

当列车进站时，站台岗人员应于站台楼梯口靠近紧急停车按钮附近立岗，随时注意站台乘客动态，维护站台秩序，监督司机按规范动作开门，发现危及安全时及时按压紧急停车按钮或显示停车信号。

终点站站台人员清客完毕后应及时发出"好了"通知信号通知司机。

（一）电话闭塞法的接车作业流程

电话闭塞法的接车作业程序如表 5-1 所示。

表 5-1 电话闭塞法的接车作业程序

| 程序 | 作业程序及用语 ||
|---|---|---|
|  | 值班站长 | 值班员（站务员） |
| 1. 办理闭塞 | （1）听取发车闭塞请求，复诵"××次闭塞"；<br>（2）根据《行车日志》和控制台确认区间空闲；<br>（3）承认闭塞"电话记录××号××点××分××秒同意××次闭塞" | — |
| 2. 准备接车进路 | （4）布置值班员（站务员）"检查××道，准备××次××道接车进路"；<br>（6）听取汇报后，复诵"××次××道接车进路好了" | （5）检查线路空闲并将进路上的道岔及防护道岔开通正确位置并加锁，经确认正确，向值班站长报告"××次××道接车进路好了" |
| 3. 引导列车 | （7）听取发车站发车通知，并填写《行车日志》；<br>（8）布置值班员"××次开过来，引导接车" | （9）复诵"××次开过来，引导接车"；<br>（10）显示引导信号，监视列车进站停车 |
| 4. 开通区间 | （11）填写《行车日志》，报发车站"电话记录××次×点×分×秒到"并向行车调度员报点；<br>（13）收回路票 | （12）向值班站长交回路票 |

（二）电话闭塞法的发车作业流程

电话闭塞法的发车作业程序如表 5-2 所示。

表 5-2　电话闭塞法的发车作业程序

| 程序 | 作业程序及用语 | |
|---|---|---|
| | 值班站长 | 值班员（站务员） |
| 1. 办理闭塞 | （1）根据《行车日志》确认区间线路空闲；<br>（2）向接车站请求闭塞"××闭塞"；<br>（3）复诵接车站发出的电话记录"电话记录××号×分××秒同意×次闭塞" | — |
| 2. 准备发车进路 | （4）布置值班员"准备××次发车进路"；<br>（7）听取汇报，复诵"××次××道发车进路好了" | （5）复诵"准备××次发车进路"；<br>（6）将进路上的道岔及防护道岔开通正确位置并加锁，经确认正确后，向值班站长报告"××次××道发车进路好了" |
| 3. 填写路票 | （8）填写《行车日志》，对照《行车日志》填写路票 | — |
| 4. 列车出发 | （9）向值班员交付路票并共同核对；<br>（11）指示值班员发车；<br>（13）列车出发后，向接车站行车调度员报点 | （10）接收路票并检查核对；<br>（12）接受发车指令并付诸实施 |
| 5. 开通区间 | （14）复诵接车站列车到达时刻及号码"电话记录××次××分××秒到"；<br>（15）填写《行车日志》，确认区间开通 | — |

（三）人工准备进路的作业程序

（1）人员进入现场作业区必须请示行车调度员并得到行车调度员许可。

（2）车控室值班人员应按规定要求向准备进路人员布置任务。

（3）准备进路人员需携带信号灯（旗）、手摇把、钥匙、钩锁器、扳手、对讲设备（便携电台）、手电筒、穿荧光衣和绝缘鞋并戴手套。

（4）两人现场确认道岔，需要转换位置时应认真操作，确保手摇到位，确认尖轨与基本轨密贴在一起。

（5）行车调度员接到进路准备好、线路出清（此处指根据作业要求进入安全位置或回到站台）报告后指示车站接（发）列车；SICAS 故障采用电话闭塞法行车时，确认道岔位置开通正确后，准备进路人员向车控室汇报，车控室接到进路准备好、线路出清（此处指根据作业要求进入安全位置或回到站台）的报告后，指示接发列车人员接（发）列车。

（四）行车凭证和原始记录的填写要求

车站行车凭证（如图 5-7 所示）和原始记录主要有路票（行车许可证）、调度命令登记簿

（如表 5-3 所示）、调度命令（如表 5-4 所示）、行车日志（如表 5-5 所示）及施工检修作业登记簿（如表 5-6 所示）。

```
┌─────────────────────────────────┐    ┌─────────────────────────────┐
│   路票        NO:               │    │   行车许可证                │
│   电话记录第  号， 车次         │    │   车次                      │
│       站至站                    │    │       站 ──→ 站             │
│              行车值班员         │    │              车站行车专用章 │
│  ×××站                         │    │                             │
│  行车专用章      年 月 日       │    │   编号：××××     年 月 日 │
└─────────────────────────────────┘    └─────────────────────────────┘
```

图 5-7 路票和行车许可证样图

表 5-3 调度命令登记簿

| 日期 | 命令 | | | | 复诵人姓名 | 接收命令人姓名 | 行车调度员姓名 | 阅读时间（签名） |
|---|---|---|---|---|---|---|---|---|
| | 发令时间 | 号码 | 受令单位 | 内容 | | | | |
| | | | | | | | | |
| | | | | | | | | |
| | | | | | | | | |
| | | | | | | | | |

表 5-4 调度命令

| 命令处所 | | 命令号码 | 行车调度员姓名 |
|---|---|---|---|
| 命令内容 | | | |

表 5-5 行车日志

| 列车车次 | 接车股道 | 接车 | | | | | | 发车 | | | | | | | | |
|---|---|---|---|---|---|---|---|---|---|---|---|---|---|---|---|---|
| | | 承认闭塞 | 发车站发车 | 时分 | | 电话记录号码 | 取消闭塞 | 请求闭塞 | 邻站承认闭塞 | 时分 | | 到达接车站 | 开通区间 | 取消闭塞 | 电话记录号码 | |
| | | | | 本站到达 | | | | | | 本站出发 | | | | | 邻站承认闭塞 | 取消闭塞 |
| | | | | 规定 | 实际 | 承认闭塞 | 取消闭塞 | | | 规定 | 实际 | | | | | |
| | | | | | | | | | | | | | | | | |
| | | | | | | | | | | | | | | | | |
| | | | | | | | | | | | | | | | | |
| | | | | | | | | | | | | | | | | |
| | | | | | | | | | | | | | | | | |

表 5-6 施工检修作业登记簿

| 施工登记 | | | | | 承认施工手续 | | | 施工维修终止 | | | |
|---|---|---|---|---|---|---|---|---|---|---|---|
| 年 月 日 | 时分 | 施工或检查维修项目及其影响适用范围 | 施工负责人姓名 | 值班站长(信号楼值班员)姓名 | 起止时间 | 值班站长(信号楼值班员)姓名 | 施工负责人姓名 | 时分 | 实验人姓名 | 施工负责人姓名 | 值班站长(信号楼值班员)姓名 |
| | | | | | | | | | | | |
| | | | | | | | | | | | |
| | | | | | | | | | | | |
| | | | | | | | | | | | |

（五）电话闭塞组织行车时接发列车的规定

（1）按照列车运行图及行车调度员命令，做好接车工作。
（2）接发列车时显示手信号的时机。
① 接车时，在看见列车头部灯时开始显示。
② 通过列车，应待列车头部越过信号显示地点后方可收回。
③ 停站列车，应待列车停车后方可收回。
④ 发车信号，必须在司机动车或鸣笛回示后方可收回。
⑤ 引导信号，待列车头部越过信号显示地点后方可收回。

# 任务三　特殊情况下的行车组织

### 任务描述

列车在运行中会遇到一些特殊情况，比如列车反方向运行、列车退行、客车推行运行、遭遇恶劣天气时、隧道积水、乘客报警、火灾等，这些状况出现时，该如何进行行车组织工作呢？本次任务围绕这些特殊状况展开介绍。

特殊情况下的列车运行

### 任务目标

1. 知识目标

掌握列车反方向运行、列车退行、客车推行、客车不停站通过和 URM 模式驾驶等特殊情况的行车组织方法及要求。

2. 能力目标

掌握反方向行车的规定，掌握列车退行的作业方法。

3. 职业素养目标

（1）精益求精、严谨细致、操作规范。
（2）安全意识、协作意识、服务意识。

### 知识储备

## 一、列车反方向运行

### （一）定　义

各城市轨道交通系统在《行车组织规则》中对双线区段的线路均规定了上行、下行列车运行方向，对应规定了上、下行线，正常情况下上行方向列车在上行线运行，下行方向列车在下行线运行。根据需要，当上行方向列车在下行线运行或下行方向列车在上行线运行时，被称为列车反方向运行。

列车反方向运行时的有关规定如下所述。

（1）在没有 ATP 保护的情况下，除降级运营时组织单线双方向运行或开行救援列车外，载客客车原则上不能反方向运行。

（2）ATP 正常使用时，客车反向运行在各站不能通过、自动停车，没有跳停功能，停站时分由司机掌握；客车须反向运行时，在 MMI（联锁工作站 LOW）上排列进路，列车根据 ATP 允许速度以 ATO 或 ATP 模式运行。

### （二）反方向行车发车手续

（1）接受调度命令（变更闭塞、列车反方向运行、调控权下放），接受控制权。
（2）核对运行计划，确认列车车次及位置。
（3）发车站确认发车区间空闲后，向接车站请求闭塞。
（4）接收电话（电报）号码及承认时分，填写《电话电报登记簿》及《行车日志》。
（5）办理发车进路（按正方向办理）。
（6）确认发车进路道岔位置正确且锁闭。
（7）填写路票，交递路票，手信号发车（始发站交递调度命令）。
（8）列车出发后，向接车站通报列车车次及发车时分，双方填写《行车日志》。
（9）接受闭塞解除时分，填写《行车日志》（只作为前发列车闭塞的结束，不作为下次列车承认闭塞的依据）。

### （三）反方向行车接车手续

（1）接受调度命令（变更闭塞、列车反方向运行、调控权下放），接受控制权。
（2）接受发车站的闭塞请求。
（3）确认接车区间、接车线路空闲，办理接车进路（按正方向办理）。
（4）确认接车进路道岔位置正确且锁闭。
（5）向发车站发出电话（电报）号码及时分，填写《电话电报记录簿》和《行车日志》。

（6）接受发车站发车车次及时分，填写《行车日志》。
（7）待列车到达出站信号机内方，显示引导手信号将列车引导进站。
（8）列车整列到达后，填写《行车日志》。
（9）向发车站发出闭塞解除时分，填写《行车日志》（只作为本次列车闭塞的结束，不作为下次列车承认闭塞的依据）。

（四）手信号接（发）车

1．发　车

（1）外勤值班员与内勤核对列车运行计划，确认车次及闭塞承认号码及时分。
（2）填写路票，始发站转抄调度命令。
（3）与司机核对车次车号，并说明有关行车事宜，转交路票（始发站交递调度命令）。
（4）在进站信号机相对应的站台末端，显示发车手信号发车。
（5）待列车发出后，向内勤值班员报告发车车次及出发时刻。

2．接　车

（1）外勤值班员与内勤值班员核对列车运行计划、列车运行方向。
（2）得到内勤值班员的允许后，在来车方向的出站信号机相对处显示引导手信号，黄色灯光高举头上左右摇动，接入列车。
（3）向内勤值班员通报接车情况。

（五）反方向运行时的操作规程

（1）行车调度员发布调度命令，司机确认行车凭证。
（2）模式开关至 EUM 位，加强瞭望，限速 35 km/h。
（3）进站前凭引导手信号进站，限速 15 km/h。

（六）按站间闭塞法行车，如需办理反向进路的注意事项

（1）及时通知邻站。
（2）控制台上反向空闲表示灯点亮（反向区间空闲）。
（3）进站方向站间闭塞表示灯灭灯（后方站未办理向本站的站间闭塞）或进站方向站间闭塞表示灯亮红灯，且站间闭塞扣车表示灯亮白灯时（后方站虽已办理了向本站的站间闭塞，但已扣车）。

## 二、列车退行的组织办法

（一）定　义

列车因事故或其他原因在站间不能正常行车时，为避免列车进行站间清客，行车调度员可授权列车驾驶员进行列车退行至最近的车站指使列车运行方向与列车原运行方向相反的列车。

### (二) 办理手续

（1）确认接车线路空闲后（退行列车至接车站出站信号机），关闭进站信号机进行防护。
（2）办理接车进路，广播通告站内候车乘客注意退行列车。
（3）列车在出站信号机内方停车，凭引导手信号进站。
（4）向行车调度员报告接车情况。

### (三) 注意事项

（1）在实行电话闭塞法行车时，待列车整列退回到车站后，应与邻站办理取消闭塞的手续，发出电话（电报）号码作为取消闭塞的依据。
（2）预定退行的列车或区间有作业的列车发出后，出站信号机应显示停车信号，须在确定该列车已回到本站或已到达前方站后，方准显示绿色灯光。
（3）列车因故在站间停车需要退行时，驾驶员必须及时报告行车调度员，在得到行车调度员的命令后方可退行，行车调度员应及时通知有关车站。
（4）列车退行进入车站时，车站接车人员应于进站站台端处显示引导信号，列车在进站站台端外必须一度停车，确认引导信号正确方可进站（后端推进退回车站难以确认时车站应做好站台防护工作）。
（5）退行列车到达车站后，驾驶员应及时向行车调度员报告，同时根据行车调度员的命令处理。
（6）使用引导信号的时机：列车出发整列离开站台区，因故须退回车站时，车站在确认列车后退进路无其他列车占用时，先通知相关联锁站关闭该进路的起始信号机的追踪自排，后通知驾驶员后退，并在头端墙显示引导手信号。

### (四) 列车反方向运行与列车退行的不同点

（1）定义不同：列车反方向运行是指在双线区间，列车的运行方向与线路规定的使用方向相反；列车退行是指使列车运行方向与列车原运行方向相反的列车。
（2）运行区间不同：列车反方向运行是由车站运行至车站，列车退行是由区间运行至车站或由车站运行至区间。
（3）闭塞方式不同：列车反方向运行按电话闭塞法办理行车，列车退行不办理任何闭塞手续。
（4）列车进入区间的行车凭证不同：列车反方向运行进入区间的行车凭证为路票及发车手信号；列车退行的凭证为行车调度员发布的调度命令。
（5）运行速度不同：一般列车反方向运行速度为 35 km/h；一般列车退行的速度为 15 km/h。在非正常情况下，客车部分或全部车厢越过站台须退回站台内办理乘降作业，或列车从区间返回车站均为退行，可以推进或牵引运行。

## 三、客车推行运行

引导员或添乘监控员是指当客车故障需要驾驶员在尾部驾驶室驾驶时，在客车前端瞭望，监控列车运行速度及运行安全与驾驶员随时保持联系控制列车的运行及停车等。由车站值班员或值班站长担任。目的是当列车进入区间后因故停车，为避免在区间清客，根据行车调度员的指示，驾驶员换端驾驶列车，将列车推行至前方站。

列车推行时的有关规定：
（1）客车推进运行，必须得到行车调度员的调度命令，应有引导员在客车头部引导。
（2）因天气影响，难以辨认信号时，禁止列车推进运行。
（3）在30‰及以上的下坡道推进运行时，禁止在该坡道上停车作业，并注意列车的运行安全。

### 四、客车在车站通过的规定

（1）除《运营时刻表》规定外，客车原则上不组织通过车站运行。在行车工作中，如因车辆、设备故障、事故及客流突变等原因造成运行晚点或特殊原因需要时，准许客运列车在站通过（简称通过）。
（2）需要组织客车不停站通过车站时，必须核对线路满足条件后，行车调度员与车站及驾驶员布置起点站及终点站，以口头命令的形式组织列车运行。
（3）不影响后续列车正点运行或折返后能够正点始发的晚点列车，原则上不得通过。
（4）末班车或乘客无返乘条件的列车，不得通过。不准三列及其以上客运列车在同一车站连续通过。始发站不准两列及其以上客运列车连续放空。

### 五、URM模式驾驶的规定

（1）采用电话闭塞法组织行车时，驾驶员采用URM模式驾驶可不派监控员上车监督驾驶。
（2）单个列车ATP车载设备故障时，列车URM模式运行时，行车调度员应通知车站上监控员监督驾驶，当列车在区间无法联系上监控员时可限速40 km/h运行至前方站，监控员上车后按URM模式规定速度运行。
（3）监控员应协助司机瞭望和监控速度表，提醒驾驶员控制速度，必要时应立即按压紧急停车按钮。
（4）URM模式驾驶监控员添乘程序。
① 行车调度员向有关车站、驾驶员发布命令："××次列车在××站至××站采用URM模式驾驶，由××站派监控员上车监控列车，添乘密码×××（991-999），行车调度员×××。
② 车站派胜任人员携带800 M无线电台到站。
③ 监控员向驾驶员报添乘密码，驾驶员核对后同意监控员进入驾驶室。

### 六、遭遇恶劣天气时的行车组织办法

在恶劣天气条件下的行车组织原则，以确保行车安全为原则，采取降低运行速度、严格控制一个站间区间只准同方向一列车占用的办法组织行车。

（一）当遭遇恶劣气候影响运营时，车站（高架及地面）应做到的几点

（1）各岗位要按照分工加强对各自负责区域的检查和巡视，发现危及运营安全情况时，立即向控制中心 OCC 行车调度员、设修调度员汇报。

（2）车站值班站长要立即赶赴现场了解情况，并组织人员、物资进行先期处理。

（3）遇恶劣气候影响司机瞭望或危及运营安全时，司机立即向行车调度员汇报。特殊地段（出入基地、进站、曲线弯道）操纵列车，应采取减速运行、加强瞭望等安全措施，确保列车运营正常。

（4）控制中心 OCC 根据气象预报的预警信息，立即向运营公司领导和有关部门、中心通报，当大雾、暴风、雨、雪、严寒等恶劣天气来临时，提供不同等级的预警、预报。

（5）控制中心 OCC 根据各类天气的影响程度和相应级别向运营公司领导报告，经同意后指挥机构和现场处置机构自然成立。

（6）控制中心对现场恶劣气候条件下的防范措施进行检查和指导，及时向车站发布运营信息。

（7）控制中心执行指挥机构指令，对不具备安全运营条件的车站下达关闭命令，启动公交接驳方案。

（8）控制中心组织具备运行条件的区段维持运营。

（二）其他要求

（1）因暴雨造成运行线路积水距离轨面 50～150 mm 时，列车应减速运行并报告行车调度员。如积水已超过轨面应立即停车，报告行车调度员，听从行车调度员指挥。

（2）因台风造成高架线、地面线的接触网或接触轨刮断或线路区段护栏、挡板、隔音屏等设施坠落至运行线路上时，应立即停车报告行车调度员风力在 10 级（含 10 级）以上时，正在运营中的列车应限速 20 km/h 运行至就近车站，听从行车调度员指挥。

（3）因雷击造成车辆、供电、行车等设备损坏，影响正常行车时，应立即停车报告行车调度员，听从行车调度员指挥。

（4）高架线、地面线积雪或严重结冰时，应减速运行并报告行车调度员。

（5）遇大雾天气，在能见度低、瞭望条件不理想的情况下，运行列车要按行车调度员命令谨慎驾驶。

（6）有异物挂在接触网或接触轨上时，应在及时停车报告行车调度员后按指令处理。

## 七、隧道积水的处理

（1）巡道和巡检人员在作业中发现隧道线路积水时，应立即报行车调度员，行车调度员要及时发布限速命令，驾驶员按规定速度运行。

（2）当 $h \geqslant 180$ mm 时（$h$ 为积水面距轨面高度，负值表示积水漫过轨面，$h$ 值的测量以积水最深处为准，下同），允许列车以正常速度通过积水段。

（3）当 $50$ mm $\leqslant h < 180$ mm 时，允许列车按 25 km/h 的速度通过积水段。

（4）当 $h < 50$ mm 时，原则上列车不准通过积水段，必须通过时限速 15 km/h。

（5）当积水造成轨道电路短路时，驾驶员应尽量以惰行的方式通过积水区段。

## 八、乘客报警

乘客在运行中向驾驶员报警时，驾驶员可利用客室广播安抚乘客，报告行车调度员，至前方站处理。

## 九、错开车门

（1）报告行车调度员，"在×站站台停车后车门错开"。
（2）向列车乘客广播："车门错开，请不要靠近；如有乘客跌落，请通知站台工作人员。"
（3）及时打开正确位置的车门，疏散乘客到站台。
（4）经行车调度员许可，取下驾驶室控制台钥匙，离开驾驶室（关好驾驶室侧门），查询列车前三节车厢有无乘客跌落轨道。
（5）向行车调度员汇报关于"是否有乘客跌落在轨道上"的查询结果。
（6）如果无人跌落轨道，关闭错开一侧的车门。

## 十、火　灾

地铁的地下部分仅有车站的出入口、隧道口与外界相通，是一个半封闭空间，此空间狭小而且人员和设备又高度密集，所以一旦发生火灾事故，易产生高温气浪和浓烟毒气，造成人员伤亡及严重的经济损失。因此，当地下车站、地下区间隧道、列车及设备发生火灾时，必须按事先的安排，采取有效措施，快速准确地进行处理。

地铁火灾分为车站火灾、隧道火灾和列车火灾。当这些部位发生火灾时，系统的运行模式包括：乘客的组织模式、列车运行的组织模式、通风/排烟系统的运行模式、其他设备的运行模式。

### （一）地下车站火灾

地下车站火灾分为站厅层火灾和站台层火灾。

**1. 地下车站站厅层火灾**

（1）车站乘客的组织模式。

当站厅发生火灾时，车站应组织站厅的乘客迅速从出入口上到地面，而处在站台区域的乘客则留在原处，由行车调度员安排后续列车将他们接走。

（2）列车运行的组织模式。

控制中心组织已经进入火灾车站的列车不停车越过该车站，并安排后续列车在前一个车站清客，然后进入火灾车站停车，将站台上的乘客接走。为保证乘客和车辆设备的安全，全线将在短时间停止运行，待特定列车将乘客疏散完毕，确认该站可以通过时，再以跳站方式恢复列车运行。

（3）通风/排烟系统的运行模式。

环控调度员将环控设备转至站厅火灾运行模式。

（4）其他设备运行模式。

其他设备系统，供电系统、收费系统、给排水系统等根据具体情况采取相应的模式。

**2．地下车站站台层火灾**

（1）车站乘客的组织模式。

当站台发生火灾时，车站应组织站内所有的乘客迅速通过站厅和出入口上到地面。如果此时正好有列车停站，通过广播通知乘客停止下车，关闭车门。

（2）列车运行的组织模式。

控制中心组织对于已经进入火灾车站的列车不停车越过该站，未进入火灾车站的列车立即停车，对于已经停站的列车终止停站，提前发车。全线暂时停止运行，待确认情况后，再确定以跳站方式或临时交路方式恢复列车运行。

（3）通风/排烟系统的运行模式。

环控调度员将环控设备转至站台火灾运行模式。

（4）其他设备运行模式。

其他设备系统，供电系统、收费系统、给排水系统等根据具体情况采取相应的模式。

## （二）列车火灾

列车发生火灾，有两种情况：一种是列车可以继续运行到前方，另一种是在区间立即停车。

**1．当列车还可以继续运行到下一个车站时**

列车停车后，打开车门，让乘客尽快下车并迅速离开站台，站台上的乘客也迅速经站厅疏散，其他运行模式均与站台火灾模式相同。

**2．当列车发生火灾必须在区间停车时**

（1）列车运行的组织模式。

司机立即向控制中心报告火灾情况。行车调度员命令全线列车暂时停车运行，控制中心组织救援，尽快疏通区间，待控制中心确认火灾事故消除后，恢复运行。

（2）通风/排烟系统的运行模式。

中心环调将环控设备转换至隧道火灾运行的模式。

（3）乘客的组织模式。

列车停车后，由司机组织乘客下车，指示乘客沿区间逆风方向进入车站。

## （三）区间隧道火灾列车运行的组织模式

当列车已经进入火灾区域，无法在火灾区域前停车的情况下，司机应操作列车冲过火灾区域。当列车刚离开车站，发现前方区间发生火灾时，列车应立即停车，并在控制中心的指挥下退回车站。隧道发生火灾时，全线列车将暂时停止运行，待控制中心确认情况后再决定采用相应的运行模式。

（1）通风/排烟系统运行模式：通风/排烟系统在此情况下转换为隧道火灾运行模式，保证乘客安全撤离。

（2）系统其他设备运行模式：地下区段的其他设备系统，包括供电系统、通信信号系统、自动售检票系统、给排水系统等，根据具体情况采取相应的模式，阻止火灾的扩散。

## 任务四　救援列车和工程列车的开行

### 任务描述

正线运行的列车发生故障需要救援时，该如何进行行车组织？施工作业时，工程列车如何开行？本次任务围绕这两个问题展开叙述。

### 任务目标

1. 知识目标

（1）了解组织救援列车和工程列车的开行。
（2）能够组织救援列车。

2. 能力目标

掌握救援列车的开行规定、作业要求及操作要点。

3. 职业素养目标

（1）精益求精、严谨细致、操作规范。
（2）安全意识、协作意识、服务意识。

### 知识储备

#### 一、客车故障的处理措施

（一）客车故障的处理措施

（1）客车在车站发生车门故障时，站台岗协助确认故障门位置，驾驶员再次打开屏蔽门和车门，前往故障门处进行处理，车站站台安全员及时协助。
（2）客车车门故障处理的具体程序按照《电客车故障应急处理指南》执行。
（3）故障门处理完后，再次打开屏蔽门，后关客室门，确认正常后开车。

（二）客车故障被迫停车的处理措施

（1）客车在隧道内被迫停车时，如果停车超过 2 min，行车调度员口头通知环境调度员送风。

（2）客车故障情况下行车组织由 OCC 全权负责，故障的判断和处理由驾驶员全面负责，行车调度员有责任提出辅助处理意见，但驾驶员离开驾驶室处理故障前须报告行车调度员。

（3）驾驶员对客车的故障初步处理，原则上为 3 min，驾驶员确认无法处理或 3 min 后还无法动车时，通过行车调度员向 DCC 检修调度员请求技术支援，同时继续处理故障。

## 二、救援列车的请求与派遣

（1）对客车的故障处理时间原则上为 6 min，如仍不能动车，由值班主任确定处理办法，当决定救援时，驾驶员做好救援的防护连挂工作。

（2）正线发生列车故障需要救援或出动备用车、换车等行车需要时，行车调度员应及时通知相关换乘点的驾驶员，事后应通报派班员。需车辆段出车时应及时通知车场信号楼，由车场信号楼负责车场内的行车组织安全。

（3）请求救援客车需要疏散乘客时，行车调度员发出口头命令通知驾驶员和有关车站，要做好乘客疏散及救援工作。驾驶员除引导乘客下车外，还必须做好客车的防护及协助救援工作。

（4）正线发生列车故障需救援时，行车调度员应及时组织备用车上线救援，如果救援列车用运行中的客车时，原则上救援列车应空车前往。救援列车驾驶员接到救援命令后，清客广播 2 次，可关闭客室照明，2 min 内未能清客完毕的，带客前往救援。列车到达被救援的就近车站时，安排车站和公安人员配合再次清客。

## 三、救援列车的开行

正线运行的列车发生故障需要救援时，一般遵循"顺向救援"原则，以确保正线其他列车的运行秩序，即应尽量采用相邻后续列车正向推进故障列车的方法进行救援。

救援列车的开行

### （一）定义

救援列车是指故障车与担当救援任务的列车连挂完毕后，所组成的车列。

### （二）救援的分类

（1）车站救援：是指列车连挂位置在站内的救援。列车在车站救援时，按有车线接车办理，凭值班员调车手信号引导进站。

（2）区间救援：是指列车连挂位置在区间的救援。列车在区间救援时，须将相关线路封锁，救援列车凭调度命令和值班员手信号进入封锁区间。

### （三）列车救援适用范围

（1）列车发生故障或火灾，处理后仍不能维持运行时。

（2）制动装置发生故障致使全列车不能制动或不能缓解时。
（3）发生严重故障，可能危及行车安全，司机认为必须救援时。
（4）运营车辆场指定人员确认必须救援的其他故障时。

（四）请求救援列车时向行车调度员报告的内容

（1）列车车次及车号。
（2）请求救援事由。
（3）迫停时间、地点（以百米标、千米标为准）。
（4）是否妨碍邻线。
（5）是否需要部分救援。
（6）其他需要说明的事项。

（五）列车救援过程

（1）行车调度员发布调度命令，当行车调度员与司机间无线通信中断时采用调度书面命令。
（2）当故障列车在车站迫停时，采用有车线接车的方式或封锁区间的方式接入列车；当故障列车在区间迫停时，采用封锁区间的方式向封锁区间开行救援列车。
（3）若须对连挂完毕救援列车后面的列车清客时，则应依据当时所采用的行车闭塞方式的有关规定，使列车前部越过出站信号机进入区间停车。
（4）一般救援列车凭调度命令和发车手信号，有时也凭出站信号进入封锁区间。
（5）连挂后的救援列车采用推进运行时，有时需依据调度命令按电话闭塞法办理行车，有的线路按原闭塞办理。

在救援过程中，一般行车调度员会通知故障车禁止移动，开行救援列车不办理任何闭塞手续，列车进入封锁区间的行车凭证多为调度命令及发车手信号，区间的封锁与解除凭调度命令办理。超速防护自动闭塞发车时，若被救援列车的车载信号出现故障，救援列车的开行则须依据调度命令改按电话闭塞法行车。

（六）不同情况下的救援过程中的具体做法

不同情况下的救援过程中的具体做法略有区别，如表5-7所示。

（七）特殊情况下的救援组织方法

（1）在辅助线附近实施"逆向救援"。"逆向救援"是指利用前行列车反向推进故障车进行救援的方法。根据故障车的不同位置可以分为以下两种情况。

① 如图5-8（a）所示，当下行0213次列车故障需要救援时，如果由前行0913次列车逆向运行对故障车实施救援，能够很快将故障车推入K站存车线；如果由后续0613次列车实施救援，采用正向推进将距离其他辅助线较远，而采用逆向牵引至K站存车线则要换端耽误时间，并且存在救援后恢复运行较困难等问题。

表 5-7　某线路不同情况下的救援过程中的具体做法

| 不同情况 | 前方站 | 后方站 |
| --- | --- | --- |
| （1）故障车在区间，救援车在站台 | ①填写"区间救援"命令，接受改按电话闭塞法行车、故障列车清客及调控权下放等书面命令，接受控制权；<br>②与接车站办理电话闭塞手续，得到接车站的闭塞办理进路；<br>③向故障车司机转交"区间救援"命令，组织故障车清客；<br>④列车发出后通知后方站解除扣车 | ①填写"区间救援"命令，接受列车清客担当救援、救援列车车次、运行路径及调控权下放等书面命令，接受控制权；<br>②向在站列车司机转交"区间救援"命令，组织救援列车清客；<br>③确认所有道岔位置正确且锁闭后发车（若出站信号机无法开放时手信号发车）；<br>④列车发出后，依据调度命令关闭出站信号机；<br>⑤得到前方站通知或调度通知后，开放出站信号机 |
| （2）故障列车在区间，利用后方同一区间列车救援 | ①填写"区间救援"命令，需交递前后列车司机各一份，接受改按电话闭塞法行车、故障列车清客命令；<br>②接受救援列车清客、救援列车车次、运行路径及调控权下放等的书面命令，接受控制权；<br>③列车前部进入站线，向故障车司机转交"区间救援"命令，组织故障车清客；<br>④待救援列车头部进入站台后，向担当救援列车司机交递"区间救援"命令；<br>⑤与接车站办理电话闭塞手续，得到接车站的闭塞承认后，办理进路，手信号发车；<br>⑥列车发出后通知后方站解除扣车 | ①依据调度命令关闭出站信号机；<br>②得到前方站通知或调度通知后，开放出站信号机 |
| （3）故障列车在车站，利用后方区间列车救援 | ①填写"清客""车站救援"命令，接受清客命令，交递"清客"命令，组织清客；<br>②若司机请求救援，接受改按电话闭塞法行车、救援列车清客、救援列车车次、运行路径及调控权下放的书面命令，接受控制权；<br>③待故障列车推出站台后，向救援列车司机交递"车站救援"命令，组织清客；<br>④与前方站办理电话闭塞手续，得到接车站的闭塞承认后，办理进路，手信号发车；<br>⑤列车出发后通知后方站解除扣车 | ①依据调度命令关闭出站信号机，扣车；<br>②得到前方站通知或调度通知后，开放出站信号机 |
| （4）故障列车在车站，利用后方车站列车救援 | ①填写"清客"命令，接受清客命令，交递"清客"命令，组织清客；<br>②若司机请求救援，接受改按电话闭塞法行车及调控权下放的书面命令，接受控制权；<br>③与前方站办理电话闭塞手续，得到接车站的闭塞承认后，办理进路，手信号发车；<br>④列车出发后通知后方站解除扣车 | ①填写"车站救援"命令，接受列车清客担当救援、救援列车车次、运行路径等书面命令；<br>②向司机转交"车站救援"命令，组织救援列车清客；<br>③待列车发出后，关闭出站信号机（调控权下放）；<br>④得到前方站通知或调度通知后，开放出站信号机（调控权下放） |

② 如图 5-8（b）所示，下行 0813 次列车刚完成折返时突发故障需要救援，此时 1012 次列车无法对故障车进行救援，行车调度员只能命令前行 0713 次列车清客后实施"逆向救援"，将 0813 次列车推入存车线后再恢复运行。

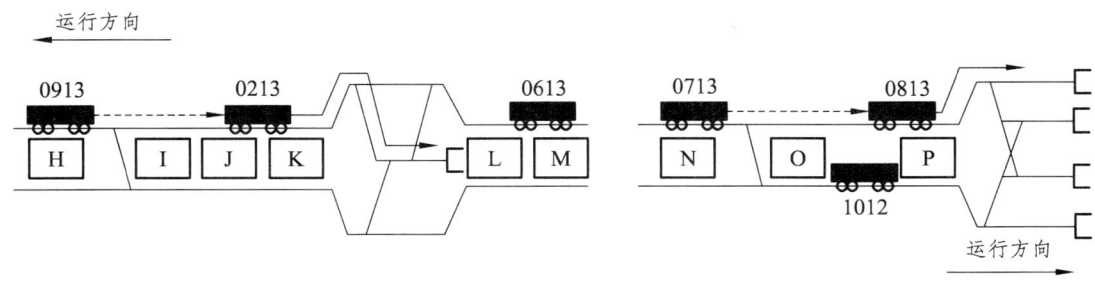

图 5-8　逆向救援示意图

（2）利用渡线变逆向牵引为顺向牵引。为了避免在救援过程中逆向牵引故障车对运营秩序产生影响，行车调度员可以利用渡线变逆向牵引为顺向牵引。如图 5-9 所示，当 1312 次列车在 F 站附近出现故障要求救援时，行车调度员命令 0114 次列车清客后前往救援。由于故障地点在车辆基地附近，因此两车连挂后不是向前推进而应逆向牵引回车辆基地。为了避免对其他上行列车的干扰，0114 次在牵引故障车到 F 站清客后，经 F 站渡线至下行线再牵引回车辆基地，这样就变逆向牵引为顺向牵引，使上行线能够很快开通；同时对下行线列车运行的影响也在可控的范围内，从而将救援工作对列车运行的负面影响降到最低。

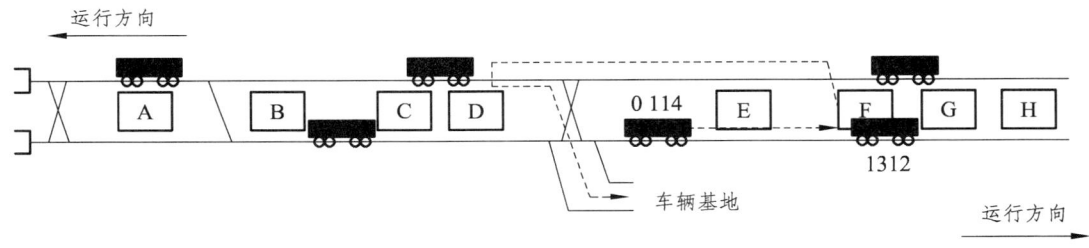

图 5-9　利用渡线变"逆向牵引"为"顺向牵引"示意图

（3）利用后端动车避免救援。由于列车两端具有驾驶室的特点，有时行车调度员可以要求故障列车司机在故障处理中尝试利用后端动车以避免救援。有如下两种利用后端动车的情况。

① 利用右端动车的情况，如图 5-8 所示。当列车在辅助线附近突发故障需要救援时，行车调度员除安排救援外可以要求司机确认列车后端驾驶室是否能够动车，如果后端能够动车则命令司机清客后直接将故障车逆向牵引至辅助线退出运营。这相对于由其他列车实施救援具有节省时间和减少清客等明显优点。

② 利用后端动车的情况，如图 5-9 所示。当 1312 次列车在 F 站附近突发故障需要救援时，行车调度员也可以要求司机确认后端驾驶室是否能够动车，如果后端能够动车则命令司机经过 F 站渡线至下行线后顺向运行至 D 站后再推进回车辆基地。

在正常的救援过程中，司机或车长应根据救援列车开来方向，以列车前照灯的灯光对列车进行防护。当遇弯道瞭望距离不足 50 m 时，要在距列车防护一端 50 m 处，以手信号向救援列车显示停车 30 m。当救援列车接近被救援列车时，须一度停车。停车位置和被救援列车的距离不小于 30 m；在 24‰及其以上的下坡道上，距离不小于 50 m，然后根据司机或车长的要求与被救援列车连挂。

救援列车的发出、折回或到达前方站，相关站行车值班员均应及时报告行车调度员。接入救援列车的车站行车值班员应将确认后的接入车辆数同时报告行车调度员。表 5-8 为某线路救援流程。

表 5-8　某次救援的流程

| 时间 | 故障列车 | 救援列车 |
| --- | --- | --- |
| 第 1 min | | 通过行车调度员了解故障列车情况 1 min |
| 第 2 min | 司机先期处理 3 min | 接受行车调度员提前发布的清客命令 1 min |
| 第 3 min | | 清客并接受行车调度员预发的救援命令 2 min |
| 第 4 min | 司机在车辆检修调度员的指导下处理 2 min | |
| 第 5 min | | 接受行车调度员发布救援命令，生效动车命令 1 min |
| 第 6 min | 行车调度员向司机发布清客及救援命令 2 min | 动车及接近故障列车处转换驾驶模式 2 min |
| 第 7 min | | |
| 第 8 min | 司机在车站的协助下清客 2 min | |
| 第 9 min | | |
| 第 10 min | | 连挂故障列车并试拉完毕 6 min |
| 第 11 min | 司机做好联系与防护并继续故障的处理直至连挂 4 min | |
| 第 12 min | | |
| 第 13 min | | |
| 第 14 min | 两列车连挂妥当后，故障列车司机隔离第一节车厢常用制动 1 min | |
| 第 15 min | 故障列车司机及救援列车司机联系准备动车及动车 1 min | |

### 四、救援列车与故障列车进行连挂作业

（1）救援列车驾驶员必须确定故障列车已将故障切除，方可进行连挂作业。故障列车驾驶员必须确定故障部分已被切除，并将有关情况通报给救援列车驾驶员。

（2）完成连接后，救援列车、故障列车驾驶员必须将"列车联挂"开关扳到"通"位，并经相互确定后，进行制动系统测试。确定制动系统作用正常及故障列车的制动系统已缓解后，通报行车调度员。

（3）得到行车调度员授权后，救援列车驾驶员可使用以下驾驶模式及指定速度将故障列车驶离正线。

① 使用正向牵引方式：救援列车驾驶员可使用 ATP 监督下的人工驾驶模式以不高于指定速度驾驶列车。

② 使用推进运行方式：救援列车驾驶员可使用 ATP 固定限速下的人工驾驶模式以不高于指定速度驾驶列车，在途中必须依据故障列车驾驶员的指示驾驶，如在规定时间（如 5 s）内得不到故障列车驾驶员指示，救援列车驾驶员必须停车。

注：在任何情况下，救援列车驾驶员及故障列车驾驶员均必须保持通信联络。如遇突发事件应立即停车了解实况，直至完成救援作业。如故障列车当时处于站间（车上仍有乘客），在完成联挂作业后应立即前往就近车站进行清客作业。

## 五、工程列车开行

### （一）工程列车的种类

**1．钢轨打磨车**

打磨钢轨轨头不均匀部位用的钢轨打磨车，包括支撑在轨行机构上的机架和通过高度调节驱动机构与机架相连的、利用带缘滚轮能在钢轨上滚行的导向框架，如图 5-10 所示。

图 5-10　钢轨打磨车

**2．轨道起重车**

轨道起重车是一种铁道起重车，其特征是在铁道起重车上装有一个支撑走行轮对，轮对上装有两端分别与车架和轴承相连的液压油缸，当起重车吊重移动作业时，液压油缸将该轮对压在轨道上起支撑作业，同时控制轮对两端的液压电动机即可实现吊重行走，如图 5-11 所示。

图 5-11　轨道起重车

**3．接触网放线车**

接触网放线车适用于施工、维修时接触网导线和承力索的架放线作业。可与接触网架线作业车编组组成架放线作业车组，主要用于接触网导线和承力索的架线、张力放线和紧线等作业，具有灵活、方便和可靠等特点，如图 5-12 所示。

图 5-12　接触网放线车

### 4. 平板吊车

平板吊车适用于吊装和运输钢轨、轨枕等各类物资，由平板车和液压起重机组成，液压泵既可直接由柴油机驱动，也可由电机驱动，如图 5-13 所示。

图 5-13　平板吊车

### 5. 接触网架线作业车

接触网架线作业车既适用于接触网的检修作业，也可作为牵引车使用。接触网架线作业车功率大、速度高、牵引性好、操作简单。作业车装有旋转式升降平台，平台上下各设一套控制装置，通过转换开关转换并互锁。安装紧线柱和紧线装置后即为接触网架线作业车，可与接触网放线车编组组成架放线作业车组，如图 5-14 所示。

（二）开行依据

（1）按《施工行车通告》或日补充计划或临时补修计划的规定和行车要求执行，发布工程车开行的调度命令。

（2）临时的特殊情况按行车调度员命令执行。

图 5-14 接触网架线作业车

（三）工程车开行指挥的规定

（1）非运行时间，行车调度员负责工程车进路监控，与工程车司机、车长的联络及与各站布置并落实工程车开行的有关事宜。

（2）负责与相关车站办理施工清点登记、审批和销点工作，工程车开车前发布好相关的书面调度命令。

（3）行车调度员在同意工程车开车前，必须在《线路施工作业登记表》上确认工程车运行的前方进路无施工作业，并在 OCC 联锁工作站上确认工程车运行的前方进路已准备好。

（4）工程车司机在出车前，应仔细检查轨道平板车和内燃机车的连挂情况，连挂达不到规定要求，工程车不允许开行。

（5）在工程车出车辆段前，工程车司机要与行车调度员试验无线电的性能，工程车在运行中，行车调度员要加强与司机和车长的联系，掌握工程车运行计划，确认进路。

（6）行车调度员组织工程车正线运行时，应尽量避免分段行车；当前方施工作业未按时结束或因特殊情况需组织工程车分段运行时，应提前一个站扣停工程车，并使用调度电话通知工程车司机允许运行的起止站，受令人必须要原话复诵。

（四）遇到以下情况时，行车调度员应提前通知车站接发工程车

（1）向司机发布书面调度命令。
（2）当行车调度员使用无线电联系不到司机时，须通过车站拦停工程车询问情况。
（3）临时需要拦停工程车。

在正常情况下，工程车在正线运行时，应按闭塞方式组织运行，凭地面信号及调度命令行车。一个联锁区同一线路原则上只准有一列工程车运行，工程车之间至少应保证一个区间的间隔。同一联锁区必须开行多辆工程车或间隔不能满足时应由值班主任同意。工程车在区间、非联锁站及无信号机的车站作业后折返时，凭调度命令行车。

（五）在特殊情况下，工程车采用封锁区间运行的方法

在特殊情况下，可根据控制中心行车调度员的调度命令，采用封锁区间运行的方法，但

必须符合下列要求。

（1）封锁区间的所有道岔均应保持锁闭，开通列车运行方向。
（2）封锁区间内无其他施工、维修作业。
（3）列车不准越出封锁区间范围运行。
（4）列车必须按规定的时间离开封锁区间。
（5）封锁区间两端须按规定设置防护设施。

（六）工程车在进行转线调车作业或在道岔区段排除信号故障时，司机的处置方法

工程车在有道岔车站进行转线调车作业时，司机应在道岔区段防护信号机前规定的位置停车，使用无线手持台向车站行车值班员报告说明车辆现在的位置、去向和行车相关的作业；车站行车值班员接到司机的行车报告后，检查线路，办理相关的进路，开放信号，司机按照相应的显示信号并确认道岔位置（道岔处于定位或反位）正确后进行转线调车作业。

在道岔区段防护信号出现故障时，工程车进入线路道岔区段，车站行车值班员必须将线路上道岔按工程车运行方向在 ATS 单元控制台上将道岔进行锁闭。司机按车站行车值班员引导手信号进行相关的作业。

（七）工程车停车位置、防溜措施以及出行前和行车中的注意事项

（1）工程车司机应注意工程车停车位置，尽量使工程车停在平直长坡道上；不能停在平直长坡道上的工程车，应注意做好防溜措施，必须在车辆两端放置防溜设施，防止车辆溜滑。
（2）工程车司机应在出车前对车辆（含轨道平板车）的走行部位、连挂装置和制动装置进行性能检查，状态良好、合格后方能使用；在行车中工程车司机应注意观察车辆的状态，确保施工作业过程中工程车的安全运行。
（3）工程车既可以牵引运行，也可推进运行，各站按正常列车办理。
（4）工程车中车辆编挂作业由车长负责检查。工程车装载货物高度超过轨面 3 800 mm 时，接触网必须停电。

（八）工程车进出正线的规定

（1）工程车必须在本线路最后一列电客车之后运行，并保持数个站间区间的间隔（一般情况下 4 个站间距），以保证运行安全。
（2）工程车必须在正线第一列客车运营前 60 min 出清正线。
（3）工程车在车站始发或停车后再开时，司机要确认地面信号或按行车调度员的命令行车。
（4）车站原则上不用接发列车，在工程车运行中，司机、车长通过电台加强与车站的联系，掌握运行计划，确认运行进路。开行超长、超限及超重货物的工程列车时，车站必须派人在站台监督列车运行，发现危及安全时，应及时显示停车信号并报告行车调度员。
（5）工程车到达指定的施工作业区域后，行车调度员应根据施工计划及时发布书面命令封锁该作业区，并布置有关防护措施。待施工结束后，再开通有关线路，安排工程车回车辆段。
（6）工程车编挂有平板车时，因施工或装卸货物的需要，可以在中途站甩下作业，但要做好安全防护及防溜安全措施，返回时要挂走。平板车在区间原则上不准甩下作业。工程车

在有坡度的线路上施工停靠时，不得进行分解、连挂等一系列作业。

（7）工程车司机应随时注意出车前、行车过程中的车辆运行状态，发现问题应及时报告控制中心行车调度员。

（8）工程车载有工具、物品和空载运行时，都不得侵入行车限界。工程车载有工具、物品时，应安放稳固，必须在工程车行驶过程中有防范工具和物品滑落的安全措施。当工程车在区间装卸工具、物品时，施工负责人应指挥工程车停于指定的位置，不得主观随意停放，要确保工具与物品装卸的安全。

（9）工程车在线路上行驶时，工程车司机应注意瞭望前方线路情况，防止有施工工具、材料、物品和施工人员突然侵入行车限界的情况，并注意前方道岔开行方向是否正确。工程车在线路行驶过程中，要平稳地走行，不得急停急动。

（10）内燃机车在连挂轨道平板车时，轨道平板车不允许载人。工程车在运行过程中，车上人员应按相关的规定要求站好，不得妨碍司机瞭望。

（11）工程车在线路上临时停放时，必须放置防滑、防溜装置，车辆两端要放置警示标志。

（12）遇有线路、道岔等行车设备检修完工，按规定使用工程车配合试运转作业时，要有施工负责人和专业工程技术人员在现场负责解决技术问题，并由施工负责人指挥工程车运行。

（13）工程车司机必须掌握好工程车运行速度，按规定速度操作运行。

（九）工程车的运行速度限制

各城市轨道交通公司关于工程车的运行速度限制各不相同，大都是根据各自的具体情况制订，并在《行车组织规则》中做出明确规定。表 5-9 是某地铁公司工程车的运行速度规定

表 5-9 工程车运行速度

| 序号 | 项目 | 机型 | 速度/（km/h） | 说明 |
| --- | --- | --- | --- | --- |
| 1 | 正线 | 内燃机车 | 45 | 通过车站时 40 km/h 侧向过岔时 30 km/h |
| 2 | | 接触网检修作业车接触网架线作业车 | 50 | |
| 3 | | 网轨检测车 | 80 | |
| 4 | | 磨轨车 | 60 | |
| 5 | | 平板车 | 80 | |
| 6 | 车厂内运行 | 各种机型 | 25 | |

**思考与练习**

1. ATP 地面设备故障如何处理？
2. 计算机联锁系统（CBI）由哪些内容组成？
3. LOW 工作站操作员操作要求有哪些？
4. 非正常情况下接发列车时车站报点的规定有哪些？
5. 简述人工准备进路的作业程序。
6. 道岔区段出现红光带造成进路排不出时应如何处理？

7. 列车反方向运行时的规定有哪些?
8. 简述列车救援的适用范围。
9. 工程车采用封锁区间运行的方法必须符合哪些要求?
10. 对开行工程列车有何规定?

# 项目六　城市轨道交通的日常安全管理 ▶▶▶

徐欣毕业于郑州铁路职业技术学院机车车辆系，现任郑州地铁集团有限公司运营分公司乘务中心客车队长。他能记得住全线每一处的道岔、信号机、曲线、坡度。他说只要是坐在驾驶舱，他就会和这列车相互呼应，保持畅通绿城，责无旁贷。工作上他恪尽职守，不分昼夜。他说他曾路过深夜12点的路灯，也总并肩凌晨3点的月光。熟悉正线里车灯的分秒变化，也深谙车灯指引路的方向，有光的地方就可以不断前行，安全、准时、高效地助人民出行。

成立于2017年4月的徐欣工作室，是乘务中心的参谋部创新科研中心与政策研究中心。

它始终秉承着"铁狼精神"，严谨、专注、精益求精，追求极致的工匠精神，为争做"国际领先，国内一流"的轨道交通建设者和运营商不断奋斗，同时不断为郑州地铁建设奉献自己的一份力量。

图 6-1　徐欣驾驶地铁

城市轨道交通日常安全管理指在正常情况下城市轨道交通系统在日常运营中都需要执行的安全管理措施。日常安全管理是对车站安全的人员、设备、环境等因素进行计划、组织、指挥、协调和控制，安全、快捷组织旅客乘降，尽量避免和减少车站发生事故，有效地避免由事故导致的人和物的损失。车站安全管理可以归结为对人、设备、环境的安全管理。

日常安全管理包括行车调度安全、施工作业安全、电气安全、机械设备安全、消防安全、车站大客流组织及应急安全管理。行车安全一般是指城市轨道交通列车在运送乘客的过程中对行车人员、行车设备以及乘客产生作用和影响的安全。行车安全工作包括：行车调度安全、车站作业安全、列车驾驶安全等。车站是乘客进出城市轨道交通系统的门户，客运组织是通过合理布置客运相关设备、设施以及对客流采取有效的分流或引导措施，来组织客流运送的过程。行车是否安全很大程度上取决于施工是否安全，只有做好施工安全工作才能确保行车设备、设施维修保养符合技术要求，才能使城市轨道交通运营顺利展开。生产中必须注意消防与电气安全，以保护职工和乘客的安全。车站客流的变化及突发事件的发生会给轨道交通系统的安全带来较大的影响，因此要对特殊时期的大客流及突发事件做好应急安全管理工作。

本单元将介绍行车调度安全、施工作业安全、电气安全、机械设备安全、消防安全、车站大客流组织及应急安全管理的主要内容，力求让运营管理者掌握相关工作，并进一步将相关知识运用于自身的工作和生活中。

# 任务一　行车安全管理

### 任务描述

行车工作既是城市轨道交通运营系统的主要工作，也是最容易产生不安全因素的工作环节，城市轨道交通运营过程中大部分的不安全现象都出现在行车工作中。因此，行车安全是城市轨道交通运营安全的核心。从某种程度上说，保证了行车工作安全也就保证了城市轨道交通运营的安全。

### 任务目标

1. 知识目标

（1）掌握接发列车作业常见事故的类型、原因及预防措施。
（2）掌握调车作业常见事故的类型、原因及预防措施。
（3）掌握行车调度安全的相关知识。

2. 能力目标

（1）熟悉列车驾驶作业安全准则。
（2）掌握车辆段作业安全关键点控制。

3. 职业素养目标

（1）精益求精、严谨细致、操作规范。

（2）安全意识、协作意识、服务意识。

> 知识储备

## 一、行车安全管理基础

### （一）行车安全

通常把列车的组织和运行工作统称为行车工作，而行车安全一般是指关于城市轨道交通列车在运送乘客过程中对行车人员、行车设备以及乘客产生作用和影响的安全。行车安全工作包括行车调度安全工作、列车驾驶安全工作、车站作业安全工作、接发列车作业安全工作、调车作业安全工作等。

### （二）行车事故

凡因操作人员违反规章制度、劳动纪律和作业纪律，或者因设备不良及其他原因，在行车过程中造成人员伤亡、设备损坏、经济损失、影响正常行车或危及行车安全的，均构成行车事故。

## 二、行车调度安全

城市轨道交通系统是一个大联动机，具有高度集中、统一指挥、各个工作环节协同动作的特点。城市轨道交通行车工作是一个由互相联系、互相影响的多部门、多单位组成的完整的系统。在这个系统中，各部门、各单位、各工种间的紧密联系和协调一致对于保证行车安全和提高运输效率起着决定性的作用。行车调度（一般简称"行调"）是为适应城市轨道交通运输特点而设置的，在保证行车安全的大系统中具有重要的地位和作用。

城市轨道交通行车调度工作由调度控制中心实施，实行高度集中统一指挥，以使各个环节紧密配合，协调工作，保证列车安全、正点运行。行车调度工作是城市轨道交通运营系统的核心，直接影响行车安全及运输质量。

### （一）行车调度工作的基本任务及作用

**1. 行车调度工作的基本任务**

（1）组织指挥各部门、各工种严格按照列车运行图工作。
（2）监控列车到达、出发及途中运行情况，确保列车运行秩序正常。
（3）当列车运行秩序不正常时，及时采取措施，尽快恢复正常运行秩序。
（4）及时、准确地处理行车异常情况，防止行车事故的发生。
（5）随时掌握客流情况，及时调整列车运行方案。
（6）检查监督各行车部门运行图的执行情况，发布调度命令。
（7）当发生行车事故时，按规定程序及时向上级主管部门汇报，并采取措施防止事故扩大，积极参与组织救援工作。

**2. 行车调度在行车安全工作中的作用**

行车调度贯彻集中领导、统一指挥的原则，组织协调行车有关各部门、各单位、各工种的工作，指挥和监督行车工作的全过程，保证行车工作均衡协调、安全准确地进行。

在日常运输中，行车调度负责编制日常运输工作计划，发布各种有关行车的调度命令，负责组织行车各部门协同动作，保证列车按列车运行图运行，实现日（班）计划规定的各项任务；负责监督和检查行车各部门执行运输工作日常计划和规章制度的情况以及列车运行情况，及时组织处理和排除各种危及或有可能危及行车安全的意外情况；遇到行车事故或灾害而中断行车时，采取积极有效的措施，组织事故救援，迅速恢复行车，保证运输畅通。

总体来说，行车调度在安全工作中的作用体现在以下几个方面。

（1）指挥行车人员完成各项行车作业，保证列车安全正点地运行。

（2）组织、协调、监督、检查行车各有关部门的安全生产，纠正各种违章现象，及时处理行车中发生的问题，消除事故隐患，防止行车事故的发生。

（3）在发生事故后，积极组织救援，减少事故损失。

**（二）行车调度安全指挥工作的基本要求**

调度指挥必须坚持安全生产的原则，正确、及时地指挥列车运行，杜绝因指挥不当造成的事故隐患。遇突发紧急事件时，要冷静、正确、及时处理。

（1）城市轨道交通行车调度工作必须严格执行单一指挥的原则。行车各有关部门必须服从所在区段行车调度下达的集中统一指挥，各级领导对列车运行的指示必须通过行车调度下达，坚决禁止令出多口或多头指挥，维护调度命令的严肃性和权威性。

（2）行车调度工作人员要具备较高的业务水平和紧急处理能力，熟练掌握调度工作技能是做好安全指挥工作的基础。行车调度工作人员必须熟悉主要行车人员情况，掌握车辆、线路设备等方面的知识，熟知各项规章制度和各种行车作业的程序，掌握与其他调度的工作衔接，掌握处理各种行车意外情况和行车事故的方法，做到调度指挥胸有成竹、沉着冷静。

（3）发布调度命令要正确、完整、清晰。调度命令是城市轨道交通运输工作实行集中预导、统一指挥的具体体现和保证之一。具体要求如下。

① 调度命令是指挥列车运行的命令和口头指示，只能由行车调度发布，有关行车人员必须坚决执行，不得违反。

② 发布调度命令前应详细了解现场情况，听取有关人员意见。发布调度命令时应严格按章办理，必须先拟后发，不得边拟边发。

③ 调度命令应按"一拟、二签、三发布、四复诵核对、五下达命令号码和时间"的程序办理。

④ 制定常用行车调度命令格式和统一用语，使调度命令发布规范化，用语更加准确、简练、清晰、完整。

⑤ 发布调度命令时为确保命令的传达准确无误，行车调度应指定其中一人复诵，其他人核对，确保无误，书面调度命令须填写记录。

### 三、列车驾驶安全

列车驾驶安全是整个城市轨道交通行车安全工作的关键环节之一，也是把好行车安全的最后一道关口。

（一）影响列车驾驶安全的主要因素

（1）行车纪律松弛、制度执行不严。纪律松弛、出乘标准化作业未落实、责任制贯彻不力是影响安全行车的重要因素。

（2）疲劳行车、带情绪开车。司机睡眠不足或将受外界环境影响而产生的情绪带入运行作业中，会产生生理、心理的疲劳，从而导致精力不济、精神不集中，给安全行车带来隐患。

（3）业务素质不高。由于技术问题及经验的缺乏，司机业务水平不精，不能及时处理运行中的突发事件和故障。

（4）安全意识不强。司机思想波动大、情绪不稳定、责任心不强、行车纪律观念淡薄、臆测行车是造成行车事故的重要原因。

（5）行车技术、设备不完善。行车设备老化，结构不合理，不能满足实际行车的需要。

（6）风、雪、雷、电等恶劣气候及环境的影响。风、雪、雷、电等恶劣天气对安全运行的影响是不可低估的，列车司机能否对气候环境变化及对突发事件正确处置将直接影响城市轨道交通运营安全。

（7）安全管理制度、规章的适用性存在缺陷。安全管理归根结底是对人的管理，而各项制度的健全和完善是行车安全的基础和依据，没有完整、有效的制度是影响安全行车的重要因素。

（二）不安全因素的控制

从安全运行管理的角度分析，行车事故是各种不安全因素相互作用的结果。因此，对行车不安全因素的控制是行车安全工作的重要一环。

（1）加强对司机违章行为的管理与控制。许多行车事故案例表明，人的不安全行为是引起行车不安全的因素及行车事故的直接原因。因此，对列车司机的教育、培训、考核、惩戒等，可促使列车司机对安全行车采取正确的态度。

（2）不断做好对列车司机的技术业务培训。司机的技术知识不足，特别缺乏安全行车知识和没有经验是导致行车不安全的重要原因。加强安全行车知识和业务技术知识的学习，可使司机在技术上得到提高，成为合格的操作者。

（3）强化和改善对行车设备的管理。许多行车事故的发生都是行车设备技术状态不良造成的，因而应不断改进相关行车设备的技术，使行车设备功能符合运营要求。

（4）提高司机适应环境变化与处置突发事件的应变能力。由于运行环境的变化和行车中产生的突发事件难以预测，因此提高司机在发生意外事件时的应变能力是防止与减少行车事故的重要手段。列车司机应在不断学习的基础上，以各类预案和规定为依据，定期和不定期地参加讲解、演练、培训活动，以提高应变能力。

（三）列车安全驾驶的基本规定

（1）列车司机必须牢记"安全第一"的宗旨，严格按照安全制度、行车规则执行驾驶任务，驾驶列车时做到"三严格"。

① 严格遵守各种规章制度，正确执行各种作业程序，确保列车运行安全。

② 严格按照运营时刻表及信号显示行车，工作时严守岗位，不得擅自离岗。

③ 严格遵守动车前认真确认"行车三要素"的规定，"行车三要素"即确认进路、信号和道岔。

（2）列车司机必须掌握列车（车辆）的基本构造、性能，具有一般故障的处理能力，熟悉城市轨道交通线路和站场等基本设施情况，明确驾驶区段、站场线路纵断面等。

（3）列车司机必须掌握其他相关的业务知识，并具有一定的应变能力。在列车的运行过程中，一般情况下只有司机一个人值乘，而运行中的突发事件有着不可预测性，在事件的初期，突发事件往往只有司机能够较早发现，所以一名职业素养较好的司机应该而且必须掌握有关事件初期的处理方法，使事件能够在初期阶段得到控制，减少损失，稳定现场局面。

（4）列车司机上岗值乘的必要条件。鉴于列车司机在整个运行过程中的重要作用，城市轨道交通管理部门规定了列车司机上岗值乘的必要条件。首先，司机必须经过考试合格，并在取得列车驾驶证后方可独立驾驶列车；其次，脱离驾驶岗位6个月以上的，如需再驾驶列车，必须经过业务知识和安全运行知识等的再培训，并且应考试合格，其纪律性和身体状况、心理状况由相关管理部门及有关领导做出鉴定。

（四）列车驾驶作业安全准则

列车司机的操作应在正常情况下确保准确，在非正常情况下确保安全，所有操作均应动作紧凑，快速正确。列车驾驶作业包括调车作业、整备作业、正线作业、折返作业、站台作业等，具体的作业安全准则有以下内容。

**1. 调车作业安全准则**

（1）设置铁鞋防溜时，不拿出铁鞋不动车。

（2）凭自身动力动车时，没有制动不动车。

（3）机车、车辆制动没有缓解不动车。

（4）调车作业目的不清不动车。

（5）调车作业没有联控不动车。

（6）没有信号或信号不清不动车。

（7）道岔开通不正确不动车。

（8）侵限、侵物不动车。

**2. 整备作业安全准则**

（1）整备作业前必须了解列车停放位置及列车状态。

（2）检查列车走行部时，必须确认列车已降下受电弓。

（3）严禁跨越地沟，进行车底检查时应戴好安全帽，应注意空间位置，避免碰伤。

（4）受电弓升起后，严禁触摸电器带电部位，严禁进入地沟检查及攀登车顶。

（5）检查列车时必须佩戴检查灯、一字旋具，并严格按要求整备列车，列车没有经过整备严禁动车。

（6）车库内动车前，必须在确认地沟内无人和两侧无侵限物后方可动车。

3．列车正线作业安全准则

（1）司机在取得司机驾驶证并经鉴定合格后，方可独立驾驶。

（2）严格遵守各种规章制度，按照要求操作使用设备，正确执行各项作业程序，确保列车运行安全。

（3）严格按运营时刻表动车，动车前必须确认行车凭证，列车退行或推进时，运行前必须有人引导。

（4）班前注意休息，班中集中精力，保持不间断瞭望。严禁在列车运行中打盹、看书或干与工作无关的事。

（5）接收调度命令或行车指示时，司机必须认真逐句复诵并领会命令内容。

4．折返作业安全准则

（1）严格遵守交接班制度。

（2）关门前必须确认行车凭证、道岔、进路正确。

（3）动车前确认所有人均在安全区域。

5．站台作业安全准则

（1）开关屏蔽门、车门时，必须严格执行开关门作业程序。

（2）列车到站停稳后，应先确认列车是否停在规定的范围内。

（3）跨出站台开关屏蔽门、车门时，应注意列车与站台间的空隙，避免摔伤。

（4）关屏蔽门、车门前，应先确认 DTI，判断是否处于关门时刻，再确认车载信号或进路防护信号是否开放或者具有行车凭证。

（5）动车前，司机应先确认屏蔽门、车门是否关好，同时在确认屏蔽门与车门间的空隙无人无物后方可进驾驶室。

（五）乘务作业安全事故预防关键点

1．防错开车门

采用 SM、RM、URM 驾驶模式时，严格执行"先确认，再呼唤，跨半步，再开门"的开/关门程序。当设备发生故障需使用"强行开门"按钮时，严格执行开关门程序。

2．防夹人夹物

车门关闭前，司机应确认车门黄色指示灯是否全部熄灭，车门操纵控制盘是否亮起绿灯。操纵旁路开关前，必须得到行调的授权。

### 3. 防冒进信号

动车前必须确认"行车三要素",即进路、信号和道岔。严格执行呼唤应答制度,按照标准化要求作业。提高工作责任心,注意班前休息,出乘后集中思想。

### 4. 防挤岔

作业时集中精神,加强瞭望,确认进路。调车作业时,司机与调车长、信号值班员保持联系,详细了解作业计划内容和要求。

### 5. 防列车追尾

采用 URM 驾驶模式时,司机严格执行规章制度,加强瞭望,不超速,平稳操纵。认真确认行车凭证,包括路票、调度命令等。认真确认行车三要素,站务员显示停车手信号时,司机要马上采取停车措施。需切除 ATP 时,司机必须得到值班主任的授权。

### 6. 防撞止挡

进入车挡 10 m 内进行调车作业,动车前车长要通知司机,严格控制速度(不超 3 km/h),加强瞭望和引导工作,做好停车准备。自动折返时,司机要注意车速,做好紧急停车介入准备。人工驾驶折返时,司机要加强瞭望,控制好车速。

## 四、接发列车作业安全

### (一)车站安全工作

车站的行车组织工作是在调度统一指挥下,合理运用车站的各项技术设备负责车站行车控制指挥、施工及其他作业。

#### 1. 车站安全工作的基本任务

(1)建立健全各项行车作业、管理的规章制度,包括车站行车控制室的管理制度、交接班制度、行车值班员责任制等,并对车站的行车组织工作进行规范管理,确保行车安全。

(2)进行车站各项安全检查,检查车站安全隐患,并落实整改。

(3)建立各项事故预案,开展演练,以提高车站员工的应急处理能力,有效处理车站突发事件。最终通过明确职责、落实责任、加强安全管理,确保车站行车、施工、治安消防等工作以及车站员工、乘客人身的安全和车站所辖设备运行安全。

#### 2. 车站行车安全工作的基本要求

车站工作包括列车运行控制、设备施工组织、接发列车作业等,其中各项作业均涉及行车安全。车站各项作业具体行车安全要求如下。

(1)列车运行控制:车站的列车运行控制根据整个系统列车运行控制方式的变化而变化,在调度集中控制与自动控制方式下,车站行车控制的主要工作是监护行车运营状态;如中控因故放权而由车站进行控制,则在有集中控制设备的车站应负责接发列车进路、折返作业等的排列；在非正常情况下，车站根据行调的指令，按规定的作业办法办理列车在车站的接车、发车、调车等作业。

（2）设备施工组织：在车站管辖范围内的任何施工均应在车站行车控制室登记，在得到车值班员的签字确认后方可进行。

（3）接发列车作业车：站员工应确保在各种控制方式下车站的接、发列车组织工作安全、有序。

## （二）列车车次、运行方向及运行指挥与行车安全

### 1. 列车车次与行车安全

列车车次具有区别列车种类、作业性质及运行方向等重要作用，与列车安全密切相关。接、发列车作业中，列车车次的误听、误传、误填往往是造成行车事故的重要原因。为此，办理接、发列车时，要认真核对，防止误抄误填。车次不清楚时，必须立即询问，严禁臆测行车。

### 2. 列车运行方向与行车安全

列车运行方向是保证接、发列车及行车安全的重要条件之一。尤其是一端有两个及以上列车运行方向的车站更应引起注意，在办理列车闭塞及下达接、发进路命令等作业事项时，均应冠以相邻方向或线路名称，以防止列车开错方向。

### 3. 列车运行指挥与行车安全

行车工作必须坚持集中领导、统一指挥、逐级负责的原则。为安全顺利地组织列车运行，列车运行的指挥工作应注意两点，即正确指挥和服从指挥。列车运行的指挥工作首先应强调其安全的重要性。日常行车作业中，行车调度错发、漏发调度命令，盲目指挥列车运行，或车站值班员错发、漏发接发列车命令，盲目指挥及错误操纵控制台等，是造成列车事故的重要因素。因此，在指挥列车运行工作和行车调度发布命令之前，应详细了解现场情况，并听取有关人员的意见，以便正确下达指挥列车运行的调度命令和口头指示。

车站行车值班员在指挥及办理接、发列车作业时，须认真遵守行车有关规章要求，严格执行接、发列车作业规定，正确下达接、发列车的有关命令，确保列车运行安全。

## （三）接发列车作业惯性事故的种类及主要原因

车站在办理接车、发车和列车通过作业程序中发生的一切行车事故称为接发列车事故。经常发生的接发列车作业事故，称为接发列车作业惯性事故。

### 1. 接发列车作业惯性事故的种类

（1）向占用区间发出列车。占用区间包括：已进入列车的区间，被列车取得占用许可的区间，封锁的区间（凭调度命令进入区间的除外），有停留或溜入的机车车辆、施工作业车辆的区间，邻线已进入列车但禁止列车交会的区间。

（2）向占用线路接入列车。占用线路是指车站内已办理进路的线路或停有机车车辆的线

路或已封锁的线路。

（3）未准备好进路就接发列车。未准备好进路的情况包括：进路上的道岔未扳、错扳、临时扳动或错误转动；进路上有轻型车辆（包括拖车）、小车及其他能造成脱轨的障碍物（不包括其他交通车辆）；邻线的机车车辆越过警冲标。

（4）未办或错办闭塞发出列车。未办或错办闭塞发出列车是指未和邻站、车场办理闭塞手续，或办理闭塞的区间与列车运行的区间不一致而发出列车。

（5）列车冒进信号或越过警冲标。列车冒进信号或越过警冲标是指列车前端任何一部分越过地面固定信号显示的停车信号，或停车列车越过警冲标或轧上线路脱轨器（用于接发列车起隔开作用的脱轨器）。双线区间反方向运行，列车冒进站界标，也属于列车冒进信号或越过警冲标事故。

（6）错误办理行车凭证发车或耽误列车。错误办理行车凭证发车或耽误列车是指与邻站已办妥闭塞手续，但由于未交、错交、未拿、错拿、漏填、错填行车凭证，或行车凭证交与司机显示发车手信号后，发现行车凭证错误。行车凭证上错填、漏填电话记录号码、车次、区间、地点时，也属于错误办理行车凭证发车或耽误列车事故。

**2．发生接发列车作业惯性事故的主要原因**

（1）当班人员离岗、打盹或做与接发列车无关的事情。接发列车作业人员擅离职守、打盹睡觉、看书看报、闲谈打闹等都直接影响作业人员的注意力，会造成误听、误传车次、股道，忘办、错办闭塞、信号，忘扳、错扳道岔等后果，并有可能造成事故。

（2）办理闭塞时没有确认区间处于空闲状态。在设有移动闭塞或准移动闭塞设备的线路，信号设备正常时，ATP设备可以保证两车之间保持一定的安全间隔，即由设备实现移动闭塞或准移动闭塞。但设备发生故障，通过设备不能准确地定位列车及保持安全行车间隔时，就必须采用电话闭塞法，人工办理闭塞，以保证同一时间、同一区间只有一辆列车占用。办理闭塞时如不认真确认区间空闲状态，就有可能向占用区间发出列车，发生严重的行车事故。

（3）不按规定检查确认接发列车进路。不按规定检查确认接发列车进路是造成接发列车事故的重要原因，特别是在无轨道电路的车场或因停电、施工等导致线路无联锁时接发列车，如果不按规定认真检查接发列车进路，极易发生未准备好进路就接发列车的行车事故。

（4）不认真核对行车凭证。行车凭证是列车占用区间的依据，非正常情况办理接发列车时，如果漏填、错填、未交、错交、未拿、错拿行车凭证，轻则耽误列车，影响正常运行，重则造成向占用区间发出列车的严重后果。

（5）错办或未及时办理信号。及时、正确地开放信号是保证行车安全和不间断地接发列车的一项重要工作。信号开放不正确或不放时，会造成列车晚点或机外停车，甚至造成向占用线路接车或向占用区间发车等严重后果。

（6）取消、变更接发列车进路时联络不彻底。车站在办理接发列车时，原则上不许变更接发列车进路，但如果遇到特殊情况，例如在接轨车站，出、收车计划产生变化，必须变更发车进路时，应先通知发车人员取消发车后再变更。

**（四）接发列车作业安全事故预防**

接发列车作业，从办理闭塞、准备进路到开放信号、递交凭证，直至列车由车站发出或通过，其间任何一个环节的错漏都可能形成事故隐患，任何一项作业的差错都可能危及列车安全。因此，日常办理每一趟列车的接发工作时均须高度重视，认真作业。

目前，国内外城市轨道交通均采用信号系统控制列车运行、监控列车运行安全。列车正常行车时，由信号系统自动控制，信号正常时车站不需要接发列车，只需由车站行车值班员、站台人员完成接发列车安全监控和乘客乘降的服务工作。遇到特殊情况（信号系统出现故障需人工排列进路组织列车运行时或列车退回车站等情况）须接发列车时，应注意以下要求。

**1. 办理列车闭塞作业的安全要求**

办理列车闭塞作业是接发列车的首要作业环节，既是列车取得区间占用权的重要环节，也是较易发生列车事故的关键环节。

（1）办理列车闭塞作业前，必须认真确认区间已空闲。车站值班员在办理闭塞作业时，为防止向占用区间发出列车，在确认区间空闲时必须认真做好以下工作。

① 检查确认前一列车是否完整到达。在无联锁状态下接车时，车站行车值班员必须监控列车全部到达且听取现场接车人员汇报。现场人员应认真检查列车尾部标志，防止区间遗留车辆，重点是加强对工程列车的检查。

② 通过闭塞设备确认区间空闲。自动闭塞区段根据控制台上的信号表示灯、轨道区段光带进行确认。半自动闭塞区段根据本站发车闭塞机表示灯确认。电话闭塞根据车站行车日志上列车到达（或出发）的电话记录号码确认（城市轨道交通电话闭塞法行车间隔有"两站两区间""两站一区间"等方式，但至少须保证"一站一区间"的行车间隔），并与揭挂的标示牌进行核对。

③ 检查确认区间是否有列车占用。

④ 检查确认区间是否封锁。

⑤ 检查确认区间是否遗留车辆。

⑥ 检查确认区间内设有道岔时，发车进入正线的列车，区间道岔是否正线开通并锁闭。

⑦ 检查确认有关记录情况。

在确认区间空闲时，还要认真核对轻型车辆使用书、行车设备检查登记簿、调度命令等有关记录。

⑧ 检查确认其他占用区间的情况。

（2）办理闭塞作业时，车次必须准确、清晰。

（3）办理闭塞作业时，用语必须准确、完整。

现场作业中，有的车站值班员承认闭塞时，仅简化回答"同意"两字而未复诵，未起到与相邻站互控、联控的作用，极易发生错办发车。因此，办理闭塞及承认闭塞时，均须完整按照行车标准用语执行。

**2. 准备进路作业的安全要求**

准备进路作业是指将列车经由车站所运行的线路安全开通。准备进路是接发列车工作中一项极为重要的作业环节，主要有以下几个方面需引起我们的注意。

（1）确认接车线路空闲。车站在准备列车的接车进路或通过进路时，必须首先确认接车（通过）的线路空闲，以防止线路上存有机车、车辆及其他危及列车运行安全的障碍物等。为此，车站值班员和现场作业人员必须对接车（通过）进路线路是否空闲进行检查和确认。设有轨道电路及控制台上设有股道占用标志的，通过控制台对股道是否占用进行确认。

（2）确认接发车进路正确无误。接发进路直接关系列车运行安全。因此，在接发列车作业中，对列车进路的确认是极为重要的，切不可疏忽。联锁设备正常时，车站可通过信号设备的显示来确认接发车进路。遇到联锁设备停用时，需逐个确认进路上的道岔位置正确并按要求加锁后，方可报告接发车进路准备妥当。

（3）确认影响进路的其他作业已经停止。

### 3. 办理及交付行车凭证的安全要求

行车凭证是列车占用区间的依据，包括信号机显示、路票、调度命令等。有关作业人员办理行车凭证时必须认真、严谨，注意防止因出现差错而造成行车事故的情况出现。

（1）防止误操作信号设备。信号是用于指示列车运行的命令。信号正常时，信号机上显示的准许列车运行的各种信号均为列车行车凭证。信号的开放和关闭至关重要，因此，车站值班员、信号员在操作信号设备时，必须全神贯注、精力集中、遵章守纪、严格坚持"眼看、手指、口呼"确认操作制度，确保信号指示准确无误。

（2）防止误填写行车凭证。使用路票、调度命令等书面凭证办理行车时，对其使用日期、区间、车次、地点、电话记录号码或调度命令号码等应特别注意。填写好书面凭证后，必须逐字逐项复诵，认真进行核对并确认无误后，方可交付使用，以防止因填写错误而导致行车事故发生。

### 4. 接发列车作业程序及用语要求

为确保接发列车作业的安全稳定，尤其在应急处理中，车站接发列车作业应按规定程序办理，并使用规定用语。随意简化，甚至颠倒或遗漏作业程序及用语，将危及行车安全。

### 5. 接送列车及指示发车作业的安全要求

接送列车及指示发车直接关系接发列车作业安全。在信号正常的情况下，车站原则上不办理接发列车作业，遇特殊情况（指信号联锁发生故障需要人工排列进路组织列车运行时，或列车开到区间因故障要退回车站等情况）须接发列车时，车站接发列车人员应严格执行以下接发列车作业程序。

（1）确认列车整列到达。

（2）严密监视列车运行安全状态。站台岗人员随时注意站台乘客动态，当客车进站时，应站立于站台扶梯口靠近紧急停车按钮附近，防止乘客在关门时冲上车被夹伤，维护站台秩序，监督司机按规范动作关门。发车时，站台岗（或司机）若发现站台或屏蔽门异常，应立即用对讲机通知司机（或站台岗）并及时处理。

（3）确认列车发车条件无误后，方可指示发车。

## 五、调车作业安全

调车作业是指除列车在正线运行车站（车厂）到发以外的一切机车、车辆或列车有目的地移动。在调车作业中发生的事故称为调车事故。一般来说，调车作业惯性事故分为撞、脱、挤、溜四种类型，即撞车、脱轨、挤岔、机车车辆溜逸。

（一）调车作业事故的常见原因

（1）调车作业计划不清或传达不彻底。调车作业计划是信号员、调车组等调车作业相关人员统一的行动计划，如果调车作业计划本身不清晰，造成调车进路排错，机车车辆进入异线，或调车作业传达不彻底，造成信号员及调车司机行动不一致，则极易发生事故。

（2）作业前检查不彻底，准备不充分。调车作业前，必须按规定提前排风，摘解风管（工程列车），核对计划，确认进路，检查线路、道岔和停留车辆情况，手闸制动时要选闸、试闸，铁鞋制动时要准备足够、良好的铁鞋。

（3）误排进路或未扳、错扳、临时扳动道岔或错误转动道岔。信号员误排进路或未扳、错扳、临时扳动或错误转动道岔，调车员和司机未认真确认信号机及道岔位置，极易造成撞车、脱轨和挤岔事故。

（4）调车手信号显示不标准。调车手信号显示不标准有三种情况：一是未按规定的要求显示信号，二是错过了显示信号的时机，三是错误地显示信号。上述情况都可导致事故发生。

（5）前端无人引导推进运行或推进车辆不试拉。推进作业时，由于前端无人引导，调车司机无法确认线路和停留车情况极易造成撞车和挤岔事故。推进车辆未试拉，且车辆中有假连接，制动或停车时车辆脱钩发生溜逸，也容易发生撞车脱轨、挤岔和溜逸等事故。

（6）没按规定采取防溜措施。调车作业在线路上停放车辆时，如不按规定采取防溜措施，极易发生车辆溜逸事故，一旦车辆溜入区间，后果不堪设想。

（二）调车作业安全的基本要求

**1. 调车作业指挥及各岗位的作业要求**

（1）车厂调车工作由车厂调度员集中领导、调车长统一指挥，车厂值班员负责接发列车进路和调车作业进路控制，调车作业人员应按相关标准和调车作业计划单执行。

（2）车厂调度员应根据机车车辆（包括客车，下同）、线路、设备检修计划和现场作业情况，科学、合理地编制调车作业计划，组织调车人员安全、及时地完成调车任务。

（3）调车作业由调车长统一指挥，根据调车作业计划单，正确、及时地显示信号，指挥调车司机，并注意行车安全。

（4）调车司机应根据调车长的信号准确、平稳地操纵机车，时刻注意确认信号，不间断进行瞭望，正确、及时地执行信号显示的要求，负责调车作业安全。

（5）车厂信号员根据调车作业计划单和现场作业情况、机车车辆停放股道，正确、及时地排列调车进路、开放调车信号，做到随时监控机车车辆运行情况，执行"唱一钩、干一钩、划一钩"的操作方法。

**2. 编制和布置调车作业计划的基本要求**

（1）编制调车作业计划。编制计划必须在确保安全的前提下，充分考虑调车效率，做到有调车机车名称，有编解或摘挂车次，有作业计划起止时间，有编制人员姓名、日期。一批作业超过3钩或变更计划超过3钩的，应使用调车作业通知单。

（2）布置调车作业计划。调车作业计划要正确、及时布置。调车领导人要将调车作业计划亲自传达给调车长（员），调车长（员）亲自传达给参加调车作业的司机。调车长（员）必须在确认有关人员均已了解调车作业计划后方可开始作业。

（3）变更调车作业计划。变更计划时，调车领导人必须停止调车作业，将变更内容重新传达给每一名作业人员，确认无误后方可作业。

### 3. 调车作业前准备工作的基本要求

认真检查线路道岔、停留车情况：一是检查进行调车作业的线路上有无障碍物；二是检查停留车位置；三是检查防溜措施；四是检查确认道岔开通位置；五是检查"道沿"距离。检查确认无误后方可作业。

### 4. 调车作业显示信号的基本要求

目前部分城市轨道交通企业在车厂内调车作业和正线工程车推进运行时采用无线调车电台进行现场指挥。正常情况下，使用无线调车电台指挥调车作业及进行调车作业人员相互的联系，但在该设备发生故障时，改用手信号指挥调车作业。因此，调车作业人员不但要熟悉信号显示内容，还必须熟练掌握显示方法。显示信号时，应严肃认真，做到位置适当、正确及时、横平竖直、灯正圈圆、角度准确和段落清晰。

（1）正确显示信号的位置。调车员应站在易于瞭望，能确认前方进路，又能使司机看见信号的位置上显示信号。

（2）正确显示连挂信号。在推进车辆连挂作业时，为了使司机及时了解调车车辆与停留车之间的距离，调车员应显示连挂信号和距离信号，以做到平稳连挂。没有显示连挂信号和距离信号不允许挂车。调车员显示信号后，没有听到司机鸣笛回示信号时，要立即显示停车信号。机车、车组接近被连挂车辆不少于1 m时，要一度停车，确认车钩位置正确后再连挂。确认连挂后、推动车辆前应指挥司机进行试拉。

### 5. 调车运行安全的基本要求

（1）调车作业四禁止：设备或障碍物侵入线路设备限界时，禁止调车作业；禁止提活钩、溜放调车作业；客车转向架液压减振器被拆除且空气弹簧无气时，禁止调车作业；禁止两组车组或列车同时在同一条股道上相对移动。

（2）车厂值班员正确、及时地排列调车进路、开放调车信号，做到随时监控机车车辆运行。调车作业中，司机与车厂值班员保持联系，严格执行呼唤应答制度。

（3）调车作业中司机要准确掌握速度，在瞭望条件差、天气不良等非正常情况下应适当降低速度。

（4）在尽头线上调车时，距线路终端应有10 m安全距离，遇特殊情况安全距离需小于10 m时，应与司机联系，严格控制速度并采取防溜措施。

（5）在机车、车辆移动中，作业人员禁止有下列行为：在平板车的侧板或端板、支架上坐立；站在车梯上探身过远；在装载易于窜动货物的车辆间和货物空隙间站立或坐卧；骑坐车帮，跨越车辆；进入线路内摘挡或调整钩位；在机车前后端坐立。

#### 6. 车辆停留、防溜及止轮器存放的规定

（1）连接线、牵出线、洗车线、走行线（接发列车时除外）、试车线、咽喉道岔区禁止停放机车车辆。在其他线路存放车辆时，应经车厂调度员同意。机车车辆应停在线路两端信号机内一侧。

（2）工程机车、轨道车停放在带电区时，应在上车顶扶梯处悬挂"高压电，禁止爬上"标志牌。

（3）调车作业，应做到摘车前先做好防溜（电客车应恢复气制动和停车制动，工程车应拧紧手闸，必要时放置铁鞋）。挂车前应首先检查防溜措施状况，确认无误后才能挂车，挂妥后再撤除防溜。

（4）铁鞋应统一放置于机车车辆侧的车轮下，撤除防溜后，铁鞋应及时放回原位。

### 六、车辆段作业安全关键点控制

车辆段作业安全关键点控制包括以下内容。

（1）防止碰触高压电。按规定的安全线路行走，从指定的登车平台处上下车。作业前确认接触轨带电显示灯显示状态和本线、相邻两线路的隔离开关显示状态。必须在地面划定的线路内行走，禁止跨越黄线，并保持与接触轨有足够的安全距离。禁止任何人靠近移动的电客车，禁止越线行走。禁止横跨、踩踏接触轨，任何时候都禁止触摸接触轨、电客车的高压带电部件。正常情况下，禁止在电客车未对好登车平台位置时上下电客车。禁止在电客车未对好集电靴时停车。未办理好停电作业前，禁止对电客车进行车下部件的检查作业。处理车下部件故障需要接触或靠近带高压电设备时，必须在办理停电手续并做好安全防护措施后才能进行。进入车辆段检修库，必须穿规定的绝缘鞋，特殊作业必须穿好绝缘靴，戴好绝缘手套。

（2）防止未确认信号、误认信号动车。动车前与信号楼进行联系，操纵司机打开司机室侧门与监控司机的手势口呼信号同时显示正确后再动车，进出场作业或在车场内调车运行时，在进路信号和道岔前 10~20 m 必须执行手势呼唤确认制度。

（3）防止电客车在场内超速运行造成脱轨。在进场信号机前经过转换轨时必须转换为 RM 模式，库内作业后确认信号屏显示当前模式为 RM 模式才能动车，车辆段线路最高运行速度不得超过 25 km/h。

（4）防止未确认进路就动车造成电客车进入无电区。联系信号楼，明确进路动车前必须手势确认信号、道岔、进路情况。运行中距离前方信号机 10~20 m 时手势确认进路上的道岔和信号机显示状态。进场时，在进场信号机前停车后，如未联系信号楼确认进路和股道，禁止盲目进场。

（5）防止客车司机洗车作业时出现不清楚调车进路及相关安全注意事项的情况。司机与运用调度员或信号楼值班员复诵调车进路及安全注意事项时，必须得到对方确认复述正确的通知后才能执行计划。

（6）防止试车线调试作业时有异物侵限。进入试车线的第一趟或调试作业中途停车超过 2 h 后需要重新调试时，必须限速 10 km/h 进行线路出清检查；禁止任何人在试车线中间下车。

（7）防止试车线调试时发生触电事故。任何情况下，严禁任何人在试车线调试时擅自下

车,需要下车时,须向车场调度办理申请并确认接触轨已停电且经现场调试负责人同意,在现场安全负责人的监视下在非接触轨侧下车。所有人员必须在固定地点上下车,下车后应立即离开调试区域,上车前,提前联系调试负责人,由调试负责人负责安排上车作业;试车线原则上实行封闭管理,因部分区域停电不能驾驶电客车进出试车线时,必须由现场调试负责人统一组织调试人员从车辆部规定的安全线路进出该区域,并在行走时遵守"横跨线路,与接触轨保持安全距离,时刻注意前后来车"的安全原则。

(8)防止作业计划不清。应明确车辆停放股道、车辆状态、客车条件、铁鞋防溜设置情况并进行复诵;严格执行调车作业过程中"唱一钩,干一钩,划一钩"的制度。接调车进入车场后,两人必须在通道处先手指确认股道号码牌,才能通过安全线路进入该线路的登车平台。

(9)防止未确认防溜设施撤除情况。运用调度员接到作业计划或出库通知后,必须先从列车存放示意图板上确认是否存在防溜设施未撤除及其他影响运行的情况,出勤时必须向司机口头传达清楚。司机进入股道登车平台上车前,必须先检查车列轮轨状态,确认防溜设施已撤除和车列周围无影响调车作业安全的情况。第一次动车时,必须在 5 km 以下的速度范围内将牵引手柄回零,观察车辆惯性运行无阻碍后再加速。

(10)防止误认左侧信号、未确认信号盲目动车造成挤岔。

(11)防止司机误入股道上错车。司机出勤或接调车时,必须先核对调车计划是否与车辆存放股道线路示意图标识一致。登车前司机必须手持调车计划,核对股道号和车组号。司机在作业及动车前与信号楼联控时,必须准确呼唤本线股道号和车组号(三位)。动车前司机必须先与信号楼值班员进行"XX 道/XX 线进路好,信号开放"的联控后,才能确认信号动车作业。

(12)防止电客车误闯无电区。

(13)防止进路错误。动车前与信号楼联控,明确进路,手指确认信号,动车后逐个呼唤确认进路、道岔和信号。进场时如联系不到信号楼,必须在进场信号机前停车,待联系好后再进场。

(14)防止在车场内挤岔掉道。在车场内停车后,必须按照轨道电路不良地段的联控办法与车场信号值班员进行停车位置联控,未得到信号值班员的进路开通的通知,不得擅自动车。列车头部越过平交道口时,必须一度停车确认并以不超过 10 km/h 的速度越过道口。

# 任务二　施工安全管理

### 任务描述

施工安全对城市轨道交通运营安全有着重要的影响。做好施工安全工作,确保行车设备、设施维修保养符合技术要求,发生事故后及时进行抢修施工,是保证城市轨道交通顺利运营的保障手段之一。

### 任务目标

1. 知识目标

(1)掌握施工作业的防护及组织流程。

（2）熟悉接触轨停电挂拆地线作业安全要求。

**2. 能力目标**

熟悉线路巡检作业安全要求。

**3. 职业素养目标**

（1）精益求精、严谨细致、操作规范。
（2）安全意识、协作意识、服务意识。

### 知识储备

## 一、施工作业安全

为了加强施工安全管理，提高维修、施工的效率和质量，协调各单位的工作，需成立有效的施工管理组织，加强维修、施工作业的管理，施工方案的审核和施工人员安全的培训，以及进行施工工作分析及总结等。

（一）施工计划的制定

**1. 施工计划分类**

按计划的时间进行划分，施工计划可分为周计划、日计划、临时抢修计划；按计划的施工作业地点和性质不同划分，施工计划可分为影响正线的施工、车站范围内的施工、车场范围内的施工。

**2. 施工计划申报程序**

（1）外单位施工负责人须接受培训后才能申请在城市轨道施工作业中担任负责人，施工作业编制部门应与外单位施工负责人签订安全协议。
（2）施工单位、内部相关部门应按规定时间向施工计划编制部门提报计划，施工计划编制部门平衡协调后发相关部门执行。
（3）施工单位、内部相关部门应填写施工计划申报表，其中包括作业日期、作业部门、作业时间、作业区域、作业内容、供电安排、申报人、防护措施和备注（列车编组、配合部门及详细配合要求、联系电话等）。

**3. 施工计划的编制**

（1）施工计划编制原则。
① 在确保安全的前提下，考虑均衡安排，避免集中作业。
② 处理好列车的开行时间和密度、施工封锁等几方面的关系，避免出现抢时、争点现象。
③ 经济、合理地使用机车车辆，避免浪费资源。
（2）施工进场作业令。
① 凡进行计划施工，都必须领取施工进场作业令，以此作为请点施工的凭证。

② 施工计划编制部门负责施工进场作业令的管理工作。

(二) 施工安全管理

**1. 施工责任人制度**

每项施工作业须设立一名施工负责人,辅站另设施工责任人,每个施工负责人都须经过培训后取得安全证书,并实行持证上岗制度。

(1) 施工责任人职责。

① 负责作业人员/设备的管理。

② 办理请/销点手续。

③ 作业过程的组织指挥。

④ 及时与车站、车厂联系作业有关事项。

⑤ 组织设置/撤销作业安全防护设施。

⑥ 出清作业区域/设备状态恢复正常的确认。

(2) 施工责任人任职条件。

① 熟知行车规章制度及有关规定。

② 熟悉该项作业的性质、内容、方法、步骤、要求等。

③ 具备与该项作业相关的安全知识和技能。

④ 经过培训并考试合格、取得相关资格证书。

**2. 施工防护要求**

(1) 接触网停电检修或需接触网停电配合挂地线时,该作业地段两端应挂接地线。

(2) 站内或站间线路施工时,须在施工区域两端轨道上设置红闪灯防护。

(3) 在折返线、存车线、联络线上施工时,须在作业区域的可能来车方向处设置红闪灯防护。

(4) 车站值班人员应到站台检查红闪灯是否按规定摆放,并监督红闪灯状态是否良好。

(5) 施工作业时应按施工部门有关施工操作程序的防护规定执行。

(6) 凡在运营时间内进行作业的,均须做好防护措施,确保城市轨道交通乘客的安全,最大限度减少对乘客的影响。

**3. 现场施工要求**

(1) 施工人员和工程车在同一区域作业时,由施工负责人与车长根据现场情况进行协调。

① 按施工前进方向,列车在前,施工人员在后,原则上不得颠倒顺序或在列车前后同时进行作业。

② 非随车施工人员与列车应有一定的安全间隔,原则上列车不得随便动车,如有需要动车时,须在施工负责人和车长协商后才能动车,以确保人身安全。

③ 施工人员应在现场作业区的来车方向设置红闪灯防护。

(2) 组织工程车运行时,在工程车运行的到达站前方必须保证至少有一个站间区间空闲。

(3) 在开行工程车进行作业的封锁作业区的前后方必须保证至少有一个站台区或站间区

间空闲。

（4）在开行高速调试列车的封锁作业区的前后方必须保证至少有一个站间区间空闲。

（5）凡在线路施工的施工作业人员必须按要求穿荧光衣，并根据作业性质要求使用其他安全防护用品。

（6）施工作业过程中如要进行动火作业，必须事前办理有关动火手续，严禁在未办理动火手续的情况下进行动火作业。

（7）外单位施工由主办部门或主配合部门负责安全管理、安全监督。

（8）各施工单位、部门在申报施工计划时应严格按照相关规定，结合施工作业过程中的实际情况提出安全防护要求和配合要求。在施工作业过程中，施工单位、部门应严格遵守安全规定和施工进场作业令中的要求。

（三）施工组织

**1. 施工时间的安排**

（1）如有工程车运行时，须等工程车通过后才能开始施工。

（2）严格按照施工计划按时完成施工作业。

（3）每日尾班车离开车站后，可由车站根据施工登记表向行车调度预请点。

（4）车厂内施工（作业）时间安排严格按照施工计划的要求执行，车厂调度、维修调度、派班员应根据当日施工计划提前做好线路空闲、车辆和司机配合准备。

**2. 施工组织**

（1）各施工单位及部门的施工、检查作业，必须严格控制作业区范围及作业时间，并加强对施工负责人（责任人）的安全资格管理。

① 外单位施工负责人（责任人）须持有安全资格相关证件，方可在城市轨道交通范围内进行施工。

② 施工负责人须持有安全资格相关证件，方有资格申请城市轨道交通施工。

③ 持有安全资格相关证件的施工负责人向施工计划编制部门申报施工计划。

④ 以主办部门或主配合部门名义申报的外单位作业，由外单位人员担任施工负责人，主办部门或主配合部门协助办理请销点。

（2）施工人员进出站规定。

① 施工负责人持作业令并在作业令规定的施工开始时间前到达主站；施工责任人及维修人员在作业令规定的施工开始时间前到达辅站和相关车站，并按规定程序办理施工作业手续。

② 施工负责人向内部相关部门申请车站紧急出入口的钥匙。施工人员遇特殊情况需在收车后到达车站的，施工负责人到内部相关部门申请领取车站出入口钥匙，施工人员经各站指定的紧急出入口进出车站后，施工负责人及时将出入口上锁。

③ 外单位的施工人员进出车站须提前与车站当值人员联系，并于关站前进站。特殊情况确须关站后进入的，应事先与车站预约，车站根据预约地点、时间，查验手续后开门放行。

（3）施工组织规定。

① 每日运营结束后，维修部门按计划对各设备系统进行检修，并应于规定时间内完成运

行线路巡道和施工线路出清程序。

② 在正线及辅助线施工开始前,施工负责人应进行施工登记,经行车调度批准、发布封锁令及车站签认后,通知施工负责人设置防护信号,并送施工人员到站台端墙,确保施工人员进入正确的施工区域。

③ 对维修、调试、施工等作业按性质、地点分别组织:涉及正线的施工作业须经行车调度批准方可进行;涉及车厂内的施工作业须经车厂调度员同意方可进行(如影响正线行车须报行车调度批准);涉及车站的施工作业须经车站批准方可进行。

④ 在两站之间作业需要开行工程车时,由行车调度指定的车站值班员负责掌握施工情况,监督施工安全。

⑤ 施工结束后,施工负责人负责线路出清、人员撤离,经检查确认撤除防护后,办理注销施工登记手续,车站报告行车调度取消封锁线路的命令。

⑥ 对于多个车站同时进行施工的作业项目,施工负责人除到主站办理外,还需核实辅站情况。辅站施工责任人在作业令规定的施工开始时间前到达辅站办理登记手续,辅站值班员向主站值班员核实施工事项并请点。主站接到行车调度允许施工的命令后,传达给施工负责人及辅站,辅站值班员通知施工责任人开始该作业点的施工。

⑦ 当多站销点时,辅站施工责任人完成本线路出清工作并报施工负责人后,进行辅站销点。辅站值班员向主站值班员销点。施工负责人完成该项作业区域的全部出清工作后,方可报主站值班员销点,主站值班员再向行车调度销点。

⑧ 外单位进行作业时,由指定的施工主办部门或主配合部门人员协助办理请点后,方可开始作业。

(四)工程车开行

**1. 行车调度统一指挥**

行车调度负责统一指挥工程车开行,在进行作业安排时,有关人员应注意以下几点。

(1)安排工程车作业时,必须严格按照划分的区域安排作业。

(2)工程车离开作业区返回时,车长、司机负责观察工程车返回途中的前方路线出清情况,应保证车上物品及部件不掉落,工程车在回库前应向行车调度汇报。

(3)工程车进路排列由行车调度负责,行车调度在指挥工程车运行时要严格确认工程车运行前后有无施工作业。

(4)封锁区域工程车运行由施工负责人负责指挥。

(5)涉及接触网停电挂地线且需工程车配合的作业,工程车到达作业区后,须经行车调度同意后才可挂地线;作业完毕且拆除地线并得到行车调度命令后司机方可动车返回。

**2. 工程车开行**

(1)在工程车出车厂前,工程车司机要与行车调度检验无线电台的性能;工程车在运行中,司机和车长要加强与行车调度的联系(如联系不上时,通过车站转达),掌握列车运行计划,确认进路。

(2)工程车在进站,出站,运行至曲线前、站内或区间动车前,应按规定鸣笛示警。

(3)工程车在车站装卸物料时,物料必须整齐、稳固地堆放在距站台边缘安全限线以外的地方,车站要负责监控,查看是否有物品侵限。

**3. 正线发生各类设备故障或事故时,工程车、救援列车进出封锁区间的组织**

(1)维修调度负责向行车调度提出使用工程车的计划(人数、设备、地点和数量),由行车调度向车厂调度员发布调车指令。

(2)车厂调度员按行车调度的要求组织工程车开行到车厂内指定地点。

(3)抢修工作执行部门原则上应在工程车到达后 10 min 内完成装载设备、物品等工作,并安排跟车人员上车。

(4)行车调度负责组织工程车或救援列车从车厂至封锁区间两端关系站的运行,在封锁区间两端关系站把工程车或救援列车交给维修调度,并命令该站向工程车或救援列车交付封锁命令。

(5)维修调度负责通知现场指挥指派一名联络员进入工程车或救援列车驾驶室,将进入区间的计划交给车长,由车长引导进入封锁区间,并按计划指挥动车。

(6)如封锁区间内有道岔、辅助线时,由车长与车站联系确认调车进路计划,车站排好进路后通知车长,由车长指挥动车。

## 二、接触轨停电挂拆地线作业安全

(1)所有进入线路(包括在接触轨上或其带电体附近)的作业,施工作业部门或单位都应根据作业性质、作业时间以及相关规定,在提报计划时明确说明"需停电并挂地线""需停电但不需挂地线"或"必须带电"的要求。

(2)需接触轨停电的施工作业,由电调负责相关作业区域的接触轨停电,由供电室人员在作业区域两端挂接地线,并设置红闪灯防护。

(3)需供电室人员配合挂地线进行防护的作业,施工负责人作业前需与供电室工班施工负责人联系,确认接地线是否挂好并确认接地线的位置,严格在接地线防护区域内作业。作业完成后,须及时通知供电室工班施工负责人,并及时销点。

(4)正线需接触轨停电并挂地线配合作业时,按以下程序执行:

① 线路出清后,行调通知电调组织停电。
② 行调接到电调已停电的通知,向车站发布停电通知,并通知电调指定区域可以挂地线。
③ 供电室人员接到电调挂地线的通知后,到车站进行挂接地线。
④ 地线挂好后,供电室人员通知电调接触轨地线已挂好。
⑤ 电调通知行调该区域接触轨地线已挂好。
⑥ 行调及时通知车站接触轨地线已挂好,允许该区域施工。
⑦ 车站接到行调的通知后,即可办理相关施工的请点手续,并根据行调的批准时间开始施工。
⑧ 施工结束后,施工负责人向车站申请销点,车站报行调销点。
⑨ 行调确认作业销点后,通知电调可以拆除地线。
⑩ 电调通知供电室人员到车站拆除地线。

⑪ 地线拆除完毕后通知电调，电调核实地线已拆除后，通知行调地线拆除情况。

⑫ 行调根据实际情况，通知电调进行该区域接触轨送电。

⑬ 电调根据行调的要求进行组织送电。

（5）车场需接触轨停电并挂地线配合作业时，按以下程序执行：

① 施工负责人到DCC值班主任处申请接触轨或供电分区停电作业。

② DCC值班主任确认可以停电后，由DCC值班主任向电调申请接触轨停电。

③ 电调对申请停电区域进行停电，停电完毕后通知DCC值班主任。

④ DCC值班主任接到电调停电通知后，车辆段库内（如静调库、停车线、列检线、检查线）的接触轨挂拆地线由DCC值班主任组织，其他接触轨挂拆地线由电调组织供电室人员进行。

⑤ DCC值班主任在接触轨地线挂好后，批准相关作业。

## 三、线路巡检作业安全

（1）巡检管理部门应根据施工安排做好巡检计划，编制线路巡回图，巡回图应规定起止日期、巡道时间、巡回路线起止区段、重点巡查部位、交接班要求等内容。

（2）线路巡检的主要工作是轨道设备巡检、线路小补修和处理侵限障碍物等。

（3）发现问题的处理。线路巡检人员发现线路、设备故障时，能消除的应立即消除，消除不了的应及时汇报维修调度并通知相关人员进行处理。若故障危及行车安全，应积极采取措施进行处理，不能马上处理的，应设置防护并立即通过区间电话或其他通信工具报告DCC或车站，说明危险程度及需处理的时间。

（4）车辆段工班负责车辆段内车场线的巡检。巡检时间一般安排在白天，车场线巡检由车场值班主任负责审批。

（5）进入区间前应确认接触轨已经停电。

（6）应按巡回图规定的路线登记请点及销点，做到全面查看、重点检查。

（7）应穿防护鞋、防护服装，携带必备的工具、材料、备品。

（8）应在轨道中心行走。

## 四、抢修作业安全

（1）进入区间线路进行抢修时，车站应密切配合抢修作业，加强与行调的联系，了解抢修情况及配合需求。

（2）若行车未中断，进入线路前抢修人员须先到车控室办理有关手续，在得到行调批准，并停止接触轨供电及落实安全防护措施后，方可进入。

（3）若行车中断，车站根据行调指示在站台设立"故障/事故处理点"标志等候抢修人员，抢修作业负责人可不到车控室办理手续，但站务人员须对进出线路的人数进行清点、核实。抢修作业完毕后，抢修作业负责人到车控室补办请点手续并办理销点手续。

（4）除抢修人员外，其他人员若需进入线路，必须到车控室登记，车控室与抢修作业负责人联系，征得同意后准许其进入线路。

（5）进入正线、辅助线抢修的安全措施：

① 抢修需在得到行调批准并停止接触轨供电，落实相关安全防护措施后，方可进行。

② 行调应把列车扣停在后方站（相对于列车运行方向）。

③ 值班站长（行车值班员）在 IBP 控制盘上使用紧急停车按钮对相关轨道区段进行施工安全防护，并通知行调和站台保安。

④ 抢修作业负责人或由抢修作业负责人指派的人员按规定设置红闪灯进行防护。

⑤ 抢修人员进入轨道时，应通过站台端墙的上下轨道楼梯进出，站台岗人员要监督施工作业人员进入作业区域。

### 五、调试、试验安全

（一）调试、试验计划申报与实施管理

（1）在正线范围内的调试、试验过程中，行车调度与调试、试验负责人必须加强联系，行车调度有权向调试、试验负责人了解调试、试验进行情况，调试、试验负责人有责任向行车调度通报调试、试验的进行情况。在车厂范围内调试、试验的过程中，车厂调度员必须加强与调试、试验人的联系，车厂调度员有权向调试、试验负责人了解调试、试验进行情况，调试、试验负责人有责任向车厂调度员通报调试试验的进行情况。

（2）在调试过程中，无论调试区段是否封锁，原则上在调试区段不能进行其他施工作业。若确须进入调试区段抢修设备时，由抢修施工负责人与调试负责人联系，在得到调试负责人许可后，行车调度可在保证运营安全的情况下，安排人员进入调试区段抢修。

（3）凡在城市轨道交通范围内进行的调试、试验工作，均由控制中心负责跟踪调试、试验过程。

（4）调试、试验作业现场的请点与销点流程及作业安全防护措施应按施工管理规定执行。

（5）调试、试验作业结束后，调试、试验工作人员应该清扫、整理现场。调试、试验负责人应进行周密检查，确认无误后方可离开。

（二）调试、试验车辆行车安全

（1）客车调试、试验作业的运行安全工作由司机负责，在调试、试验客车运行过程中，禁止调试、试验人员擅自动用与行车安全有关的设备实施。

（2）客车进行的任何调试、试验，必须听从调试、试验负责人的统一指挥，司机必须根据调试、实验负责人的要求操纵列车。需要动车时，必须与车场值班员或行车调度联系落实运行进路的安全，得到其同意并确认行车"三要素"（进路、信号、凭证）符合行车条件后方可动车。

（3）严禁爬上客车车顶，运行中严禁任何人探身车外、飞乘飞降下车，且不得扶着手扶杆站在车厢外面。进行动态试车前，必须确保客车的制动系统功能良好。静态试验前，必须对车辆施加停车制动。

（4）客车司机应该按列车操作条款及检车流程对调试、试验客车进行全面检查、试验，确保客车状态符合行车要求。客车有异常或故障时，要严格按照相关要求及时汇报、处理。

（5）在客车动车出场前，司机必须正确理解调度命令内容，明确调试指挥负责人，与其确认调试内容及安全注意事项，清楚并正确执行调试程序。司机须检查确认客车制动试验、线路限界、进路信号的显示、调试人员及设备到位等情况，确认是否具备行车安全条件，如有异常应及时报告车厂调度员。

（6）严禁客车实习员操纵列车进行调试、试验作业。司机应严格执行规章制度并控制好速度，加强瞭望和呼唤应答，认真操作，密切注意观察设备、仪表的状态，遇信号异常或危及行车安全时，应立即采取紧急停车措施，并及时报告调试、试验负责人及行车调度员或车厂调度员，听从其指示，确保调试客车安全。作业途中停止时，没有调试、试验负责人的指示，严禁擅自动车。

（7）在调试、试验作业过程中出现车辆故障时，司机应及时向调试负责人汇报，由其进行处理，视其需要给予协助。禁止未经调试负责人同意擅自动用车载设备或进行任何试验操作。

（8）在客车调试、试验期间，司机需服从调试、试验负责人的指挥，但调试试验负责人提出的调试要求超出计划内容时，司机应及时向行车调度（在车厂则报车厂调度员）汇报并得到其同意后方可执行。下列情况司机应给予坚决制止，严禁动车，并将情况报告行车调度员（在车厂则报车厂调度员）处理，若调试人员不听劝阻，司机有权停止作业：

① 调试试验指令违反相关安全规定或规章时。

② 危及行车安全（如有物品侵入限界，道岔位置不对等情况）时。

③ 不具备动车条件（如客车上的设备未恢复正常位置、未进行制动试验等情况）时。

④ 作业计划不清或计划与实际有出入时。

（9）试车线调试、试验的安全措施如下：

① 严格执行施工管理规定中有关在车厂内调试、试验作业的组织流程。车厂调度员在接到调试、试验任务时将调试、试验计划有关内容向司机传达清楚。

② 在试车线进行客车调试、试验时要符合试车线的限制速度，按照试车线行车信号、标志要求，严格控制运行速度。

③ 雨天、大雾天时严禁在试车线进行客车的高度调试、试验，制动时做到早拉少拉，并按规定停车。夜间严禁进行人工模式下的高度调试、试验。

④ 进行调试时，必须安排两名司机上岗，一人操作一人监控。司机要按试验大纲要求操作，严格控制运行速度。

（10）正线调试、试验的安全措施如下：

① 司机应严格执行相关规定，整备客车，确保客车状态符合上正线运行要求。

② 客车出厂前，司机必须检查调试、试验人员的到位情况，确认调试区间具体线路，明确调试项目、程序及其安全事项。

③ 列车在始发站发车前，司机要与行车调度共同确认调试、试验进路的开通情况。司机要密切注意列车运行前方的线路状态，严格执行行车调度命令，听从调试、试验负责人指挥。

④ 列车进行调试、试验时原则上按信号显示行车，如行车调度要求列车在封锁线路进行调试、试验时，司机必须认真确认进路上的每副道岔位置，在通过进路防护信号机、道岔时要适当降低速度。

⑤ 每次动车前，司机都要认真确认信号、进路、道岔情况，运行时要集中精力，严格按照规定的速度或按行车调度的限速命令运行，严禁超速驾驶。

⑥ 遇较难确认信号的车站或区间，司机应适当降低速度，直至能清楚确认信号显示后按规定速度运行。

⑦ 列车在两端终点或在运行中途折返换端时，司机应确认进路信号机的显示、道岔位置是否正确，并与行车调度确认运行进路后方是否可插入主控钥匙，凭调试、试验负责人的指令动车。

（三）设备安装及调试、试验注意事项

（1）所有参加设备安装，软硬件更换与调试、试验的人员都必须符合城市轨道交通安全规定的要求，并熟悉方案的要求，严禁无证操作。

（2）在调试期间如发现有危及行车安全的情况，任何人都有权中断调试。

（3）发生雷雨或风暴时，禁止在电线杆上作业。打雷时，禁止对避雷器、地线等进行调试。

（4）调试、试验需要挖坑、沟时，应与有关部门联系，了解地下设备情况，土质松软处应设防护和加固措施，以防坍塌，坑、沟一般不过夜，不得已时须采取防护措施。

（5）凡进行危险性较大、影响行车和人身安全的调试、试验，都必须事先拟定安全措施，并由调试负责人组织，派专人进行防护。

（6）在设备安装，硬软件更换与调试、测试过程中需要使用易燃、易爆和有毒材料的，应设专人负责并应隔离存放和妥善保管。

（7）调试、试验作业中需下地沟作业时应戴安全帽，上车顶作业时应采取安全防护措施并确认其状态良好。禁止穿拖鞋、高跟鞋、硬底鞋进行作业。

（8）任何人未经允许和接地线未挂好时，不得进入车顶检修平台，任何时候不得翻越车顶检修平台，未经允许不得使用移动扶梯上车顶。

（9）调试人员因调试需要而进出屏蔽门端门时，必须关好端门，以免活塞风将端门吹动撞烂。

（10）调试期间，任何参与调试的人员原则上不能进入调试区域的轨行区，如确有需要进入时，必须征得调试现场指挥的同意，并在确认在车上已采取了相关的安全措施后方可进入。

（11）外单位调试人员进入设备房、列车及轨行区作业，必须按本单位规定的内容执行。操作运营设备时，必须有本单位人员在场。

（12）在调试过程中，主办部门必须督促供货商做好充分的备件准备，以利于应对突发事件。

# 任务三　消防安全管理

> 任务描述

城市轨道交通大部分建筑是由干线、车站、站线、车场和相关的控制室等地下工程共同组成。轨道交通车辆运行环境或者车站、配套设施设备大多处于地下，有的车站甚至属于地下深埋站，一旦发生火灾，排烟困难，散热也较慢，导致安全疏散和扑救存在较大困难。如果应急处置不当，很容易出现群死群伤的情况，造成严重经济损失和恶劣社会影响。

> 任务目标

1. 知识目标

(1) 掌握燃烧的定义、必要条件、主要类型。
(2) 掌握灭火的原理与方法。
(3) 掌握火灾自动报警系统的组成及各部分的功能和火灾自动报警系统的工作原理。
(4) 掌握消火栓的作用、使用方法。
(5) 掌握防烟排烟系统的作用与工作原理。

2. 能力目标

(1) 掌握灭火器的种类及使用方法。
(2) 掌握自救逃生的方法,懂得保护自己的生命。
(3) 掌握火灾人员疏散组织的内容。

3. 职业素养目标

(1) 精益求精、严谨细致、操作规范。
(2) 安全意识、协作意识、服务意识。

> 知识储备

# 一、消防安全概述

## (一) 消防与公共安全

在我国,凡是预防火灾发生,减少火灾危害,扑灭火灾的事务都称为消防安全。

消防安全是指人们的生命健康或者财产免受火灾危害的状态。消防安全与公共安全关系密切,是公共安全的重要组成部分。

公共安全涉及自然灾害、事故灾难、公共卫生安全和社会安全。在这四大类事务中,除了公共卫生安全,其他公共安全都与消防安全有直接或间接的联系。一方面,自然灾害、事故灾难、社会安全都会导致火灾发生,如自然灾害中的地震就很容易引发火灾,同时事故灾难本身就包括火灾且许多公共社会安全事件也常常伴随火灾发生,如2005年11月法国巴黎骚乱中就引发了多起火灾。另一方面,火灾也会引发其他次生灾害事故。

在我国,消防与安全既有联系又有区别,有联系是因为安全包括消防,有区别是指我国现有行政管理体制把消防安全与其他安全进行了区分,分属不同的政府部门管理。

## (二) 消防工作的意义

消防工作是国民经济和社会发展的重要组成部分,是发展社会主义市场经济不可缺少的保障条件。消防工作直接关系人民生命财产的安全和社会的稳定。近年来我国发生的一些重特大火灾,会造成几十人甚至数百人的伤亡以及巨大的经济损失,这不仅给许多家庭带来了不幸，也使大量的社会财富化为灰烬（见图6-2）。同时，事故的善后处理往往也严重影响经济建设的发展和社会的稳定，有些火灾事故还成为国内外舆论的焦点，造成了不良的社会影响。因此，做好消防工作、预防和减少火灾事故特别是群死群伤的恶性火灾事故的发生，具有重要的意义。

图6-2　火灾危害

消防工作是一项社会性很强的工作，它涉及社会的各个领域，与各个行业有着十分密切的关系。随着社会的发展，就用火、用电、用气的范围而言，消防安全问题几乎无处不在。全社会每个行业、每个部门、每个单位甚至每个家庭，都有随时预防火灾、确保消防安全的需要。总结以往的火灾教训，绝大多数火灾都是由于部分领导管理者和群众思想麻痹、行为放纵、不懂消防规章或者有章不循、管理不严、明知故犯、冒险工作造成的。火灾发生后，缺乏基本的消防科学知识，遇到火情束手无策，不知如何报警，甚至不会逃生自救，最终导致严重后果。"隐患险于明火、防患胜于救灾、责任重于泰山"的科学论断，用辩证唯物主义观点科学地阐述了消防工作的重要意义，深刻地揭示了消防工作的内在规律，突出强调火灾预防是做好消防工作的关键性问题，对指导和加强消防工作具有十分重要的现实意义和深远的历史意义。因此，全社会、各部门、各行业、各单位以及每个社会成员都要高度重视并认真做好消防工作，认真学习并掌握基本的消防安全知识，共同维护公共消防安全。只有这样，才能从根本上提高一个城市、一个地区乃至全社会预防和抗御火灾的综合能力。

（三）消防工作的方针

我国的消防工作方针是"预防为主，防消结合"。消防工作包括防火与灭火两个方面的内容。

"预防为主"是指必须把预防火灾的工作放在首位，从思想上、组织上、制度上及物资保障上采取各种积极措施，防止火灾的发生。

"防消结合"是指在积极做好预防火灾工作的同时，在人力、物力、技术上积极做好灭火的充分准备，加强公安消防部队、企事业专职和义务消防队的建设，配备足够的消防器材装备,加强灭火训练,做好战备执勤,做到常备不懈,有备无患,一旦发生火灾,能及时扑灭,把火灾损失降低到最低限度。

## 二、防火与灭火基本知识

### (一)燃烧概述

#### 1. 定 义

燃烧是可燃物与氧化剂作用发生的一种放热发光的剧烈化学反应,通常伴有火焰、发光和发烟的现象。

#### 2. 要 素

燃烧需要可燃物、助燃物、着火源,我们称它们为燃烧的三要素。这三要素同时存在才能燃烧,缺少其中的任何一个,均不能引起燃烧。

(1)可燃物:是指能与空气中的氧或其他氧化剂发生燃烧化学反应的物质,如汽油、木材等。

(2)助燃物:主要指能帮助和支持燃烧的物质,如空气、氧气。此外,氧化剂(氯酸盐、过氧化物)等易释放氧气的物质也是助燃物。

(3)着火源:指供给可燃物与助燃物发生燃烧反应的能量来源。除明火外,电火花、摩擦、撞击产生的火花及热量,以及许多物理或化学现象产生的热能都有可能成为着火源(见图 6-3)。

图 6-3 着火源

#### 3. 主要类型

燃烧有许多类型,主要包括闪燃、着火、自燃和爆炸。

(1)闪燃。

在液体或固体表面上产生足够的可燃蒸气,遇火一闪即灭的燃烧现象称为闪燃。发生闪燃的最低温度称为闪点。闪点在消防工作中具有重要的意义,它是衡量物质的火灾危险性的重要参数。液体的闪点越低,火灾危险性越大。

(2)着火。

可燃物发生持续燃烧的现象叫着火。可燃物开始持续燃烧所需要的最低温度叫燃点(又称为着火点),通俗来说就是引起着火的最低温度。燃点越低,越容易起火。根据可燃物的燃点高低,可以鉴别其火灾危险程度。

（3）自燃。

可燃物在没有外部火花、火焰等火源的情况下，因受热或自身发热并蓄热所产生的燃烧称为自燃。可燃物产生自燃的最低温度是该物质的自燃点，物质的自燃点越低，则发生火灾的危险性越大。

（4）爆炸。

由于物质急剧氧化或发生分解反应而产生温度、压力分别增大或同时增大的现象称为爆炸。爆炸时化学能或机械能转化为动能，释放出巨大能量，常见的爆炸分为物理爆炸和化学爆炸。

① 物理爆炸：由于液体变成蒸气或者气体迅速膨胀，压力急速增大，并大大超过容器的极限压力而发生的爆炸，如蒸汽锅炉、液化气钢瓶等的爆炸。

② 化学爆炸：因物质本身发生化学反应，产生大量气体和温度升高而发生的爆炸。可燃气体和粉尘与空气混合物的爆炸属于化学爆炸。

（二）火灾概述

1. 定　义

火灾是指在时间和空间上失去控制的燃烧所造成的灾害。

2. 分　类

根据国家标准《火灾分类》（GB/T 4968—2008）和物质及其燃烧特性，火灾可分为以下几种。

（1）A类火灾：指普通固体物质发生的火灾。这种物质具有有机物性质，一般在燃烧时能产生灼热的余烬，如木材、棉、毛、麻、纸张等。

（2）B类火灾：指液体火灾或可熔化的固体物质发生的火灾。如石油制品、有机溶剂等。

（3）C类火灾：指可燃气体物质发生的火灾。如煤气、天然气烷类气体、乙炔、乙烯、氢气等。

（4）D类火灾：指金属物质发生的火灾。如钾、钠、镁、铝及合金等。

（5）E类火灾：指电器设备及带电电线缆等发生的火灾。

（6）F类火灾：指烹饪器具内的烹饪物（如动植物油脂）发生的火灾。

3. 火灾中的燃烧产物

由燃烧或热解作用产生的全部的物质称为燃烧产物。通常指燃烧生成的气体、热量、可见烟等。

（1）气体。

燃烧生成的气体，一般指一氧化碳、氰化氢、二氧化碳、氯化氢和二氧化硫等。

（2）热量。

大多数物质的燃烧是一种放热的化学氧化过程，从这种过程放出的能量以热量的形式表现，形成热气的对流与辐射。热量对人体具有明显的物理伤害。

(3)可见烟。

由燃烧或热解作用所产生的悬浮在大气中可见的固体和(或)液体颗粒总称为可见烟。可见烟中的大多数物质是由于在火灾中不完全燃烧而生成的。

### (三)防火与灭火的基本方法

**1. 预防火灾的基本方法**

一切防火措施都是为了防止产生燃烧的条件,防止燃烧条件互相结合、互相作用。

灭火的基本方法

(1)控制可燃物:限制燃烧的基础或缩小可能燃烧的范围。

(2)控制助燃物:限制燃烧的助燃条件。

(3)消除着火源:消除或控制燃烧的着火源。

(4)阻止火势蔓延:不使新的燃烧条件形成,防止或限制火灾扩大。

**2. 灭火的基本方法**

物质燃烧必须同时具备三个必要条件,即可燃物、助燃物和着火源。根据这些基本条件,一切灭火措施都是为了破坏已经形成的燃烧条件,或终止燃烧的连锁反应而使火熄灭以及把火势控制在一定范围内,最大限度地减少火灾损失,这就是灭火的基本原理。根据这一原理和实践经验,现行的灭火基本方法有以下四种。

(1)隔离法。

隔离法是将周围未燃烧的可燃物移开或与正在燃烧的物质隔离,中断可燃物的供给,使燃烧因缺少可燃物而停止。具体方法有:将火源附近的可燃物品、易燃物品、易爆物品和助燃物品搬走;关闭可燃气体、可燃液体管道的阀门,减少和阻止可燃物进入燃烧区;设法阻挡流散的易燃液体、可燃液体;拆除与火源毗连的易燃建筑物,形成防止火势蔓延的空间地带。

(2)冷却法。

冷却法是设法将已经燃烧或有可能燃烧的物品的温度降低到该物质的燃烧点以下从而阻止物品燃烧。冷却的主要办法是喷水或将灭火剂直接喷射到燃烧物上,以降低燃烧物的温度,或者将水和灭火剂喷洒在火源附近的可燃物上,使其温度降低防止辐射热影响而形成新的火点。冷却法是灭火的主要方法,主要用水和液态二氧化碳来冷却降温。但必须注意,对禁水的物资和部位切不可用水进行扑救。

(3)窒息法。

窒息法是设法使助燃物特别是空气中的氧气减少或消失从而终止燃烧。窒息法是一种简易常用的灭火应急方法。实际运用时,可以用石棉毯、湿棉被、黄沙、泡沫等一时不易燃烧的物质迅速覆盖在燃烧物上阻止燃烧;用水蒸气或二氧化碳等惰性气体灌注发生火灾的容器来抑制燃烧;用沙土覆盖燃烧物或封闭起火的建筑和设备门窗、孔洞等来阻止燃烧;等等。

应该注意的是,运用窒息法灭火时要动作快捷,当火苗被压住以后,应该检查火源是否彻底熄灭,如有余烬,应补以其他灭火措施,以防止覆盖物未完全覆盖而引燃更大的火种。窒息法在容器失火时使用较为有效,如油锅着火,只需立即盖上锅盖就可灭火。

（4）抑制法。

抑制法是将化学灭火药剂喷射到燃烧区，使之参与燃烧的化学反应，而使燃烧反应停止。采用这种方法时，可选用的灭火剂有干粉和卤代烷灭火剂。灭火时，一定要将足够数量的灭火剂准确地喷射在燃烧区内，使灭火剂参与和阻断燃烧反应，否则就起不到阻止燃烧的作用。同时还要采取必要的冷却降温措施，以防复燃。

灭火方法是多种多样的，在具体运用时应做到不拘一格、灵活运用。在具体选择灭火方法时主要考虑两点：一要看是否便捷，二要看是否有利于火灾的扑灭和能有效地减少损失。

针对不同类型的火灾应采取不同的灭火方法。

① 扑救 A 类火灾：一般可采用水冷却法，但对于忌水的物质，如布、纸等应尽量减少水渍所造成的损失。对珍贵图书、档案应使用二氧化碳灭火剂、卤代烷灭火剂和干粉灭火剂灭火。

② 扑救 B 类火灾：首先应切断可燃液体的来源，同时将燃烧区容器内可燃液体排至安全地区，并用水冷却燃烧区可燃液体的容器壁，减慢蒸发速度，并及时使用大剂量泡沫灭火剂、干粉灭火剂将液体火灾扑灭。

③ 扑救 C 类火灾：首先应关闭可燃气阀门，防止可燃气发生爆炸，然后选用干粉灭火剂、卤代烷灭火剂、二氧化碳灭火剂灭火。

④ 扑救 D 类火灾：镁、铝燃烧时温度非常高，水及其他普通灭火剂无效，可选用干粉灭火器灭火。

⑤ 扑救带电火灾：用干粉灭火器、二氧化碳灭火器效果好，因为这两种灭火器的灭火药剂绝缘性能好，不会发生触电伤人的事故。

## 三、消防设备设施及其使用方法

根据《中华人民共和国消防法》的相关条目，消防设施是指火灾自动报警系统、自动灭火系统、消火栓系统、防烟排烟系统以及应急广播和应急照明、安全疏散设施等。消防器材是指灭火器等移动灭火器材和工具。

灭火器

### （一）火灾自动报警系统

#### 1. 概　念

火灾自动报警系统是探测火灾早期特征、发出火灾报警信号，为人员疏散、防止火灾蔓延和启动自动灭火设备提供控制与指示的消防系统。

#### 2. 组　成

火灾自动报警系统的组成形式多样，但基本上可概括为触发装置、火灾报警装置、火灾警报装置和电源四部分，对于更复杂的系统还包括控制装置。

（1）触发装置。

在火灾自动报警系统中，自动或手动产生火灾报警信号的设备称为触发装置，主要包括手动报警按钮（见图 6-4）和火灾探测器（见图 6-5）。

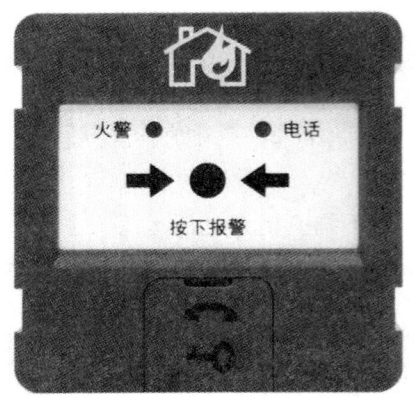 

图 6-4 手动报警按钮

   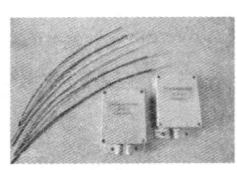

（a）感烟火灾探测器　（b）感温火灾探测器　（c）红外火焰探测器　（d）感温电缆

图 6-5 火灾探测器

手动报警按钮是用手动方式产生火灾报警信号的器件，也是火灾自动报警系统中不可缺少的组成部分之一。按下手动报警按钮 3~5 s，手动报警按钮上的火警确认灯会点亮，这表示火灾报警控制器已经收到火警信号，并且确认了现场位置。

火灾探测器是能对火灾的物理特征（如烟、温度、光、火焰、气体等）发生响应，并自动产生火灾报警信号的器件。火灾探测器的种类很多，按性能不同可分为感烟火灾探测器、感温火灾探测、红外火焰探测器、感温电缆等。不同类型的火灾探测器适用于不同类型的火灾和不同的场所。

（2）火灾报警装置。

在火灾自动报警系统中，用以接收、显示和传递火灾报警信号，并能发出控制信号和具有其他辅助功能的控制指示设备称为火灾报警装置。火灾报警控制器就是其中最基本的一种。

火灾报警控制器（见图 6-6）担负着为火灾探测器等外设提供稳定的工作电源，监视外设及系统自身的工作状态，接受、转换、处理火灾探测器输出的报警信号，进行声光报警，指示报警的具体部位及时间，同时执行相应的辅助控制等诸多任务，是火灾报警系统中的核心组成部分。

在火灾报警装置中，还有一些如中断器、区域显示器、火灾显示盘等功能不完整的报警装置，它们可被视为火灾报警控制器的演变或补充，只在特定条件下应用，与火灾报警控制器同属火灾报警装置。如火灾显示盘用于接收火灾报警控制器发出的信号，显示发出火警的部位或区域，通常设置于经常有人员活动而没有设置火灾报警控制器的现场区域。

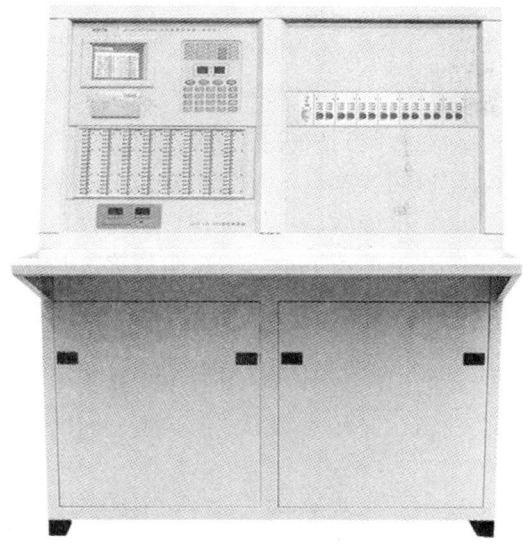

图 6-6 火灾报警控制器

（3）火灾警报装置。

在火灾自动报警系统中，用以发出区别于环境的声、光的火灾警报信号的装置称为火灾警报装置。

声光报警器（见图 6-7）是一种最基本的火灾警报装置，通常与火灾报警控制器（如区域显示器、火灾显示盘和集中火灾报警器）组合在一起，它以声、光方式向报警区域发出火灾警报信号，以提醒人们展开安全疏散、灭火救灾等行动。

图 6-7 声光报警器

警铃、讯响器也是一种火灾警报装置。火灾时，它们接收由火灾报警装置发出的控制信号，发出有别于环境声音的音响，大多安装于建筑物的公共空间部分，如走廊、大厅等。

（4）电源。

火灾自动报警系统属于消防用电设备，应设有主电源和直流备用电源。其主电源应当采用消防电源，备用电源一般采用蓄电池组。系统电源除为火灾报警控制器供电外，还为与系统相关的消防控制设备等供电。

（5）控制装置。

在火灾自动报警系统中，在接收到火灾报警后，能自动或手动启动相关消防设备并显示其工作状态的装置，称为消防控制装置。

消防控制装置主要包括火灾报警联动一体机，自动灭火系统的控制装置，室内消火栓系统的控制装置，防烟排烟系统及空调通风系统的控制装置，常开防火门、防火卷帘的控制装置，电梯迫降控制装置，火灾应急广播、火灾警报装置、消防通信设备、火灾应急照明与疏散指示标志的控制装置的部分或全部。

消防控制装置一般设置在消防控制中心，以便于实行集中统一控制。也有的消防控制装置设置在被控消防设备所在现场，但其动作信号仍必须返回消防控制中心，实行集中与分散相结合的控制方式。

### 3. 工作原理

火灾自动报警系统的工作原理：火灾初期所产生的烟和少量的热被火灾探测器接收，火灾探测器将火灾信号传输给区域报警控制器，发出声光报警信号；区域报警控制器输出外控接点动作，自动向失火层和有关层发出报警及联动控制信号，并按程序对各消防联动设备完成启动、关停操作（也可由消防人员手动完成）。该系统能自动（手动）发现火情并及时报警，以控制火灾的发展，将火灾的损失降到最低限度。

## （二）自动灭火系统

自动灭火系统主要有两大类：自动水灭火系统和自动气体灭火系统。其工作原理为：火灾发生的初期，温度或烟雾浓度上升到一定的程度迫使各种不同的感受元件发生变化，进而使灭火系统自动运作，开始灭火。当温度等值恢复常态之后，系统便自动停止。

### 1. 自动水灭火系统

（1）湿式自动喷水灭火系统。

湿式自动喷水灭火系统主要由闭式喷头、管道系统、湿式报警阀和供水设备组成。湿式报警阀的上下管网内均充以压力水。当火灾发生时，火源周围环境温度上升，导致火源上方的喷头开启并出水，管网压力下降，报警阀压力下降致使阀板开启，进而接通管网和水源供水灭火。与此同时，部分水由阀座上的凹形槽经报警阀的信号管，带动水力警铃发出报警信号。如果管网中设有水流指示界，水流指示器感应到水流流动，也可发出电信号。如果管网中设有压力开关，当管网水压下降到一定值时，也可发出电信号，启动水泵供水。湿式自动喷水灭火系统在环境温度不低于 4 ℃ 且不高于 70 ℃ 的建筑物和场所（不能用水扑救的建筑物和场所除外）都可采用。

（2）干式自动喷水灭火系统。

干式自动喷水灭火系统主要由闭式喷头、管网、干式报警阀、充气设备、报警装置和供水设备组成。管网充有压力气体，水源至报警阀前端的管段内充有压力水。当火灾发生时，火源处温度上升,使火源上方喷头开启,首先排出管网中的压缩空气,于是报警阀之后的管网压力下降,阀前压力大于阀后压力,报警阀开启,水流向配水管网,并通过已开启的喷头喷水灭火。平时报警阀上下阀板压力保持平衡,当系统管网有轻微漏气时,由空压机进行补气,安装在供气管道上的压力开关监视系统管网的气压变化状况。干式自动喷水灭火系统适用于环境温度低于 4 ℃和高于 70 ℃的建筑物和场所,如不采暖的地下停车场、冷库等。

### 2. 自动气体灭火系统

根据使用的灭火剂的不同,常用的自动气体灭火系统可以分为二氧化碳灭火系统、七氟丙烷灭火系统和烟烙尽(IG—541)混合气体灭火系统等。

自动气体灭火系统的工作原理:当防护区发生火灾时,火灾探测器首先动作,并向火灾报警控制器报警,确认后发出声、光报警信号,同时启动联动装置(关闭防护区开口、停止空调和通风机等),延时一定时间(一般为 30 s)后打开启动气瓶的瓶头阀,利用气瓶中的高压氮气将储存容器上的容器阀打开,灭火剂经管道输送到喷头并喷出灭火。灭火时,压力开关给出反馈信号,灭火控制器同时发出声、光报警信号。延时一定时间主要有三个方面的作用:一是便于防护区内人员的疏散,二是可以及时关闭防护区的开口,三是留出时间判断是否有必要启动气体灭火系统。

自动气体灭火系统的启动方式有三种:联动自动启动、电气手动启动和机械应急启动。

(1)联动自动启动:指系统从火灾探测器报警到关闭联动设备和释放灭火剂,均由系统完成,不许人员介入的操作与控制方式。

(2)电气手动启动:指人员发现火灾或者接到火灾自动报警信号并经确认后,按下手动控制盒或控制器上的手动控制按钮,通过灭火控制器操作联动设备和释放灭火剂的操作与控制方式。在自动控制状态,仍可实现电气手动控制。

(3)机械应急启动:指系统在自动与手动操作均失灵时,人员用系统所设的机械启动机构释放灭火剂的操作与控制方式。

当发出火灾警报,在延时时间内发现有异常情况,不需启动灭火系统进行灭火时,可按下手动控制盒或火灾自动报警气体灭火控制器上的紧急停止按钮,即可阻止控制器灭火指令的发出。

## (三)消火栓系统

消火栓系统是利用消防给水系统提供的水扑灭与水接触不会引起燃烧的火灾而设置的固定消防设施,一般由蓄水池、加压送水装置(水泵)及消火栓等主要设备构成,分为室外消火栓系统和室内消火栓系统两种。

### 1. 室外消火栓系统

室外消火栓系统由室外消火栓、供水管网和消防水池组成。供水管网中的消防管如图 6-8 所示,消防水池如图 6-9 所示。

室外消火栓(见图 6-10)主要供消防车从市政给水管网或室外消防给水管网取水实施灭火,也可以直接在消火栓上连接水带或水枪出水灭火。

室外消火栓的操作方法：铺开消防水带，将水带一头与水枪快速连接，另一头与消火栓连接，再打开消火栓出水阀门开关即可。地下消防栓上由于盖着厚重的井盖板，一般需由两个人用铁制的专用工具勾起井盖板，露出地下消防栓后再用加长的开关扳手深入到地下拧开阀门。

图 6-8　消防管

图 6-9　消防水池

图 6-10　室外消火栓

### 2. 室内消火栓系统

室内消火栓系统由室内消火栓设备（包括消火栓、水枪和水带）、给水管网消防水池或水箱组成。室内消火栓如图 6-11 所示。

室内消火栓的操作方法

室内消火栓系统

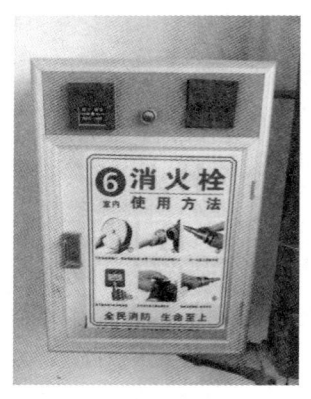
图 6-11　室内消火栓

室内消火栓一般由 2 人同时操作，具体操作方法如图 6-12 所示。

1.打开或击碎箱门，取出消防水带

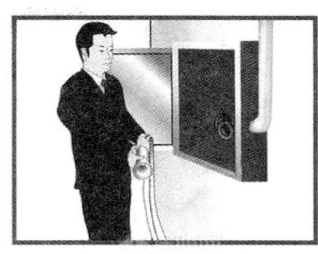
2.展开消防水带

3.水带一头接到消防栓接口上

4.另一头接上消防水枪

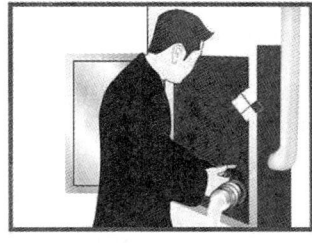
5.另外一人打开消防栓上的水阀开头

6.对准火源根部，进行灭火

图 6-12　室内消火栓的操作方法

（四）防烟排烟系统

火灾产生的烟气是十分有害的。火场的烟气包括烟雾、有毒气体和热气，不但影响到消防人员的扑救，而且会直接威胁被困人员的人身安全。火灾时，水平和垂直分布的各种空调系统、通风管道及竖井、楼梯间、电梯井等是烟气蔓延的主要途径。要把烟气排出建筑物外，就要设置防烟排烟系统，机械排烟系统可以减少着火层烟气及其向其他部位的扩散，利用加压进风可建立无烟区空间并可防止烟气越过挡烟屏障进入压力较高的空间。因此，防烟排烟系统能改善着火地点的环境，使建筑内的人员能安全撤离现场，使消防人员能迅速靠近火源，用最短的时间抢救被困人员，用最少的灭火剂在损失最小的情况下将火扑灭。此外，它还能驱除尚未形成易燃烧混合物的可燃性气体，避免轰燃或烟爆炸的产生；将火灾现场的烟和热及时排出，可减弱火势的蔓延，排除灭火过程中的障碍，是灭火的配套措施。

排烟有自然排烟和机械排烟两种形式。排烟窗、排烟井是建筑物中常见的自然排烟形式，它们主要适用于烟气具有足够大的浮力、能克服其他阻碍烟气流动的驱动力的区域。机械排烟可克服自然排烟的局限，有效地排出烟气。

防烟排烟系统由排烟阀、手动控制装置、排烟机、防烟排烟控制柜组成。火灾发生时，防烟排烟控制柜接到火灾信号，发出打开排烟机的指令，火灾区开始排烟，也可人为地通过手动控制装置进行人工操作，完成排烟功能。

（五）应急广播和应急照明

消防应急广播是火灾发生时主要的救灾指挥工具，火灾初期可用于广播通知人员疏散，后期可用于救灾指挥。

根据《火灾自动报警系统设计规范》（GB 50116—2013）的要求，控制中心报警系统应设置火灾广播,且应设置在走道、大厅等公共部位。

应急照明为人员疏散和发生火灾时仍需正常工作的场所提供照明,通常选用荧光灯,一般设置在楼梯间、走道、大厅、室内、楼梯口、安全出口等位置。

(六)安全疏散设施

安全疏散设施建立的主要目的是使人们能从发生火灾的区域,迅速撤离到安全区域,尽可能减少火灾造成的人员伤亡与财产损失,并为消防人员提供有利的灭火条件等。安全疏散设施主要有安全出口(包括疏散门、防火门等)、疏散走道、疏散楼梯间和楼梯、消防电梯、避难层和避难走道、应急照明和安全疏散指示标志(见图6-13)、应急广播、防烟排烟设施、屋顶直升机停机坪等。

图6-13 安全疏散指示标志

(七)灭火器

灭火器的种类很多,按其移动方式可分为手提式灭火器和推车式灭火器;按驱动灭火剂的动力来源可分为储气瓶式灭火器、储压式灭火器和化学反应式灭火器;按所充装的灭火剂则又可分为泡沫灭火器、干粉灭火器、卤代烷灭火器、二氧化碳灭火器、酸碱灭火器和清水灭火器等。我们常用的是干粉(分BC和ABC两类)灭火器、二氧化碳灭火器和泡沫灭火器。

**1. 干粉灭火器**

干粉灭火器主要通过在加压气体作用下喷出的粉雾与火焰接触、混合时发生的物理、化学作用灭火。主要用于扑灭油类、可燃气体、电气设备等初起火灾。

干粉灭火器的使用方法

干粉灭火器的使用方法:手提灭火器快速奔赴火场(见图6-14),在距燃烧处5 m左右放下灭火器,如在室外,应选择站在上风方向喷射。使用前先将灭火器上下颠倒几次,使筒内干粉松动、若灭火器为外置储气瓶式,则一只手紧握喷枪、另一只手提起储气瓶上的开启提环，如果储气瓶的开启方式是手轮式的，则向逆时针方向旋开，并旋到最高位置，随即提起灭火器灭火；若灭火器为储压式，则应先拔下保险销，然后一手握住喷射软管前端喷嘴，另一只手用力压下压把。

图 6-14　手提灭火器快速奔赴火场

干粉灭火器扑救可燃、易燃液体火灾时，应对准火焰根部扫射，如果被扑救的液体呈流淌状燃烧时，应对准火焰根部由近而远并左右扫射，直至把火焰全部扑灭。

用干粉灭火器时应注意灭火过程中始终保持直立状态，不得横卧或颠倒使用，否则不能喷粉；同时注意干粉灭火器灭火后应防止燃烧物复燃，因为干粉灭火器的冷却作用甚微，在燃烧物周围存在炽热物的情况下，灭火后易产生复燃。

## 2. 二氧化碳灭火器

二氧化碳灭火器主要依靠窒息作用和部分冷却作用灭火。二氧化碳灭火器主要用于扑救贵重设备、档案资料、仪器仪表、600 V 以下电气设备及油类的初起火灾。

二氧化碳灭火器使用方法

手提式二氧化碳灭火器的使用方法：手提灭火器至火灾现场，在距离燃烧物 5 m 左右处放下灭火器并拔出保险销；一只手握住喇叭筒根部的手柄，另一只手紧握启闭阀的压把，对于没有喷射软管的二氧化碳灭火器，应把喇叭筒往上扳 70°～90°；压下压把，对准火焰根部由近及远进行喷射（见图 6-15）。

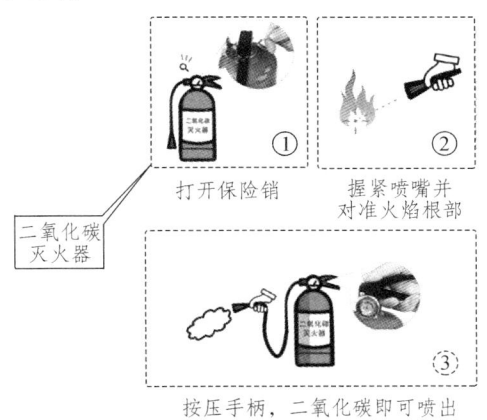

图 6-15　二氧化碳灭火器使用方法

推车式二氧化碳灭火器（见图 6-16）的使用方法：一般由两人操作，使用时两人一起将灭火器推或拉至火灾现场，在离燃烧物 10 m 左右处停下，一人快速取下喇叭筒并展开喷射软管后，握住喇叭筒根部的手柄，另一人快速按逆时针方向旋动手轮，并开到最大位置，对准火焰根部由近及远进行喷射。

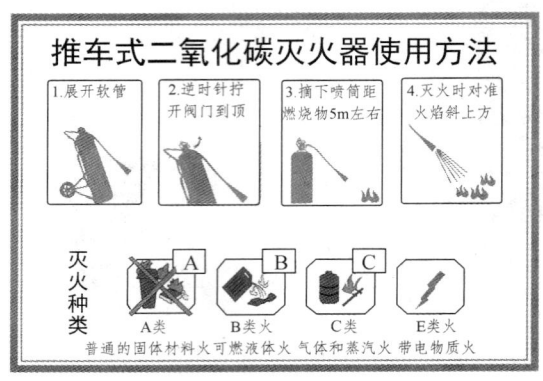

图 6-16　推车式二氧化碳灭火器使用方法

灭火时，当可燃液体呈流淌状燃烧时，使用者用二氧化碳灭火器由近而远进行喷射。如果可燃液体在容器内燃烧，使用者应将喇叭筒提起，从容器的一侧上部向燃烧的容器中喷射，但不能将二氧化碳射流直接冲击可燃液面，以防止将可燃液体冲出容器而扩大火势，造成灭火困难。

在使用二氧化碳灭火器时，操作者不能直接用手抓住喇叭筒外壁或金属连接管，以防止手被冻伤。在室外使用时，应选择在上风方向喷射。在室内窄小空间使用时，灭火后操作者应迅速离开，以防窒息。

### 3. 泡沫灭火器

泡沫灭火器通过筒体内酸性溶液与碱性溶液混合发生化学反应，将生成的泡沫压出喷嘴进行灭火。它主要用于扑救油类火灾，如汽油、煤油、柴油及苯、甲苯等的初起火灾，也可用于扑救一般固体物质火灾，不适于扑救带电设备火灾以及水溶性可燃易燃液体火灾。

泡沫灭火器

泡沫灭火器包括手提式泡沫灭火器、推车式泡沫灭火器和空气泡沫灭火器。

最常见的为手提式泡沫灭火器，其使用方法为：手提灭火器至火灾现场，右手握住喷嘴，左手抓住筒底边缘；颠倒灭火器呈垂直状态，用劲上下晃动，然后放开喷嘴；右手抓住筒耳，左手抓住筒底边缘，把喷嘴朝向燃烧区，站在离火源 8 m 处的地方喷射，并不断前进，围着火焰喷射，直至把火扑灭；灭火后，把灭火器卧放在地上，喷嘴朝下。

## 四、火灾自救与逃生

火灾自救与逃生是人们在遭受火灾严重威胁的情况下，为了保全自己的性命而采取的一种行为，是依靠个人的力量从着火场所撤离的一种行为。

火灾致死因素

（一）火灾致死因素

火灾中致人死亡的因素，主要包括以下几个。

### 1. 缺　氧

火灾发生时，燃烧的物体消耗了大量氧气，很容易造成室内缺氧，加上人在火场中过于紧张及快速奔跑，加大了对氧气的需求，更加容易出现缺氧症状。另外，火场燃烧中大量产生的二氧化碳，虽然其本身并无毒性，但它在火场中会降低空气中氧的含量，同样也会给人的生命安全造成威胁。在普通大火中，二氧化碳浓度增加到2%时，人就会感到呼吸困难，达到5%以上时，人便会窒息死亡。

### 2. 火　焰

烧伤主要是由人体与火焰直接接触或者热辐射引起的。如果皮肤温度在 66 ℃ 以上，仅持续 1 s 就会造成烧伤，所以任何人在没有保护措施的情况下是绝不能在火焰中穿行的。火焰的外焰温度比焰心温度高出几倍，所以，人在火场中千万不能靠近外焰。热辐射也容易把人灼伤，人在火场周围经常感到一股热浪迎面而来，这股热浪就是热辐射。火场中热辐射往往非常强，即使与火焰相隔几米远，人体也会被灼伤。

### 3. 高　温

高温对火场中的人员也具有危险性。火焰产生的热空气会引起人体烧伤、热虚脱、脱水和呼吸不畅。人的生存极限气温是 130 ℃，超过这个温度，就会使血压下降，毛细血管破坏，以致血液不能循环，严重的会导致脑神经中枢破坏而死亡。另外，物体发热还会使其强度下降、牢度降低，建筑物受热作用后容易倒塌。

### 4. 毒　气

火场中的有毒气体会对人体呼吸器官或感觉器官产生刺激，使人窒息或昏迷。火场中，一些材料燃烧后产生的气体种类很多，有时多达上百种，这种混合气体中包含着大量有毒气体，如一氧化碳、二氧化氨、硫化氢等。

大量火灾死亡统计资料显示，大部分人是因为吸入一氧化碳等有毒气体后在火场遇难。一般情况下，空气中一氧化碳含量达到1%时，人吸气数次后就会丧失知觉，经 1~2 min 就可能中毒死亡。即使是一氧化碳含量只有 0.5% 的气体，人体吸入 20~30 min 后也会有生命危险，甚至在火灾现场因吸入一氧化碳而昏倒的人被救醒后，往往还会留下不同程度的后遗症。

### 5. 烟

很多人认为，火灾中导致死亡的主要原因是被火灼烧。其实，物体燃烧后产生的烟气，才是致死的主要原因。烟是物体燃烧的产物，其由微小的固体、气体颗粒组成。建筑物起火后，大多数受害者首先见到的是烟。烟的迅速蔓延会使灾者呼吸困难，心率加快，判断力下降，从而出现恐慌心理。更加严重的是，烟降低了能见度，隐蔽了逃生线路，恶化了人员疏散条件。

在火灾现场，人们经常会见到既没有烧伤又无压伤的尸体。科学家对火灾中人的死亡原因进行统计分析，发现因缺氧窒息和中毒死亡的人数要占70%以上。因此可以说，火场上的浓烟比烈火更可怕，烟气是火场上的真正"杀手"。

## （二）火灾逃生时人的心理

### 1. 向光性

在火场中，因浓烟遮住了人们的视线或夜间突然停电导致照明灯熄灭，火场漆黑一片，人们会感觉不适应和惧怕。此时，人们趋向于去能见度好的地方躲避。通常情况下，烟雾少能见度高的地方距火点更远，如有安全疏散通道，朝明亮方向逃生无疑是最正确的。但若此方向无安全疏散通道或是火势蔓延的主要方向，那么这里虽能暂时减轻烟热危害，随着时间的推移和火势的发展，却可能成为最危险的地方。实际火场中，有时走廊或楼梯的一段做烟火封阻，若采取自我防护措施，果断冲过这一段光线昏暗处，也有很大的逃生可能。

因此，火灾情况下仅具有单纯的向光性是不可取的，应在判断分析的基础上慎重决定躲避的地点和方向。

### 2. 回返性

在公共场所的顾客、游客由于对环境不熟和对避难路线不了解，当发生火灾的时候，绝大多数是奔向来时的路线，作逆向返回的逃生。回返性是人们在环境生疏的状况下的一种反应，具有普遍性。如果该通道畅通，则可逃生；倘若该通道被烟火封阻，则会感到无路可逃，从而丧失信心，严重影响逃生的进行。

为了避免上述情况的出现，要求公共场所管理者在大厅或通道等处张贴"紧急情况安全疏散路线示意图"，让人们了解自我逃生的主要通道。

### 3. 从众性

从众性是在突发事件情况下，最容易发生的习惯性倾向。公共场所的人群在无任何指令或暗示的举动下形成的自然集结气氛下，容易盲目走向更危险的地方。

### 4. 习惯性

如果平常习惯乘电梯上下楼，火灾发生时人们也会习惯性地往电梯间走，从而造成错误的选择。

### 5. 暂避倾向

火灾中，在火、烟、热、毒存在的情况下，人们往往倾向于朝着不见烟和火焰的方向逃避，因而在逃生时仅着眼于脱离暂时的危险处境上。在意向性支配下，人们急于逃出火区的念头会导致出现无目的的乱跑乱窜或就地隐藏，钻入烟火暂时未延及的床下、桌下、厕所、卫生间等处，甚至从楼上跳下等情况。这样做往往会贻误自我逃生的时机，将自己置于更加危险的境地。实际上，火灾时的床、桌椅等都是会被燃烧的可燃物，不采取任何保护措施的洗手间的门也是可燃的，烟、热、毒气也足以达到使人无法忍受或致人死亡的地步。火灾时选择的暂避处所必须采取有效的措施保护，否则会获得相反的结果。

**6. 盲目臆断**

盲目臆断是人凭自己的主观意念支配自己行为的一种倾向，也称意向性。意向性容易发生于性格内向的人身上。当发生火灾时，自己虽然对逃生方法和路线不熟，对火势实际情况了解也很少，却往往会靠主观臆断或不切实际的幻想，盲目地决定自己的行动。这种人在火场上最不愿意听从别人的规劝和指挥，因而往往陷入最危险的境地。因此，发生火灾时，应听从在场工作人员的指挥，冷静地判断火灾实际情况。

（三）火灾逃生的原则

火灾逃生的原则为：确保安全、迅速撤离、顾全大局、救助结合。

"确保安全，迅速撤离"是指被火灾围困的人员或灭火人员，要抓住有利时机，就近、就便利用一切可利用的工具、物品，想方设法地迅速撤离火灾危险区。一个人的正确行为，能够带动更多人去跟随。不要因抢救个人贵重物品或钱财而贻误逃生良机。需要强调的是，如果逃生的通道均被封死，在无任何安全保障的情况下，不要急于采取过激的行为，以免造成不必要的伤亡。

"顾全大局，救助结合"包含以下三个方面的含义：

一是自救与互救相结合。当被困人员较多，特别是有老、弱、病、残、妇女、儿童在场时，要主动、积极帮助他们首先逃离危险区，有秩序地进行疏散。

二是自救与抢险相结合。火场是千变万化的，如不扑灭火灾，不及时消除险情，就可能会造成毁灭性灾害，带来更多的人员伤亡，给国家财产造成更大的经济损失。在能力和条件允许时要发扬自我牺牲精神，将自己的生死置之度外，千方百计、奋不顾身地消除险情，延缓灾害发生的时间。

三是当逃生的途径被火灾封死后，要注意保护自己，等待救援人员开辟通道，逃离火灾危险区。

（四）火灾自救与逃生的方法

火灾自救与逃生的方法分为十三诀。

（1）第一诀：逃生预演，临危不乱。

每个人对自己工作、学习或居住所在的建筑物的结构及逃生路径要做到了然于胸，必要时可集中组织应急逃生预演，使大家熟悉建筑物内的消防设施及自救逃生的方法。

请记住：事前预演，临危不乱。

（2）第二诀：熟悉环境，暗记出口。

当你进入陌生环境时，为了自身安全，务必留心疏散通道、安全出口及楼梯方位等，以便关键时候能尽快逃离现场。

请记住：居安思危，预留通路。

（3）第三诀：通道出口，畅通无阻。

楼梯、通道、安全出口等是火灾发生时最重要的逃生之路，应保证畅通无阻，切不可堆放杂物或设闸上锁，以便紧急时能安全迅速地通过。

请记住：自断后路，后患无穷。

（4）第四诀：扑灭小火，惠及他人。

当发生火灾时，如果发现火势并不大，周围有足够的消防器材，应奋力将小火控制扑灭；千万不要惊慌失措地置小火于不顾而酿成大灾。

请记住：争分夺秒，扑灭小火。

（5）第五诀：保持镇定，明辨方向，迅速撤离。

突遇火灾，面对浓烟和烈火，首先要保持镇定，迅速判断危险地点和安全地点，决定逃生的办法，尽快撤离险地。千万不要盲目地跟从人流和相互拥挤、乱冲乱窜。撤离时要注意朝明亮处或外面空旷地方跑，要尽量往楼层下面跑，若通道已被烟火封阻，则应背向烟火方向撤离，通过阳台、窗户、天台等往室外逃生。

请记住：沉着镇定，化险为夷。

（6）第六诀：不入险地，不贪财物。

身处险境，应尽快撤离，不要因害羞或顾及贵重物品而把宝贵的逃生时间浪费在穿衣或寻找、搬离贵重物品上。已经逃离险境的人员，切莫重返险地。

请记住：莫惜钱财，生命第一。

（7）第七诀：简易防护，蒙鼻匍匐。

逃生时经过充满烟雾的路线，要防止烟雾中毒，预防窒息。可采用毛巾、口罩蒙住口鼻，匍匐撤离的办法。烟气比空气轻时，飘于空气上部，所以贴近地面撤离是避免烟气吸入、滤去毒气的最佳方法。穿过烟火封锁区，如果没有护具，可向头部、身上浇冷水或用湿毛巾、湿棉被、湿毯子等将头部、身体裹好再冲出去。

请记住：尽量防护，安全逃生。

（8）第八诀：善用通道，莫入电梯。

电梯的供电系统在火灾时随时会断电，电梯也会因热作用变形，而使人被困在电梯内，同时由于电梯井犹如贯通的烟囱直通各楼层，有毒的烟雾会直接威胁被困人员的生命，因此，千万不要乘普通的电梯逃生。

请记住：电梯逃生，自陷困境。

（9）第九诀：缓降逃生，滑绳自救。

高层、多层公共建筑内一般都设有高空缓降器或救生绳，人员可以通过这些设施安全地离开危险楼层。如果没有这些专用设施，而安全通道又已被堵，且救援人员不能及时赶到，可以迅速利用身边的绳索或床单、窗帘、衣服等自制简易救生绳，并用水打湿，从窗台或阳台沿绳缓慢滑到下面楼层或地面逃生。

请记住：胆大心细，善用工具。

（10）第十诀：避难场所，固守待援。

逃生通道被切断且短时间内无人救援时，可采取创造避难场所、固定待援的办法。首先应关紧迎火面的门窗，打开背火面的门窗，用湿毛巾或湿布塞堵门窗缝或用水浸湿棉被蒙上门窗，然后不停用水淋透房间，防止烟火渗入，固守在房内，直到救援人员到达。

请记住：冒险逃生，莫若等待。

（11）第十一诀：缓晃轻抛，寻求援助。

被烟火围困暂时无法逃离的人员，应尽量待在阳台、窗口等易于被人发现和能避免烟火近身的地方。在白天，可以向窗外晃动鲜艳衣物，或向外抛掷轻型显眼的东西；在晚上可以用手电筒不停地在窗口闪动或者敲击东西，及时发出有效的求救信号，引起救援者的注意。通常消防人员进入室内都是沿墙壁摸索行进，所以在未因烟气造成窒息失去自救能力时，应努力停在墙边或门边，便于消防人员寻找、营救。此外，在墙边也可防止房屋结构塌落砸伤自己。

请记住：暴露自己，吸引注意。

（12）第十二诀：火已及身，切勿惊跑。

火场上的人如果发现身上着火，千万不可惊跑或用手拍打，因为奔跑或拍打时会形成风势，加速氧气的补充，促旺火势。当身上衣服着火时，应赶紧脱掉衣服或就地打滚，压灭火苗。如能及时跳进水中或让人往自己身上浇水、喷灭火剂则更有效。

请记住：滚压灭火，及时脱险。

（13）第十三诀：跳楼有术，虽损求生。

身处火灾烟气中的人，精神上往往陷于极端恐慌和接近崩溃，极易导致伤害性行为，如跳楼逃生。应该注意的是：只有消防队员准备好救生气垫并指挥跳楼时才能采取跳楼的方法。跳楼也要讲技巧，跳楼时应尽量往救生气垫中部跳或选择有水池、草地的方向跳；如有可能，要尽量抱些棉被、沙发垫等松软物品或打开大雨伞跳下，以减缓冲击力。

请记住：绝处跳楼，慎选方法。

## 五、火灾人员疏散

《中华人民共和国消防法》于1998年4月29日第九届全国人民代表大会常务委员会第二次会议通过，2008年10月28日第十一届全国人民代表大会常务委员会第五次会议修订，2021年4月23日第十三届全国人民代表大会常务委员会第二十八次会议修正。其内容包括：第一章总则、第二章火灾预防、第三章消防组织、第四章灭火救援、第五章监督检查、第六章法律责任和第七章附则。

《中华人民共和国消防法》对人员密集场所的现场工作人员在发生火灾时如何组织人员疏散进行了明确要求。其中，第四十四条规定："人员密集场所发生火灾，该场所的现场工作人员应当立即组织、引导在场人员疏散。"第六十八条规定：人员密集场所发生火灾，该场所的现场工作人员不履行组织、引导在场人员疏散的义务，情节严重，尚不构成犯罪的，处五日以上十日以下拘留。"

### （一）安全疏散设计

火灾事故中对人员疏散的要求是当火灾发展到对人员构成危险之前，能将所有人员疏散至安全区域。对于人员密集场所，火灾情况下人员的安全疏散是消防安全设计的根本目标。

安全疏散设计是要根据建筑物的高度、规模、使用性质、耐火等级和人在火灾事故时的心理状态与行为特点，合理设置安全疏散和避难设施，包括疏散出口、疏散走道与避难走道、疏散楼梯与楼梯间、避难层（间）以及疏散指示标志等辅助设施，为人员的安全疏散创造有利条件。

### 1. 疏散出口

疏散出口包括安全出口和疏散门。

安全出口是供人员安全疏散用的楼梯间、室外楼梯的出入口或直通室外安全区域的出口。为了在发生火灾时能够迅速安全地疏散人员，在安全疏散设计时须保证足够数量的安全出口。每座建筑或每个防火分区的安全出口数目不应少于 2 个。安全出口应分散布置，并有明显的标志。

疏散门是直接通向疏散走道的房间、直接开向疏散楼梯间的门（如住宅的户门）或通向室外的门。疏散门是人员安全疏散的主要出口，其设置应满足下列要求。

（1）疏散门应朝疏散方向开启。

（2）民用建筑及厂房的疏散门应采用平开门的形式。

（3）当门开启时，门扇不应影响人员的紧急疏散。

（4）公共建筑内安全出口的门应设置在火灭时从内部易于开启的位置。

（5）人员密集的公共场所，疏散出口不应设置门槛。

### 2. 疏散走道与避难走道

疏散走道是指发生火灾时，建筑内人员从火灾现场逃往安全场所的通道。疏散走道的设置应保证逃离火场的人员进入走道后，能顺利地继续通行至楼梯间，到达安全地带。

避难走道是指设置防烟设施且两侧采用防火墙分隔，用于人员安全通行至室外的走道。

### 3. 疏散楼梯与楼梯间

楼梯是建筑物发生火灾时最主要的垂直疏散设施。为了提高安全可靠程度，疏散楼梯应满足以下防火要求：

（1）疏散楼梯宜设置在标准层（或防火分区）的两端。

（2）疏散楼梯宜靠近电梯设置。

（3）疏散楼梯宜靠外墙设置。

楼梯间有敞开式、封闭式、防烟式等种类。疏散楼梯间应满足以下要求：

（1）楼梯间应能天然采光和自然通风，并宜靠外墙设置。

（2）楼梯间不应设置烧水间、可燃材料储藏室。

（3）楼梯间不应设置卷帘。

（4）楼梯间不应有影响疏散的突出物或其他障碍物。

（5）楼梯间不应敷设或穿越甲、乙、丙类液体的管道。

（6）除通向避难层错位的疏散楼梯外，不应改变建筑中的疏散楼梯间在各层的平面 位置。

### 4. 避难层（间）

避难层是超高层建筑中专供发生火灾时人员临时避难使用的楼层。为保证避难层在建筑物起火时能正常发挥作用，避难层应至少有两个不同的方向可供疏散时选择。通向避难层的防烟楼梯间，其上、下层应错位或断开布置，以便为疏散人员提供继续疏散还是停留避难的选择机会。

### 5. 逃生疏散辅助设施

逃生疏散辅助设施主要包括以下几种：
（1）疏散指示标志。
（2）避难袋。
（3）缓降器。
（4）避难滑梯。
（5）室外疏散救援舱。
（6）缩放式滑道。

## （二）安全疏散组织

根据《中华人民共和国消防法》的规定，人员密集场所的现场工作人员具有引导在场人员疏散的义务。因此，要求现场工作人员不仅应掌握火场逃生的技能，熟悉逃生路线、安全出口的位置，能够进行火灾自救和逃生，更要履行组织疏散的义务，确保发生火灾时能够及时引导人员疏散和协助救援。

（1）冷静面对现场情况，及时做出是否需要组织人员疏散的判断。
（2）快速选择最适宜的疏散方向与疏散出口。
（3）通过喊话、手势等方式告知现场人员开始疏散。
（4）指挥疏散人群进入安全通道，对误入电梯或非安全通道的人员，阻止并引导其进入正确通道。
（5）告知现场人员自救方法，遇到浓烟时保持捂口、匍匐前进等。
（6）劝说不愿疏散的人员放弃手中物品或工作，尽快进行疏散。
（7）帮助老人、孩子和其他行动不便的人员进行疏散。
（8）搜索现场，确认是否有未疏散的人员。
（9）疏散后，向单位消防安全负责人或专业救援人员报告所在区域的人员疏散情况。

# 任务四　设备安全管理

### 任务描述

城市轨道交通系统的机电设备主要包括供电系统，通信系统，信号系统，通风、空调和采暖系统，给排水和消防系统，火灾自动报警系统，环境与设备监控系统，自动售检票系统，自动扶梯、电梯和自动人行道，屏蔽门与防盗门以及电客车等。在考虑安全问题时，还应考虑设备本身是否安全。

**任务目标**

1. 知识目标

（1）熟悉电气安全常识、电气化线路安全要求。
（2）了解高压电气安全知识、电焊作业安全知识。

2. 能力目标

（1）了解城市轨道交通机械安全知识。
（2）掌握屏蔽门安全知识。

3. 职业素养目标

（1）精益求精、严谨细致、操作规范。
（2）安全意识、协作意识、服务意识。

**知识储备**

## 一、电气安全

电能具有便于输送、容易控制和利用效率高等特点，在城市轨道交通领域有着广泛的应用。但是如果我们对其可能产生的危害认识不足，缺乏用电安全知识，使用不当，控制和防护措施不到位，安全管理不到位或运行维护不当等，一旦发生异常情况，极易造成人身伤害、财产损失或使运营服务受阻等。因此，城市轨道交通运营企业必须加强对电气安全的管理与人员电气安全知识的培训。

（一）电气安全基本常识

1. 电气事故的特点

（1）危害大。电气事故往往会影响生产和生活，造成财产损失、人身伤害甚至可能造成人员死亡，影响社会秩序。

（2）电气事故所引发的危险难以直接识别。由于电能看不见、听不到、嗅不着，比较抽象，不具备可直接识别的特征。

（3）电气事故涉及领域广。电气事故不仅发生在用电领域（如触电、设备和线路故障等），还可能发生在非用电场所，这是因为电能的释放也会造成灾害或伤害（如雷电、静电和电磁场危害等）。

2. 触电事故种类及电流对人体的危害

触电伤害指电流流过人体时对人体产生的生理和病理伤害。触电事故是电流流经人体造成生理伤害的事故，如图 6-17 所示。

触电事故

（1）触电事故的种类。触电事故可分为电击和电伤两种类型。

① 电击：电击是电流通过人体或动物体而引起的病理、生理效应，也就是通常说的触电。

绝大部分触电事故都是由电击造成的。电击可分为直接接触电击和间接接触电击。前者是触及正常状态的带电体时发生的电击，后者是触及正常状态下不带电而在故障状态下意外带电的带电体时发生的电击。

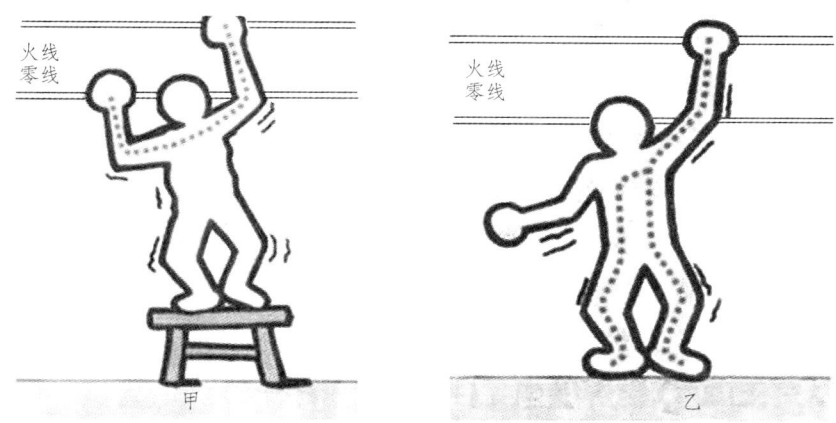

图 6-17　触电事故

② 电伤：电伤是电流的热效应、化学效应、机械效应对人体外部组织或器官造成的伤害。如电弧烧伤、电灼伤、电烙印、皮肤金属化、机械性损伤、电光眼。

（2）电流对人体的危害。电流对人体的危害程度与通过人体的电流大小、通电持续时间、电流的种类、电流通过途径、触电者的健康状况以及作用于人体的电压等因素有关。

① 通过人体的电流大小。电流越大，生理反应越强烈，病理状态越严重，伤害越大。

② 通电持续时间。电流通过人体的持续时间越长，越容易引起心室颤动，触电后果越严重。

③ 电流的种类。直流、交流和高频电流对人体的危害程度不同，通常工频电流对人体的危害最为严重。

④ 电流通过途径：电流对人体的危害程度主要表现在心脏受损的程度，不同通过途径的电流对心脏有不同的损害程度。最危险的电流通过途径是从左手到前胸，从左手到脚或从右手到左手的电流通过途径也较危险。

⑤ 触电者的健康状况。触电者的性别、年龄、健康状况、精神状态和人体电阻都会影响触电后果。心脏病、肺病、内分泌失调及精神病等患者的触电后果最严重，死亡率最高。

⑥ 作用于人体的电压。作用于人体的电压越高，通过人体的电流就越大，对人体的伤害也越严重。我国规定适用于一般环境的安全电压为 36 V。

3. 电气安全常识

（1）不得私拉、乱拉电线，不得私用电炉。

（2）不得超负荷用电，不得随意加大熔断器的熔体规格或以铜丝、铁丝代替原有的铝锡合金熔丝（见图 6-18）。

电气安全常识

（3）装拆电线和电气设备应由电工负责，避免发生短路和触电事故。

（4）不能在电线上晾晒衣物，以防电线绝缘破损，漏电伤人。不得用电暖器烘烤衣服（见图 6-19）。

图 6-18 超负荷用电

图 6-19 在电线上晾晒衣物

（5）不得在架空线路和室外变配电装置附近放风筝，以免造成短路或接地故障。

（6）不得用鸟枪或弹弓打停在电线上的鸟，以免击毁线路绝缘子。

（7）不得攀登电线杆和变配电装置

（8）移动电器的插座一般应采用带保护接地插孔的插座。

（9）所有可能被人触及的设备外露可导电部分必须接地，或者接中性线（PEN 线）或保护线（PE 线）。

（10）当电线断落在地上时，不可走近，不能用手去捡。对落地的高压线，禁止人员进入距离落地点 8～10 m 的区域内；如果高压线落地时已有人在 8～10 m 的区域内，不要跨步奔走，应单足跳离危险区，以防因跨步电压触电。遇断线接地故障，应划定禁止通行区，派人看守并及时通知电工或供电部门前往处理。

（11）在打扫卫生、擦拭设备时，严禁用水冲洗，或用湿抹布擦拭电气设备，以防发生短路和触电事故。

(12)如遇有人触电,应按规定方法进行急救处理。

(二)触电事故防护

触电事故可分为直接触电和间接触电两种。这两种事故发生在电路或电气设备的不同状态下,因而防护措施也不相同。

**1. 直接触电防护措施**

直接触电防护措施主要有绝缘、屏护和间距等。

(1)绝缘。

绝缘是用绝缘材料把带电体封闭起来。电气设备的绝缘应符合其相应的电压等级、环境条件和使用条件。绝缘良好是保证设备正常运行的必要条件;绝缘不良会导致设备漏电、短路,从而引发设备损坏甚至触电事故。因此,绝缘是最基本的安全防护措施。

① 常用绝缘材料。

绝缘材料又称电介质,它在直流电压的作用下,只有极小的电流通过。电工技术上将电阻率大于 $10^7\Omega\cdot m$ 的材料称为绝缘材料。绝缘材料按形态可分为气体绝缘材料、液体绝缘材料和固体绝缘材料;按化学性质可分为无机绝缘材料、有机绝缘材料和混合绝缘材料。

常用的气体绝缘材料有空气、氮气、氢气、二氧化硅和六氟化硫等;常用的液体绝缘材料有矿物油、硅油、蓖麻油等;常用的混合绝缘材料有电工陶瓷、云母、玻璃、绝缘纤维制品、绝缘浸渍纤维制品、绝缘漆、绝缘胶、电工薄膜、胶黏带、电工用塑料和橡胶等。

② 绝缘破坏。

绝缘材料在运行中其电气性能逐渐恶化甚至被击穿而发生短路或漏电事故的现象被称为绝缘破坏。绝缘破坏分为绝缘击穿和绝缘老化两种情况。

(2)屏护。

屏护是通过遮栏、护罩、护盖、箱盒、挡板等把带电体与外界隔离开来的防护措施。常见的屏护装置如下:

① 防止工作人员意外碰触或过分接近带电体的装置,如遮栏、栅栏、保护网、围墙等。
② 检修部位与带电部位的距离小于安全距离时的安全装置,如绝缘隔板等。
③ 保护电气设备使其不受机械损伤的装置,如低压电器的箱、盒、盖、罩、挡板等。

屏护装置应与带电体保持足够的安全距离,并根据现场需要配以明显的标志以引起人们的注意,还应有足够的力学强度和良好的耐火性能。金属材料制造的屏护装置应可靠接地或接零。遮栏、栅栏应根据需要挂标示牌。遮栏出入口的门上应安装信号装置和联锁装置。

(3)间距。

为防止发生触电事故、设备短路或接地故障,带电体与带电体之间、带电体与地面之间、带电体与其他设备之间,必须保持一定的安全距离或安全间距。安全距离的大小取决于电压等级、设备状况和安装方式等因素。

安全距离的项目较多,其中人员与各电压等级下的安全距离如表6-1所示。

在架空线路附近进行起重作业时,起重机具(包括被吊物)与线路导线之间的安全距离如表6-2所示。

表 6-1　人员与各电压等级下的安全距离　　　　　　　　　　　单位：mm

| 电压等级 | 无防护栅 | 有防护栅 |
|---|---|---|
| 110 kV | 1 500 | 1 000 |
| 35（33、20）kV | 1 000 | 600 |
| 10 kV（直流 1 500 V）及以下 | 700 | 350 |

表 6-2　起重机具（包括被吊物）与线路导线之间的安全距离　　单位：mm

| 电压 | 1 kV 以下 | 10 kV | 35 kV |
|---|---|---|---|
| 沿垂直方向 | 1 500 | 3 000 | 4 000 |
| 沿水平方向 | 1 500 | 2 000 | 3 500 |

机动车道与外电架空线路交叉时，架空线路的最低点与路面的安全距离见表 6-3。

表 6-3　架空线路最低点与路面的安全距离　　　　　　　　　　单位：m

| 电压 | 1 kV 以下 | 10 kV | 35 kV |
|---|---|---|---|
| 最小垂直距离 | 6.0 | 7.0 | 7.0 |

**2．其他触电防护技术**

（1）双重绝缘和加强绝缘。

双重绝缘是指除基本绝缘（工作绝缘）外，还有一层独立的附加绝缘（保护绝缘），用来保证在基本绝缘损坏时，对操作者进行触电保护。工作绝缘是带电体与不可触及的导体之间的绝缘，是保证设备正常工作和防止电击的基本绝缘；保护绝缘是不可触及的导体与可触及的导体之间的绝缘，是当工作绝缘损坏后用于防止电击的绝缘。

加强绝缘是指对绝缘材料力学强度和绝缘性能都进行加强了的基本绝缘，它具有与双重绝缘相同的触电保护能力。

具有双重绝缘的电气设备的工作绝缘电阻不得低于 2 MΩ，保护绝缘的绝缘电阻不得低于 5 MΩ，加强绝缘的绝缘电阻不得低于 7 MΩ。

（2）安全电压。

安全电压是在一定条件下、一定时间内不危及生命安全的电压。它是根据人体电阻、安全电流、环境条件而制定的电压系列。我国根据工频电压有效值的额定值大小，将安全电压分为 42 V、36 V、24 V、12 V、6 V 五个等级。

凡是在特别危险的环境中使用的携带式电动工具均应采用 42 V 安全电压；凡是在有电击危险的环境中使用的手持照明灯和局部照明灯均应采用 36 V 或 24 V 安全电压；在金属容器内、隧道内、水井内以及周围有大面积接地导体等工作地点狭窄、行动不便的环境中应采用 12 V 安全电压；水下作业及接触人体的医疗器械等应采用 6 V 安全电压。

安全电压是相对安全的电压，而非绝对安全的电压。因此，应用安全电压时应注意下列事项。

① 采用安全隔离变压器的电源，不得采用电阻降压或自耦变压器。安全隔离变压器的一次侧与二次侧之间应有良好的绝缘，其间还可用接地的屏蔽进行隔离。安全电压侧应与一次

侧保持双重绝缘。

② 安全电压回路必须与其他电气系统和任何无关的可导电部分保持电气隔离，防止接地（不得与大地、中性线、保护零线、水管、暖气管道等连接），但安全隔离变压器的铁芯应该接地。

③ 安全电压的插销座不得带有保护插头或插孔，并应有防止与其他电压等级的插销座互相插错的安全措施。

（3）电气隔离。

电气隔离指工作回路与其他回路实现电气上的隔离电气隔离是通过1∶1（即一次侧、二次侧电压相等）的隔离变压器来实现的，并通过阻断在二次侧工作的人员单相触电时电流的通路来确保人身安全。

电气隔离的电源变压器必须是隔离变压器，二次侧必须保持独立，应保证电源电压不超过 500 V、线路长度不超过 200 m。

（4）漏电保护。

漏电保护装置主要用于防止由漏电引起的触电事故或单相触电事故，也用于防止漏电火灾及监视或切除单相接地故障。漏电保护装置有电压型和电流型两大类，目前世界各国广泛采用电流型。

电流型漏电保护装置的动作电流分为 0.006 A、0.01 A、0.015 A、0.03 A、0.05 A、0.075A、0.1 A、0.2 A、0.3 A、0.5 A、1 A、3 A、5 A、10 A、20 A 共十五个等级。其中 30 A 及以下的属高灵敏度，主要用于防止触电事故；30 A 以上、1 000 A 及以下的属中灵敏度，主要用于防止漏电火灾和触电事故；1 000 A 以上的属低灵敏度，主要用于防止漏电火灾和监视单相接地故障。为了避免误动作，漏电保护装置的额定不动作电流不得低于额定动作电流的1/2。

漏电保护装置的动作时间指动作时的最大分断时间。为了防止各种触电事故的发生，漏电保护装置宜采用高灵敏度、快速型，其额定动作电流与动作时间的乘积不超过 30 mA·s。

以下场所必须安装漏电保护装置：

① 建筑施工场所、临时线路的用电设备。

② 除Ⅲ类设备外的手持式电动工具、除Ⅲ类设备外的移动式日常生活电器、其他移动式机电设备及触电危险性大的用电设备。

③ 潮湿、高温、金属占有系数大的场所及其他导电良好的场所，以及锅炉房、水泵房、浴室、医院等场所。

④ 新制造的低压配电盘、动力柜、开关柜、操作台、试验台等。

（三）雷电危害及安全防护

雷电是自然界的一种大气放电现象。当雷电流过地表的被击物时具有极大的破坏性，其电压可达数百万伏至数千万伏，电流达几十万安，可能造成人畜伤亡、建筑物燃烧或炸毁、供电线路停电、电气设备损坏及电子系统中断等严重事故。

**1. 雷电的种类**

从危害角度分类，雷电可分为直击雷、感应雷和雷电侵入波三种。

从形状角度分类，雷电可分为片状雷、线状雷和球状雷三种。其中最常见的是线状雷。

球状雷是雷电放电时产生的球状发光带电气体。

**2. 雷电的危害**

雷电有很大的破坏力,会产生电性质、热性质、机械性质等多方面的破坏作用,造成设备或设施的损坏,大面积停电和生命财产损失。其危害类型主要有火灾、爆炸、触电、设备和设施损坏、大面积停电等。

雷电的危害

**3. 雷电安全防护**

(1)雷暴时,应尽量不要在户外或野外逗留。必须在户外或野外时,最好穿塑料材质且不浸水的雨衣、胶鞋。如有条件,可进入有宽大金属构架或有防雷设施的建筑物、汽车或船只。

(2)雷暴时,应尽量离开小山、小丘、隆起的小道、水面及水陆交界处,应尽量避开铁丝网、金属晒衣绳、旗杆及烟囱附近,不宜躲在大树下,不宜进入没有防雷设施的低矮建筑物。

(3)若遇到突发雷雨,当头发变硬或竖起来时,应该蹲下,降低自己的高度,同时将双脚并拢,减少电压带来的危害。

(4)若在高架、地面线路上遇到打雷,应尽量远离接触轨设备,双脚并拢蹲下,尽可能使身体高度低于周围设备设施,利用打雷的间隙,及时回到室内避雷、避雨。

(5)雷暴时,在室内应离开照明线、动力线、电话线、广播线、收音机和电视机电源线、收音机和电视机天线以及与其相连的各种金属设备。

(6)打雷时,应停止地面段及高架段接触轨区域的作业。禁止在露天段接触轨设备或与露天段接触轨设备有电气相连的设备上作业。

(7)雷雨天气时要注意关闭门窗。

## (四)静电危害与消除

**1. 静电的产生**

最常见的静电产生方式是接触-分离起电。当两种物体接触,其间距小于 $2.5×10^{-7}$ cm 时将发生电子转移,并在分界面两侧出现大小相等、极性相同的网层电荷。当这两种物体迅速分离时会产生静电。

下列情况比较容易产生和积累危险静电。

(1)固体物质大面积摩擦。

(2)固体物质的粉碎、研磨过程,粉体物料的筛分、过滤、输送、干燥过程,悬浮粉尘的高速运动。

(3)在混合器内搅拌各种高电阻率物质。

(4)高电阻率液体在管道中高速流动、液体喷出管口、液体注入容器。

(5)液化气体、压缩气体或高压蒸汽在管道中流动或由管口喷出。

(6)穿化纤面料衣服、绝缘鞋的人员在操作时行走、起立等。

**2. 静电的特点**

(1)电压高。

静电虽然能量不大,但其电压很高。固体静电电压可超过 $2.5×10^5$ V,液体静电和粉尘静电电压可达数万伏，气体静电和蒸汽静电电压可超过 1 000 V 以上，人体静电电压也可超过 1 000 V。

（2）泄漏慢。

由于积累静电的材料的电阻率都很高，故静电泄漏很慢。即使在产生静电的过程停止以后的较长一段时间内，也仍然存在静电危险。

（3）产生感应电压。

由于静电感应或感应起电，可能在导体上产生很高的电压，导致出现危险的火花。

（4）影响因素多。

静电的产生和积累受材质、杂质、物料特征、工艺设备（如几何形状、接触面积）和工艺参数（如作业速度）、湿度和温度、带电历程等因素的影响。由于静电的影响因素多，静电事故的随机性也强。

### 3．静电的危害

静电既可能引起爆炸和火灾，也可能使人遭到电击（见图 6-20），还可能妨碍生产。其中，爆炸和火灾是最为严重的静电危害。

图 6-20　静电现象

### 4．防静电措施

（1）环境危害程度控制。

静电引起爆炸和火灾的条件之一是有爆炸性混合物存在。为了防止静电危害，可采取取代易燃介质、降低爆炸性混合物的浓度、减少氧化剂含量等措施控制所在环境的爆炸和火灾危害程度。

（2）工艺控制法。

工艺控制法就是在工艺流程、设备结构、材料选择和操作管理等方面采取适当的措施，限制静电的产生或控制静电的积累，降低其危害的程度。

（3）泄漏导走法。

泄漏导走法即在工艺过程中，采用空气增湿、加抗静电剂、静电接地和规定静电时间的方法将带电体上的电荷向大地泄漏消散，以保证安全生产。

(4)采用静电中和器。

静电中和器是能产生电子和离子的装置。静电中和器产生的电子和离子能与物料上的静电电荷中和,从而消除静电的危害。静电中和器主要用来消除非导体上的静电。

(5)加强静电安全管理。

静电安全管理包括制定静电安全操作规程、静电安全指标、静电安全教育、静电检测管理等内容。

(6)人体防静电措施。

人体防静电主要是防止带电体向人体放电或减少人体带静电所造成的危害。可通过采用接地、穿防静电鞋和防静电工作服等具体措施来减少静电在人体的积累。

(五)常用电气设备安全

**1. 一般规定**

电气设备应符合现行国家标准的规定,并应有合格证件和铭牌。使用中的电气设备应保持完好的工作状态,严禁带故障运行。电气设备不得超铭牌规格使用。固定式电气设备标志应齐全。

**2. 配电箱和开关箱**

配电箱和开关箱应安装牢固,便于操作和维修。落地安装的配电箱和开关箱,设置地应平坦并高出地面,其附近不得堆放杂物。配电箱、开关箱的进线口和出线口宜设在配电箱、开关箱的下面或侧面,电源的引出线应穿管并设防水弯头。配电箱、开关箱内的导线应绝缘良好、排列整齐、固定牢固,导线端头应采用螺栓连接或压接。具有3个回路以上的配电箱总开关及分路开关,每一分路开关不应接2台或2台以上电气设备,不应供2个或2个以上作业组使用。照明、动力合一的配电箱应分别装设开关设备。配电箱、开关箱内安装的接触器、刀闸、开关等电气设备,应动作灵活,接触良好可靠,触头没有严重烧蚀现象。

**3. 熔断器和插座**

熔断器的规格应满足被保护线路和设备的要求;熔体不得分股或合股使用,严禁用金属线代替熔丝。熔体应有保护罩。管型熔断器不得无管使用;有填充材料的熔断器不得改装使用。熔体熔断后,必须查明原因并排除故障后方可更换,装好保护罩后方可送电。更换熔体时严禁采用不合规格的熔体。插销和插座必须配套使用。Ⅰ类电气设备应选用可接保护线的三孔插座,其保护端子应与保护地线或保护零线连接。

(六)手持电动工具和移动式电气设备安全

手持电动工具和移动式电气设备既是最常用的小型电气设备,也是容易造成触电事故的电气设备。手持电动工具包括手电钻、手砂轮、冲击电钻、电锤、手电锯等。移动式电气设备包括振捣器等。

### 1. 手持电动工具的分类

手持电动工具按电气安全保护措施分为Ⅰ、Ⅱ、Ⅲ类。Ⅰ类工具外壳为金属材质,电源部分具有绝缘性能,适用于干燥场所;Ⅱ类工具具有双重绝缘性能,不仅电源部分具有绝缘性能,外壳也是绝缘体,铭牌上有"回"字标记,适用于比较潮湿的作业场所;Ⅲ类工具采用安全电压,适用于特别潮湿的作业场所和在金属容器内作业的情况。

### 2. 触电危险性

手持电动工具和移动式电气设备是容易造成触电事故的电气设备,主要原因如下。

(1) 因为是手持工具或设备,外壳带电,易造成操作者触电,并且操作者一旦触电,由于肌肉收缩而难以摆脱带电体,容易造成严重后果。

(2) 由于工具和设备的移动性,其电源线容易受拉、磨而损坏,电源线连接处容易脱落而使金属外壳带电,进而造成严重后果。

(3) 工具和设备没有固定安装,运行时振动大,在恶劣的条件下运行时容易损坏而使金属外壳带电,导致触电事故发生。

### 3. 安全使用条件

(1) Ⅱ、Ⅲ类工具、设备没有保护接地或保护接零的要求,Ⅰ类工具、设备必须采取保护接地或保护接零措施,设备的保护线应接到保护干线上。

(2) 在潮湿或金属架构等场所作业,必须使用Ⅱ类或Ⅲ类工具、设备。在锅炉内、金属容器内、管道内等狭窄的特别危险场所作业,应使用Ⅲ类工具、设备。

(3) 在一般场所,为保证安全,应选用Ⅱ类工具、设备,并装设漏电保护器、安全隔离变压器等。否则,使用者必须戴绝缘手套、穿绝缘鞋或站在绝缘垫上。装设的漏电保护器的额定动作电流应不大于 15 mA,动作时间应不大于 0.1 s。

(4) 使用Ⅰ类工具、设备时应配套使用绝缘手套、绝缘鞋、绝缘垫等安全用具。

(5) 移动式电气设备的保护零线(或地线)不应单独敷设,而应与电源线采取同样的防护措施,即采用带有保护芯线的橡胶套软线作为电源线。

(6) 移动式电气设备的电源插座和插销应有专用的接零(地)插孔和插头。其结构应能保证插入时接零(地)插头在导电插头之前接通,拔出时接零(地)插头在导电插头之后拔出。严禁直接将电线的金属丝插入插座。

(7) 专用电缆不得有破损或龟裂,中间不得有接头。电源线与设备之间防止拉脱的紧固装置应保持完好。设备的软电缆及其插头不得任意接长、拆除或调换。

### 4. 使用要求

(1) 使用前根据铭牌,检查工具或设备的性能是否与使用条件相适应。

(2) 检查防护罩、防护盖、手柄防护装置等有无损伤、变形或松动。若发现外壳、手柄破裂,应停止使用并及时更换。

(3) 检查开关是否失灵、破损,是否牢固,接线是否松动。

(4) 电源线应采用橡皮绝缘电缆;单相用三芯电缆,三相用四芯电缆;电缆不得有破损或龟裂现象,中间不得有接头。

（5）Ⅰ类工具、设备应有良好的接零或接地措施，且保护导体应与工作零线分开；保护零线（或地线）应采用规定的多股软铜线，且保护零线（地线）最好与相线、工作零线在同一护套内。

（6）非专业人员不得擅自拆除和修理手持电动工具。

（7）严禁超载使用，使用时应注意声响和升温情况，发现异常应立即停机检查。

### （七）电焊安全

#### 1．电焊机通用要求

电焊机应集中设置并编号，室外的电焊机应设置在干燥场所，并应设棚遮蔽；电焊机的外壳应可靠接地，不得多台串联接地；电焊机的裸露导电部分应装设安全保护罩；电焊机的电源开关应单独设置；电焊把钳绝缘必须良好。

#### 2．线路安全要求

电焊机一次侧的电源线必须绝缘良好，不得随地拖拉，其长度不宜大于 5 m，且一次侧绝缘电阻不应低于 1 MΩ。电焊机二次侧的引出线宜采用橡皮绝缘铜芯软电缆，其长度不宜大于 30 m，且二次侧绝缘电阻不应低于 0.5 MΩ。严禁利用厂房、金属结构、管道、轨道和其他金属件搭接作导线用。电焊机应有可靠的接地接零措施，地线接头要牢固，禁止用钢丝绳或机电设备代替零线。

#### 3．防触电措施

要保证电焊机绝缘，并与所采用的电压等级相适应，防止周围环境和运行条件损坏绝缘。在潮湿地点作业时，应站在绝缘板或干木板上，采用护栏、护罩、盒箱等作为屏护，使带电体与外界隔开。另外，要保证设备的带电体与人体及其他设备保持一定间距。电焊机的电源上应装设隔离电器、主开关和短路保护装置，还可以安装空载自停装置。

#### 4．电焊作业环境

雷雨天气时禁止露天作业，禁止在带压力的容器和管道上施焊。在危险环境中，如在油槽、锅炉、管道等金属构件和狭小场所内作业时，要使用安全电压，并用橡胶垫绝缘，同时设专人监护。焊接容器时，要防止残留气体或液化气导致爆炸事故。

#### 5．防弧光辐射

电焊工应按规定穿戴防护服、手套、鞋盖及面罩。在焊接固定场所应设置防护屏。电焊工的防护用品还应能防止烧伤和射线伤害。

#### 6．通风防尘

在各类电焊作业中，焊接烟尘是一个严重的问题。烟尘中含有大量有害物质，因此在作业时应加强通风。在室内或密闭场所施焊时，应使用局部抽风装置，抽风罩要尽可能接近作业点。焊接前，要清除焊点周围的涂料、塑料和污物，以减少烟尘。

## 7. 防电焊引起的火灾

电焊作业过程中,会产生大量的电火花或炙热的焊渣,周围有可燃物时极易引起火灾,烫伤周围人员。

### (八)电气化线路电气安全

**1. 相关概念**

(1)接触网:沿轨道线路架设,向电客车供给电能的特殊形式的输电线路,包括柔性架空接触网、刚性架空接触网和接触轨(见图 6-21)。

图 6-21 接触网

(2)牵引轨:用来回流牵引电流的钢轨。
(3)隔离开关:用来在接触网无负荷情况下切断或闭合供电回路的电气设备。
(4)接触线:接触悬挂中与受电弓直接接触的传导电流的导线。
(5)承力索:接触悬挂中用来承受接触悬挂重量的缆索(见图 6-22)。

图 6-22 承力索

(6)接触轨区域:安装有接触轨的轨行区。

**2. 城市轨道交通电气化线路电气安全要求**

(1)接触网的各导线(如接触线、承力索、馈线、吊弦等)及其相连部件(如腕臂、定位器、定位管、拉杆、避雷器等）都带有高压电，禁止直接或间接（指通过任何物件，如棒条、导线、水流等）与上述设备接触。

（2）当接触网的绝缘不良时，其支柱、支撑结构及金属结构上，回流电缆与钢轨的连接点上，都有可能出现高电压，因此应避免与上述结构接触。

（3）为保证人身安全，任何人员及其携带的物体（经检测合格的绝缘工具除外）应与带电接触网、受流器保持足够的安全距离。1 500 V 的 DC 接触网的安全距离为 700 mm。

（4）进行在接触网上或与接触网的距离小于安全距离的作业前，接触网必须在停电并做好安全措施后方可开始作业。一般来说，安全措施是停电、验电、挂接地线和悬挂标志牌。

（5）接触网断线、部件损坏或接触网上挂有异物时，不得与其接触，并应对该处加以防护，任何人均应与断线落下点保持 8 m 以上的距离，以防跨步电压触电。

（6）当人员持木棒、竹竿、彩旗和皮鞭等物件走过道口并走近接触网下时，不允许高举、挥动物件，须使物件保持水平状态走过道口。

（7）汽车通过道口时，货物装载高度（从地面算起）不得超过 4.5 m。通过道口时，装载高度超过 2 m 的货物上严禁坐人。

（8）当区段内接触网停电并接地时，不得向该区段接发电客车。当司机发现接触网异常或出现故障时，要立即停车并降下受电弓。

（9）在接触网没有停电并接地的情况下，禁止到电客车、内燃机车及工程车车顶上进行任何作业。检修库内，在接触网停电并接地之前，禁止登上车顶平台。

（10）凡是可能进入接触轨区域的地方，都必须张贴"当心触电"警告标志。

（11）所有进入接触轨区域的人员，都必须穿绝缘鞋（或绝缘靴）和有高可见度的反光背心。

（12）除接触网专业人员按规定检修接触轨设备外，其他任何人员，即使在接触轨已经停电挂地线的情况下，也不得擅自接触或踩踏接触轨及其附件。

（13）安装有接触轨的轨行区需疏散乘客时，原则上接触轨应停电，做好安全防护后再组织疏散。

（14）倒闸操作、验电、挂拆接地线、处理接触网（轨）上异物时，操作人员必须戴高压绝缘手套。

（15）带电更换低压熔断器时，操作人员要戴防护眼镜，站在绝缘垫上，并要使用绝缘夹钳或戴绝缘手套。

（九）电气系统故障

电气系统故障引发的事故包括异常停电、异常带电、电气设备损坏、电气线路损坏、短路、断路、接地、电气火灾等。

异常停电指在正常生产过程中供电突然中断。异常停电会使生产过程陷入混乱，造成经济损失，甚至会造成人员伤亡。在工程设计和安全管理中，必须考虑到异常停电的可能，从技术和管理角度消除或尽量减少异常停电可能造成的损失。

异常带电指在正常情况下不应带电的设备设施或其中的部分意外带电。异常带电容易导致人员受到伤害，比异常停电危害更大。在工程设计和安全管理中，应当充分考虑到异常带电的可能，适当安装漏电保护器等安全装置和采取保护接地（零）措施，保证人员不受到伤害。

### （十）高压电气安全

运用中的电气设备是指全部带有电压、一部分带有电压或一经操作即带有电压的电气设备。电压等级在 1 000 V 及以上的电气设备称为高压电气设备，电压等级在 1 000 V 以下的电气设备称为低压电气设备。

#### 1. 一般安全规定

（1）变电站的所有电气设备自第一次受电开始即认定为带电设备，其之后的一切作业都必须按安全工作规程严格执行。

（2）停电甚至是因事故停电的电气设备，在断开有关的断路器和隔离开关并按规定做好安全措施前，任何人不得进入相关的设备区，且不得触摸该设备，以防突然来电造成事故。

（3）任何人发现有违反规程的情况应立即制止，经纠正后才能恢复作业。各类作业人员有权拒绝违章指挥和强令冒险作业；在发现直接危及人身、电网和设备安全的紧急情况时，有权停止作业或者在采取可能的紧急措施后撤离作业场所，并立即报告。

（4）在设备因事故停电时，若已派出人员到现场巡查，在未与现场人员取得联系前，不得对停电设备重新送电。

（5）作业人员进入电容器室（柜）内或在电容器上工作前，要将电容器足够放电，并在进行接地和做好其他安全措施后方可作业。

（6）当电气设备着火时，要立即将该设备电源切断，然后按规定采取有效措施灭火。

（7）在变电站内作业时，带电部分严禁用棉纱、人造纤维、汽油、酒精等易燃物擦拭，以防起火。

（8）在供电设备附近搬动梯子等较长、较大的工具、材料、部件时，要时刻注意与设备带电部分保持足够的安全距离。

#### 2. 高压设备巡视规定

一般情况下，变电所巡视需两人同时进行。安全等级不低于三级的人员才可单独巡视。当一人单独巡视时，无论高压设备是否带电都不得进行其他作业，禁止打开高压设备室（柜）的防护栅或进入其内。如要打开变电器室的防护栅，要注意与带电部分保持足够的安全距离，并要有安全等级不低于三级的人员在场监护。

#### 3. 倒闸操作规定

（1）由电力调度管辖的设备的倒闸操作，必须要由电力调度发布倒闸操作命令。遇到危及人身和设备安全的紧急情况，值班人员（巡检人员）可先行断开有关的断路器和隔离开关，再报告电力调度；再次合闸时，必须有电力调度的命令。

（2）倒闸操作必须由两人同时进行，一人操作，一人监护。就地操作时，操作人员和监护人员必须穿绝缘靴，同时操作人员还要戴绝缘手套。

#### 4. 高、低压设备作业规定

高、低压设备作业分为高压设备的停电作业、高压设备的不停电作业、低压设备作业三类。

（1）高压设备的停电作业。

高压设备的停电作业是指在停电的高压设备上进行的作业及在低压设备和二次回路、照明回路、消防等设备上进行的需要高压设备停电的作业，具体包括以下内容。

① 需检修的高压设备。
② 工作人员正常活动范围与高压设备带电部分的距离小于规定的安全距离时。
③ 在二次回路上进行作业，可能引起一次设备中断供电或影响其安全运行的有关设备。
④ 带电部分在工作人员后方、两侧上方或下方，且无可靠安全措施的设备。

（2）高压设备的不停电作业。

高压设备的不停电作业是指当作业人员与高压设备的带电部分之间保持规定的安全距离且没有偶然触及带电部分的危险时，许可在设备带电部分外壳附近进行的作业。

（3）低压设备作业。

低压设备作业分为在低压设备上进行的停电作业与不停电作业。

（十一）保证电气作业人员安全的组织措施和技术措施

为了保证电气作业人员安全，防止触电伤害，应采取以下组织措施和技术措施。

（1）组织措施：在进行电气作业时，将与检修、试验、运行有关的部门组织起来，加强联系，密切配合，在统一指挥下，共同保证电气作业安全。对于在电气设备上的作业，要制定工作票制度，工作许可制度，工作监护制度，工作间断、转移和终结制度。

（2）技术措施：指为防止电气作业人员触电而采取的技术措施，主要包括停电、验电、装设接地线、挂标识牌和装设遮栏。

## 二、机械安全

城市轨道交通机械设备具有价格昂贵、现代化程度高、精确性高、作业场所特殊等特点。作业场所要求足够明亮、通风良好、地面无积水和积油，其他安全要求如下。

（一）电客车安全要求

（1）轮对装置。轮对装置的作用是保证机车车辆在钢轨上的运行和转向。承受来自机车车辆的全部静载荷、动载荷，并把它们传递给钢轨。轮对装置应符合安全要求并装置完好，轮缘润滑装置功能应正常。

（2）制动装置。制动装置的作用是调节列车运行速度和及时、准确地在预定地点停车，保证列车安全、正点运行。要求功能完好，施加和缓解动作正常可控。

（3）减振装置。减振装置的作用是降低干扰力矩的能量，以衰减振动。要求外观及功能完好，无泄漏、无变形，且紧固良好。

（4）车底悬挂设备。车底悬挂设备主要包括各电气设备箱。要求箱盖须锁闭、紧固。

（5）驱动装置。驱动装置包括电动机、联轴器、齿轮箱。要求功能正常，没有卡死、变形及脱落的危险。

（6）车钩缓冲装置。车钩缓冲装置是用于使车辆与车辆、机车或动车互相连挂，传递牵引力、制动力并缓和纵向冲击力的车辆部件。它由车钩、缓冲器、钩尾框、从板等组成一个整体，安装于车底架构端的牵引梁内。要求其功能良好，没有变形，紧固良好。

（7）贯通道。贯通道的作用是允许乘客从一节车厢自由地走到另一节车厢并且使乘客感到安全和舒适。要求其装置完好，锁闭正常，无破损。

（8）车厢内立柱扶手，要求牢固，无松动，无裂纹。

（9）车厢天花板和活动盖板，要求安装牢固、锁闭，无脱落危险。

（10）车辆空气管道，要求安装牢固，无泄漏。

（11）受电弓。受电弓是从接触网受取电能的电气设备，其安装在车顶。要求功能正常，无变形、无损坏、无松动和脱落危险。

（12）车厢内消防设备，要求配备到位、稳妥，功能良好。

（13）司机室，要求有良好视野和适当通风，有便于司机操作车辆的环境。

（14）车辆逃生设备，要求功能正常。

（15）客室和司机室车门，要求关闭和锁闭功能良好。

（16）车辆设备的连接，要求紧固良好。

（17）空气压缩机。空气压缩机的作用主要是为制动和开关车门提供驱动用压缩空气。要求运行良好，没有空气和润滑油泄漏。

（18）车辆接地装置，要求功能正常，无损坏，无松动、断裂及脱落危险。

（19）车门保护功能。车门保护功能作用是当车门出现故障或夹人、夹物而没有完全关闭并锁好时，通过电气联锁使电客车不能启动。要求功能良好。

（20）司机控制器。司机控制器是司机驾驶控制电客车启动、加速、制动、停车的装置。要求功能正常，控制良好。

（21）车辆头灯。车辆头灯是为司机提供驾驶照明的设备。要求功能良好，亮度足够。

（22）车厢照明。车厢照明通过为乘客提供照明，来保证车辆在隧道内运行时车厢内有足够的亮度，分为正常照明和应急照明两种。

（23）车厢通风及温度调节功能。车厢通风及温度调节功能的作用是保证车厢内的温度和空气质量，让乘客感到舒适。要求功能良好。

（24）刮雨器。刮雨器是雨天时为司机提供良好视野的设备。要求动作平滑，移动范围及速度可调节。

（25）继电器。继电器是以一定的输入信号（如电流、电压）或热、光等非电信号实现自动切换电路的"开关"。要求功能正常，动作正常。

（26）气压欠压不动保护功能。气压欠压不动保护功能的作用是当主风管压力未达到一定数值时，通过电气联锁使电客车不能启动。要求功能良好。

（27）蓄电池及应急充电机。蓄电池是将化学能直接转变成电能的装置，应急充电机则是给蓄电池进行应急充电的设备。要求状态和功能良好。

（二）列车清洗机安全要求

列车清洗机为室内式，由列车自行牵引，通过水、清洗剂及清洗刷的作用，自动清洗列车外表面的灰尘、油污及其他污渍（见图6-23）。

图 6-23 列车清洗机

列车清洗机使用时有以下安全要求。
（1）各旋转件转动正常。
（2）各管路无漏水、漏气现象。
（3）供电系统正常，电源线无损坏、松脱现象。
（4）线路出清，无障碍物、无浸线现象。
（5）只能清洗与设备相匹配的车型。

（三）架车机安全要求

架车机是一种特殊的起重设备。在城市轨道交通车辆检修时，用于支撑城市轨道交通车辆的车身重量，以使车辆的承重设备（如转向架、轮对等）可以拆卸、分解出来（见图 6-24）。

图 6-24 架车机

架车机使用时有以下安全要求。
（1）不允许超过最大负载使用。

（2）钢轨桥防滑安全锁的功能正常。
（3）供电系统正常，电源线无损坏、松脱现象。
（4）最低位、最高位行程开关的位置正常、动作灵敏。
（5）架车时不允许人员进入架车区域。

### （四）不落轮镟床安全要求

不落轮镟床使用时有以下安全要求。
（1）操作人员不得披长发、穿宽松衣服、佩戴饰物，必须佩戴防护眼镜，无关人员不得在作业场所停留，不得阻碍操作人员。
（2）不能超过允许的最大载荷操作
（3）不得利用不落轮镟床作镟削轮对以外的用途。
（4）主驱动电动机的电压带正常。
（5）所有电缆无破损。
（6）所有安全装置能起作用且灵敏。

## 三、特种设备与特种作业安全

通常所说的特种设备是指涉及生命安全、危险性较大的锅炉、压力容器（含气瓶），压力管道、电梯、起重机械、客运索道、大型游乐设施、场（厂）内专用机动车辆等。特种设备包括其附属的安全附件、安全保护装置和与安全保护装置相关的设施。《中华人民共和国安全生产法》第三十四条规定："生产经营单位使用的危险物品的容器、运输工具，以及涉及人身安全、危险性较大的海洋石油开采特种设备和矿山井下特种设备，必须按照国家有关规定，由专业生产单位生产，并经具有专业资质的检测、检验机构检测、检验合格，取得安全使用证或者安全标志，方可投入使用。检测、检验机构对检测、检验结果负责。"

特种设备事故是指在使用特种设备时突然发生的、造成或可能造成人员和财产损失的事故。城市轨道交通运营过程中发生的特种设备事故的类型主要有：电梯困人故障或由于剪切、坠落等原因造成的事故，扶梯伤人事故，起重设备造成的人身伤亡事故，压力容器（含固定式、移动式）和压力管道泄漏、爆炸事故，厂内机动车辆造成的事故等。

### （一）特种设备安全管理

#### 1. 特种设备使用单位安全管理内容

特种设备使用单位应当严格执行《特种设备安全监察条例》和有关安全生产的法律、行政法规的规定，保证特种设备的安全使用。

特种设备在投入使用前或者投入使用后30日内，特种设备使用单位应当向直辖市或者设区的市的特种设备安全监督管理部门登记。登记标志应当置于或者附着于该特种设备的显著位置。

特种设备使用单位应当按照安全技术规范的定期检验要求，在安全检验合格有效期届满前1个月向特种设备检验检测机构提出定期检验要求。未经定期检验或者检验不合格的特种设备不得继续使用。

特种设备使用单位应当建立特种设备安全技术档案。安全技术档案应当包括以下内容：

（1）特种设备的设计文件、制造单位、产品质量合格证明、使用维护说明等文件以及安装技术文件和资料。

（2）特种设备的定期检验和定期自行检查的记录。

（3）特种设备的日常使用状况记录。

（4）特种设备及其安全附件、安全保护装置、测量调控装置及有关附属仪器仪表的日常维护保养记录。

（5）特种设备运行故障和事故记录。

（6）高耗能特种设备的能效测试报告、能耗状况记录以及节能改造技术资料。

特种设备使用单位应当对在用特种设备进行经常性日常维护保养，并定期自行检查，做出记录。对在用特种设备进行自行检查和日常维护保养时发现异常情况的，应当及时处理。

特种设备使用单位应当对在用特种设备的安全附件、安全保护装置、测量调控装置及有关附属仪器仪表进行定期校验、检修，并做出记录。特种设备使用单位应当对特种设备作业人员进行特种设备安全教育和培训，保证特种设备作业人员具备必要的特种设备安全作业知识。

若特种设备出现故障或者发生异常情况，使用单位应当对其进行全面检查，消除事故隐患后方可重新投入使用。若特种设备存在严重事故隐患，无改造、维修价值，或者超过安全技术规范规定的使用年限，特种设备使用单位应当及时予以报废，并应当向原登记的特种设备安全监督管理部门办理注销。

**2. 特种设备作业人员职责**

（1）持有效"特种设备作业人员操作证"上岗操作。

（2）操作的设备项目必须与"特种设备作业人员操作证"上所规定的作业项目对应，严禁操作不在作业范围内的设备。

（3）对所操作的特种设备进行经常性检查，若发现事故隐患或者其他不安全因素，应当立即向现场安全管理人员和单位有关负责人报告。

（4）做好特种设备的运行记录。

（5）定期参加培训，熟悉操作规程，增强安全意识。

（6）保证不使用"三无"（无证制造、无证安装、无证使用）特种设备。

（7）在作业中严格执行特种设备的操作规程和有关的安全规章制度。

（二）特种作业定义及分类

特种作业是指容易发生人员伤亡事故，对操作者本人、他人及周围设施的安全可能造成重大危害的作业。直接从事特种作业的人员称为特种作业人员。城市轨道交通运营范围内涉及的特种作业主要包括以下几类。

（1）电工作业。其对应特种作业人员包括发电工、送电工、变电工、配电工以及电气设备的安装工、运行工、检修（维修）工、试验工。

（2）焊接与热切割作业。其对应特种作业人员包括焊接工、切割工。

（3）企业内机动车辆作业。

（4）高处作业。其对应特种作业人员包括 2 m 以上登高架设工、拆除工、维修工。

（5）制冷与空调作业。其对应特种作业人员包括制冷设备操作工、维修工。

（6）危险化学品装卸、押运作业。其对应特种作业人员包括危险化学品、民用爆炸品、放射性物品的运输押运工、储存保管员。

（7）锅炉作业。其对应特种作业人员包括承压锅炉的操作工、锅炉水质化验工。

（8）压力容器作业。其对应特种作业人员包括压力容器罐装工、检验工、运输押运工和大型空气压缩机操作工。

（9）起重机械作业。其对应特种作业人员包括起重机械司机、司索工、信号指挥工、安装与维修工。

（10）电梯作业。

（11）各单位根据各自作业特点确定的本单位的特种作业项目。如高压运行作业、信号系统操作作业、电客车和工程车驾驶等。

（三）特种作业安全知识

**1. 特种作业人员的基本条件**

各单位从事特种作业的人员应具备以下基本条件。

（1）年龄满 18 周岁。

（2）经县级及以上医院体检合格，无妨碍从事相应特种作业的疾病和生理缺陷。

（3）初中及以上文化程度。

（4）符合相应特种作业需要的其他条件。

**2. 特种作业人员培训与复审**

各单位应教育特种从业人员，没有特种作业操作资格证书不得从事特种作业，并经常检查，以及时发现、制止未持证者进行特种作业。

特种作业操作资格证书每两年复审一次。连续从事本工种 10 年以上的，经知识更新教育后，复审时间可延长至每四年一次。

特种作业操作资格证书需复审的，应当于有效期届满前 30 个工作日内，由特种作业人员本人或用人单位提出申请，并由当地的考核、发证机构负责复审。

（四）特种作业人员管理

各单位应建立健全特种作业人员管理档案，内容包括个人资料、安全培训教育记录、证件资料、违章记录、事故记录和奖惩记录等。

特种作业人员及安全管理人员必须由质量监督检验部门考核合格，取得国家统一格式的特种作业人员证书，方可从事相应的作业或管理工作。

特种作业人员应当严格按照作业程序和要求作业或操作，严禁违章作业。

离开特种作业岗位达 6 个月以上，重新回到原岗位从事特种作业的人员，应当重新进行实际操作考核，经有关管理部门确认合格后方可上岗作业。

## 四、电梯安全

电梯是指由动力驱动，利用沿刚性导轨运行的箱体或者沿固定线路运行的梯级（踏步）进行升降或者平行运送人、货物的机电设备，包括载人（货）电梯、自动扶梯、自动人行道等。电梯应每年检验一次。

### 1. 电梯安全装置

电梯安全装置包括防止轿厢下降速度过大和坠落的防超速和断绳保护装置，防止超过顶、底端行程的防越程保护装置，防止轿厢或对重蹲底的缓冲装置，防止剪切的轿、厅门防护装置，防止超重的超载装置，报警、救援装置以及其他安全保护装置。

自动扶梯安全装置包括工作制动器、超速限速器、电动机过热保护装置、急停按钮、扶手带入口保护装置、梳齿板保护装置、防逆转保护装置、供电系统断相错相保护装置、梯阶和梯阶轮断裂保护装置、梯阶轮上提保护装置、裙板保护装置、驱动链断裂保护装置、扶手带断裂保护装置、扶手带同步监控装置等。

### 2. 电梯事故类型

电梯可能发生的事故一般有：人员被挤压、撞击、剪切和发生坠落、电击，轿厢超越极限行程时发生撞击，轿厢因超速或断绳造成坠落，由于材料失效而造成结构破坏等。

### 3. 电梯维修作业安全要求

（1）电梯维修作业人员应严格按照国家有关行业规程，持有效"特种设备作业人员操作证"上岗作业。

（2）进行电梯维修时，要设置标志明显的围栏。

（3）在梯井内作业时，要保证有足够的照明，并做好相应的安全措施。

（4）作业时，应设专人监护，禁止单独作业

（5）进行设备检查和维修前，应先确认设备已断电，机械部分完全停止。

（6）自动扶梯维修人员进行设备吊装时，吊装物下方1m范围内不允许站人。

（7）拆卸的物品要堆放好，禁止乱堆乱放。

（8）作业结束后，作业人员应清扫、整理现场。作业负责人应进行周密检查，确认后方可离开。

## 五、屏蔽门（安全门）安全

（一）使用注意事项

（1）工作人员如需打开滑动门使其处于开门状态，必须跟门单元隔离并加强监控，以免影响行车安全。

（2）除非因列车停车位置超出误差范围而使用应急门，任何正常行车状态下，严禁打开

应急门；应急门一经应急使用后，必须确认关闭并锁紧，严禁使用异物阻挡应急门的关闭。

（3）任何工作人员使用端门后，都必须确认其关闭并锁紧，严禁端门打开后无人守护，严禁使用异物阻挡端门关闭。

（4）严禁放置任何物品在滑动门槛上，严禁将任何物品靠放在门体上。

（5）严禁乘客倚靠在滑动门体上。

（6）清洁门体、地板、隧道时，不得使底座绝缘套受潮。

（7）严禁使距离屏蔽门体边缘 2.1 m 范围内的绝缘套受潮。

（8）打开应急门及滑动门时必须使用屏蔽门菱形头三角钥匙，拔出钥匙时必须逆时针复回原位拔出。严禁使用圆头三角钥匙开启应急门及滑动门，以防止关门时锁芯错位致使关门不紧。

（9）严禁任何人在正常运营列车进出站产生活塞风时打开端门或应急门。

（10）为防止在站台边缘装卸重物时使门槛变形，勿使屏蔽门门槛承受超过 150 kg 的设计载荷。

（二）维修保养注意事项

（1）在系统站级控制模式运营时，如需对屏蔽门单元进行维修，必须在隔离或测试模式下进行，确保门关闭且锁紧信号形成，以免影响列车进出车站。

（2）由于屏蔽门主控制器断电后其时钟信息不能保持，系统重新上电后必须重设时间。

（3）人工关闭滑动门时，禁止快速拉动或冲击滑动门。

（4）需反复人工打开滑动门或人工推动滑动门的行程较大时，要依次做以下安全操作：隔离屏蔽门，断开门机电源，松开门控制单元（DCU）与电动机的连接。完成以上安全操作后，方可进行人工开关门操作。恢复正常时，需要依次做以下操作：恢复 DCU 与电动机的连接，恢复门机电源，恢复自动工作模式。

# 任务五　应急安全管理

### 任务描述

轨道交通系统是一个集电力、通信、信号、动力机械、智能控制等子系统于一体的复杂系统，其安全管理及发生事故之后的应急救援管理难度较大，因此，需要建立运营安全管理模式及应急管理机制，既要提前预防事故的发生，在事故不可避免发生的时候，也要快速而高效地做出应急救援。

### 任务目标

1．知识目标

（1）了解应急管理的目标。

（2）掌握应急管理各阶段的主要工作内容。

(3)能够描述"一案三制"的内容及要求。

(4)了解应急救援体系的组织结构、运行机制及支持保障系统。

2. 能力目标

(1)熟悉突发事件的分类与分级。

(2)掌握应急预案的类别与作用。

3. 职业素养目标

(1)精益求精、严谨细致、操作规范。

(2)安全意识、协作意识、服务意识。

### 知识储备

## 一、应急管理概述

2003 年的 SARS 事件促使我国政府下定决心全面加强和推进应急管理工作,2003 年也因此成为我国全面加强应急管理研究的起步之年,被称为我国应急管理发展元年。随着 2006 年 1 月 8 日国务院发布的《国家突发公共事件总体应急预案》出台,我国应急预案框架体系初步形成。作为公众中的一员,我们每个人都应具备一定的应急文化素养及良好的心理素质和应急管理知识。

(一)应急管理概念

应急管理是指政府及其他公共机构在突发事件的事前预防、事发应对、事中处置和善后恢复过程中,通过建立必要的应对机制,采取一系列必要措施,应用科学、技术、规划与管理等手段,保障公众生命、健康和财产安全,促进社会和谐健康发展的有关活动。

(二)应急管理发展过程

1. 第一阶段:应急管理研究的萌芽时期

在 2003 年以前,关于应急管理的研究主要集中在灾害管理研究方面。自 20 世纪 70 年代中后期以来,随着地震、水旱灾害的加剧,我国学术界在单项灾害、区域综合灾害以及灾害理论、减灾对策、灾害保险等方面都取得了一批重要研究成果。而应急管理一般规律的综合性研究却成果寥寥无几。

2. 第二阶段:应急管理研究的快速发展时期

2003 年 SARS 事件不仅暴露了我国政府管理在应急管理工作中存在的不足,也推动了我国应急管理理论与实践的发展。针对事前准备不充分,信息渠道不畅通,应急管理体制、机制不健全这一系列问题,政府下定决心全面加强和推进应急管理工作。这一时期的研究大致分为两个阶段:前半阶段是从 2003 年"非典"事件至 2006 年年底,后半阶段则是从 2007 年至 2008 年年初。

3. **第三阶段：应急管理研究的质量提升时期**

2008年对中国应急管理来说是一个特殊的年份。南方雪灾和汶川特大地震等，给应急管理研究提出了严峻的命题。党和政府以及学术界从不同角度入手，深入总结我国应急管理的成就和经验，查找存在的问题。2008年10月8日，党中央、国务院召开的全国抗震救灾总结表彰大会上提出要进一步加强应急管理能力建设。我国应急管理体系建设也再一次站到了历史的新起点。

（三）应急管理方针

"居安思危，预防为主"是应急管理的指导方针。预防在应急管理中占据着重要的地位。应急管理最理想的目标是少发生甚至不发生突发事件，发生后要有力、有序、有效地加以处置，做到平时重预防，事发少损失。

（四）应急管理原则

《国家突发公共事件总体应急预案》提出了六项工作原则，即以人为本，减少危害；居安思危，预防为主；统一领导，分级负责；依法规范，加强管理；快速反应，协同应对；依靠科技，提高素质。

（五）应急管理的内容

应急管理的内容包括预防、准备、响应和恢复四个阶段（见图6-25）。

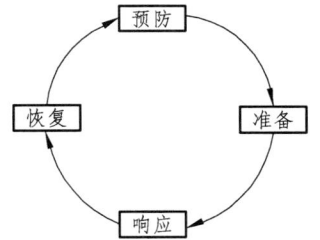

图6-25 应急管理的四个阶段

预防是指从应急管理的角度出发，防止突发事件或事故的发生；准备是指事故发生前采取的行动，目的是应对事故的发生，并提高应急行动能力，推进有效的响应工作，主要任务为制定应急预案及完善应急保障系统；响应是指事故发生后立即采取的行动，目的是保护生命，将财产损失降至最低程度；恢复是在响应结束后立即进行的，目的是使生产、生活恢复到正常状态或得到进一步改善。通常这四个阶段没有严格的界限，且往往是交叉的，但每个阶段都有自己明确的目标，且每一个阶段都是下一个阶段的基础，它们共同构成应急管理的动态循环。

应急管理四个阶段工作内容如表6-4所示。

表 6-4 应急管理四个阶段工作内容

| 阶段 | 工作内容 |
|---|---|
| 预防阶段：为预防、控制和消除事故对人类生命财产长期危害所采取的行动（无论事故是否发生，企业和社会都处于风险之中） | 风险辨识、评价与控制，安全规划，安全研究，安全法规、标准制定，危险源监测监控，事故灾害保险，税收激励和强制性措施等 |
| 准备阶段：事故发生之前采取的各种行动，目的是提高事故发生时的应急行动能力 | 制定应急救援方针与原则，制定应急救援工作机制，编制应急救援预案，筹备应急救援物资、装备，应急救援培训、演习，签订应急互助协议，建立应急救援信息库等 |
| 响应阶段：事故即将发生前、发生期间和发生后立即采取的行动。目的是保护生命安全、减少财产损失、控制和消除事故 | 启动应急系统和组织，报告有关政府机构，实施现场指挥和救援，控制事故扩大并消除事故影响，人员疏散和避难，环境保护和监测，现场搜寻和营救等 |
| 恢复阶段：事故后，使生产、生活恢复到正常状态或得到进一步的改善 | 损失评估，理赔，清理废墟，灾后重建，人员培训和心理辅导，应急预案复查，事故调查 |

## 二、应急管理体系与机制

### （一）应急管理体系

应急管理体系的整体结构主要由指挥调度系统、处置实施系统、资源保障系统、信息管理系统、决策辅助系统、教育培训系统、宣传系统等部分组成（见图 6-26）。

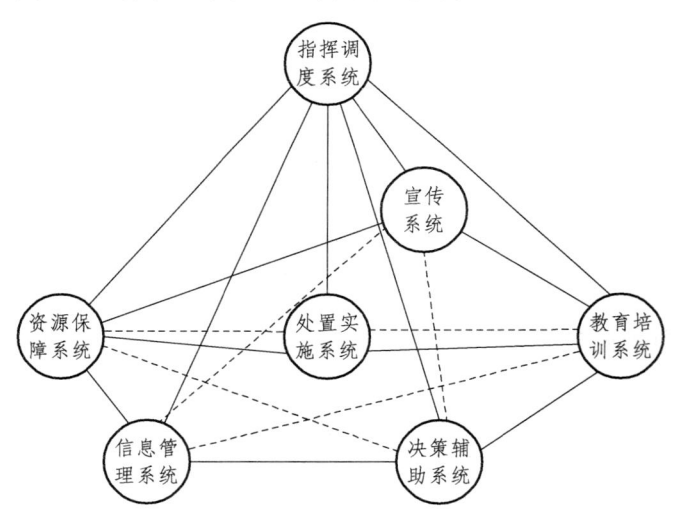

图 6-26 应急管理体系结构

其中，指挥调度系统为应急管理体系的"大脑"，是体系中的最高决策机构，是应急管理的最高决策者，负责应急管理的统一指挥及给各支持系统下达命令。处置实施系统是对指挥调度系统形成的预案和指令进行具体实施的系统，负责执行指挥调度系统下达的命令，完成各种应急抢险任务。资源保障系统负责应急处置过程中的资源保障，主要工作包括应急资源的储存与日常养护、资源评估、应急资源调度等。信息管理系统是应急管理体系的信息中心，负责应急信息的实时共享及为其他系统提供信息支持，主要工作包括信息的采集、处理、储存、传输、更新与维护等。决策辅助系统在信息管理系统传递的信息基础上，对应急管理中的决策提出建议或方案，为指挥调度系统提供决策支持，主要工作包括预警分析、预案选择、预案效果评估、资源调度方案设计等。

### （二）我国的应急管理体系

#### 1. 我国应急管理体系的核心内容

我国应急管理体系的核心内容可以概括为"一案三制"。"一案"是指应急预案，就是根据发生和可能发生的突发事件，事先研究制定的应对计划和方案。应急预案包括各级政府总体预案、专项预案和部门预案，以及基层单位的预案和大型活动的单项预案。"三制"是指应急工作的管理体制、运行机制和法制。

要建立健全和完善的应急预案体系，就是要建立"纵向到底，横向到边"的预案体系。所谓"纵"，就是按垂直管理的要求，从国家到省再到市、县、乡镇各级政府和基层单位都要制定应急预案，不可断层；所谓"横"，就是所有种类的突发公共事件都要有部门管，都要制定专项预案和部门预案，不可或缺。相关预案之间要做到互相衔接，逐级细化。预案的层级越低，各项规定就要越明确、越具体，避免出现"上下一般粗"的现象，防止照搬照套。

要建立健全和完善应急管理体制主要是要建立健全集中统一、坚强有力的组织指挥机构，发挥我们国家的政治优势和组织优势，形成强大的社会动员体系；建立健全以事发地党委、政府为主，有关部门和相关地区协调配合的领导责任制；建立健全应急处置的专业队伍、专家队伍，充分发挥人民解放军、武警和预备役民兵的重要作用。

要建立健全和完善应急运行机制，主要是要建立健全监测预警机制、信息报告机制、应急决策和协调机制、分级负责和响应机制、公众的沟通与动员机制、资源的配置与征用机制、奖惩机制和城乡社区管理机制等等。

要建立健全和完善应急法制，主要是要加强应急管理的法制化建设，把整个应急管理工作建设纳入法制和制度的轨道，按照有关的法律法规来建立健全预案，依法行政，依法实施应急处置工作，把法治精神贯穿于应急管理工作的全过程。

#### 2. 我国应急管理体系的组织机构

（1）领导机构。

在国家层面上，国务院是应急管理工作的最高行政领导机构。在地方层面上，各级政府是所在地区应急管理工作的领导机构，一般都设立有应急委员会。

（2）办事机构。

国务院办公厅设置国务院应急管理办公室，是应急管理的办事机构。各级政府也设立与国务院应急管理办公室职能相对应的应急管理办事机构。

（3）工作机构。

国务院及地方政府的主管部门依据有关法律、行政法规和各自的职责，负责相关类别应急管理工作。

（4）专家组。

国家、地方政府及其主管部门根据实际需要聘请有关专家组成专家组，为应急管理提供决策建议，参加应急处置工作。

（三）应急管理运行机制

**1. 应急管理运行机制的基本概念**

应急管理运行机制是指应急组织体系中各部分之间相互作用的方式和规律。

我国应急管理运行机制的基本原则为：统一指挥、分级响应、属地管理、公众动员。

**2. 应急管理运行机制的主要内容**

应急管理运行机制的主要内容包括：预测与预警机制、应急信息报告程序、应急决策协调机制、应急公众沟通机制、应急响应级别确定机制、应急处置程序、应急社会动员机制、应急资源征用机制和责任追究机制等。

（1）预测与预警机制。

预警级别可分为：Ⅰ级（特别严重，用红色表示）、Ⅱ级（严重，用橙色表示）、Ⅲ级（较重，用黄色表示）、Ⅳ级（一般，用蓝色表示）。

预警信息发布的内容主要包括：事件的类别、预警级别、起始时间、可能影响范围等。

预警信息发布方式：可通过广播、电视、报刊、通信、信息网络、警报器、宣传车或组织人员逐户通知等方式进行。对老幼病残孕等特殊人群以及学校等特殊场所和警报盲区应当采取有针对性的公告方式。

（2）应急处置。

应急处置是应急运行机制的核心内容，必须按照相关原则和程序进行。应急处置需要制定详细、科学的应对突发公共事件处置的技术方案，明确各级指挥机构调派处置队伍的权限、数量、处置措施，队伍集中与部署的方式，专用设备、器械、物资、药品的调用程序，不同处置队伍间的分工协作程序等。如果是国际行动，还必须符合国际机构的行动要求。

应急处置程序主要包括信息报告、先期处置、应急响应、进入紧急状态、应急结束。

（四）应急管理保障机制

应急管理保障机制是指为了保证应急救援工作的需要、灾区群众的基本生活以及恢复重建工作的顺利进行，在人力、财力、物力、交通运输、医疗卫生及通信等方面提供的保障措施。我国应急管理保障机制主要包括以下内容。

**1. 人力保障**

在我国，公安消防、医疗卫生、地震救援、矿山救护、抗洪抢险等专业应急救援队伍是处置突发公共事件的专业骨干力量，社会团体各事业单位以及志愿者是社会力量，中国人民解放军和中国人民武装警察部队是处置突发公共事件的突击力量。

## 2. 财力保障

按照现行事权、财权划分原则，应急资金和工作经费由中央和地方财政分级负担，按规定程序列入各级政府财政预算。从中央到地方，各级财政要加大投入力度，完善财政预备费的拨付及使用制度，建立专项资金制度，建立中长期的应急准备基金，强化政府投资主渠道的保障作用，在强调地方政府承担主要的应急财力保障职责的同时，中央政府应通过转移支付、提供低息贷款、信用担保及税收优惠等手段予以补偿。与此同时，逐步建立多元化的应急融资和筹资机制，政府与商业保险主体在经济利益与社会利益双赢的基础上开展合作，通过政策优惠鼓励商业保险、再保险进入公共风险保障领域，开发新险种，扩大承保范围。同时，积极吸收来自国内外企业、非政府组织、个人和国际组织的赞助和捐赠，完善社会保障、医疗保险、商业保险等的投资与管理机制，培育和发展社会共同参与的危机管理财力保障机制。

## 3. 物资保障

各级政府主管部门负责基本生活用品的应急供应及重要生活必需品的储备管理工作。建立健全重要应急物资监测网络、预警体系和应急物资生产、储备、调拨及紧急配送体系，完善应急工作程序，确保应急所需物资和生活用品的及时供应，并加强对物资储备的监督管理，及时予以补充和更新。同时各地方应该与相邻省市建立物资调剂供应渠道，以备本地区物资短缺时，能迅速调入，确保应对各类突发公共事件的物资保障。

## 4. 医疗卫生保障

卫生部门负责组建医疗卫生应急专业技术队伍，根据需要及时赶赴现场开展医疗救治、疾病防控等卫生应急工作，并根据实际情况及时为受灾地区提供药品、器械等卫生和医疗设备。必要时，组织动员红十字会等社会卫生力量参与医疗卫生救助工作。

## 5. 交通运输保障

铁路、交通、民航等部门要保证紧急情况下应急交通工具的优先安排、优先调度、优先放行，确保运输安全畅通。根据应急处置需要，政府有关部门要对现场及相关通道实行交通管制，开设应急救援"绿色通道"，保证应急救援工作的顺利开展。

## 6. 治安维护

公安、武警部队按照有关规定参与应急处置和治安维护工作，加强对重点地区、重点场所、重点人群、重要物资和设备的安全保护，依法严厉打击违法犯罪活动。

## 7. 通信保障

信息产业、广播电视及通信管理部门负责建立健全应急通信、应急广播电视保障工作体系，完善公用通信网络，建立有线和无线相结合、基础电信网络与机动通信系统相配套的应急通信系统，确保通信畅通。

## 8. 公共设施保障

城市建设、环境保护、电力供应等部门确保突发事件发生时煤、电、油、气、水的供给以及废水、废气、固体废弃物等有害物质的监测和处理。

## 三、应急预案管理

2013年10月25日,国务院办公厅印发《突发事件应急预案管理办法》(以下简称"办法"),该办法进一步规范了预案的规划、编制、审批、发布、备案、演练、修订、培训、宣传教育等工作。

（一）应急预案

**1. 基本概念**

预案,即预备方案,是根据预测,对潜在的或可能发生的安全事故按类别和影响程度事先制定的应急处置方案。

应急预案是指各级人民政府及其部门、基层组织、企事业单位、社会团体等为依法、迅速、科学、有序应对突发事件,最大程度减少突发事件及其造成的损害而预先制定的工作方案。

应急预案应在辨识和评估潜在的重大危险、事故类型、发生的可能性及发生过程、事故后果及影响严重程度的基础上,对应急的职责、人员、技术、装备、设施、物资、救援行动及其指挥协调方面预先做出具体安排。

**2. 应急预案的作用**

（1）应急预案确定了应急救援的范围和体系。
（2）应急预案有利于做出及时的应急响应。
（3）应急预案是各类突发事故的应急基础。
（4）应急预案建立了与上级单位和部门应急救援体系的衔接。
（5）应急预案有利于提高风险防范意识。

**3. 应急预案的分类**

（1）按照突发事件类型,应急预案可分为4类。

① 自然灾害应急预案:主要包括水旱灾害、气象灾害、地震灾害、地质灾害、海洋灾害、生物灾害和森林草原火灾等的应急预案。

② 事故灾难应急预案:主要包括工矿商贸等企业的各类安全事故、交通运输事故、公共设施和设备事故、环境污染和生态破坏事件等的应急预案。

③ 突发卫生事件应急预案:指突然发生,造成或者可能造成社会公众健康严重损害的公共事件的应急预案。这类事件主要包括传染病疫情的传播、群体性不明原因疾病的爆发、食品安全问题的发生以及其他严重影响公众健康和生命安全的事件。

④ 社会安全事件应急预案:主要包括恐怖袭击事件、民族宗教事件、涉外突发事件和群体性事件等的应急预案。

（2）按照预案层级和适用范围,可分为3个层级。

① 综合应急预案:也称总体应急预案,从总体上阐述应急目标、原则、应急组织结构及

相应职责，以及应急行动的整体思路等。通过综合应急预案可以较为清晰地了解应急体系和预案体系，更重要的是可以作为应急工作的基础和"底线"，即使对那些没有分析到的紧急情况或没有预案的事故也能起到一定的应急指导作用。

② 专项应急预案：针对某一种具体的、特定类型的紧急情况的应急处理而制定的应急预案，例如人身伤亡事故预案、自然灾害事故预案等。专项应急预案是建立在对特定风险分析基础上的，它以综合应急预案为前提，对应急策划、应急准备等做了详尽描述，专项应急预案的可操作性比综合应急预案的可操作性更强，是现场应急预案的基础。

③ 现场应急预案：现场应急预案是在综合应急预案和专项应急预案的基础上，根据具体情况需要而编制的。它是针对特定的具体场所而制定的预案，通常是事故风险较大的场所。现场应急预案的特点是针对某一具体现场的特殊危险，在详细分析的基础上，对应急救援中的各个方面都做出具体、周密的安排，因而现场应急预案具有更强的针对性、指导性和可操作性。

（3）按照应急预案制定主体划分，分为2大类。

① 政府及其部门应急预案：由各级人民政府及其部门制定，包括总体应急预案、专项应急预案、部门应急预案等。

② 单位和基层组织应急预案：由机关、企业、事业单位、社会团体和居委会、村委会等法人和基层组织制定，侧重明确应急响应责任人、风险隐患监测、信息报告、预警响应、应急处置、人员疏散撤离组织和路线、可调用或可请求援助的应急资源情况及实施方法等，体现自救互救、信息报告和先期处置特点。

（4）按照行政区域，可分为国家级应急救援预案，省、自治区、直辖市级应急救援预案，市级应急救援预案，县级应急救援预案，企业级应急救援预案等。不同层级的预案内容各有侧重。

（二）应急预案体系

**1. 应急预案体系**

应急预案体系（见图6-27）与应急法制、应急管理体制和应急运行机制共同构建起了我国的应急管理体系。

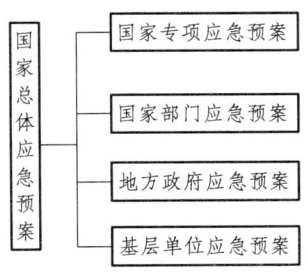

图6-27 应急预案体系

（1）国家总体应急预案。

国家总体应急预案是全国应急预案体系的总纲，是国务院应对特别重大突发公共事件的规范性文件,适用于跨省级行政区划的,或超出事发地省级人民政府处置能力的,或需要由国务院负责处置的特别重大突发公共事件的应对工作,由国务院制定并公布实施。国务院根据各类突发公共事件的级别,相对应地启动总体预案,采取应对措施。各类突发公共事件严重程度处于Ⅰ级(特别重大)时,一般由国务院出面进行应对,其他的,除了特殊情况外,由部门和省级政府应对。

(2)国家专项应急预案。

国家专项应急预案主要是国务院及其有关部门为应对某一类型或某几种类型突发公共事件而制定的应急预案。由国务院有关部门牵头制定,报国务院批准后实施。

(3)国家部门应急预案。

国家部门应急预案是国务院有关部门根据国家总体应急预案,专项应急预案和部门职责,为应对突发公共事件而制定的应急预案。由国务院有关部门制定印发,报国务院备案。

(4)地方政府应急预案。

地方政府应急预案具体包括:省级人民政府的突发公共事件总体应急预案、专项应急预案和部门应急预案;各市(地)、县(市)人民政府及其基层政权组织的突发公共事件应急预案。此类预案在省级人民政府的领导下,按照分类管理、分级负责的原则,由地方人民政府及其有关部门分别制定并实施。

(5)基层单位应急预案。

基层单位应急预案是企事业单位以及社区街道、乡镇村庄等根据实际情况制定的应急预案。

**2. 城市轨道交通应急预案体系**

城市轨道交通应急预案体系包括国家级应急预案、省/市级应急预案和城市轨道交通内部应急预案3个层次,每个层次又包括总体应急预案和专项应急预案(见图6-28)。

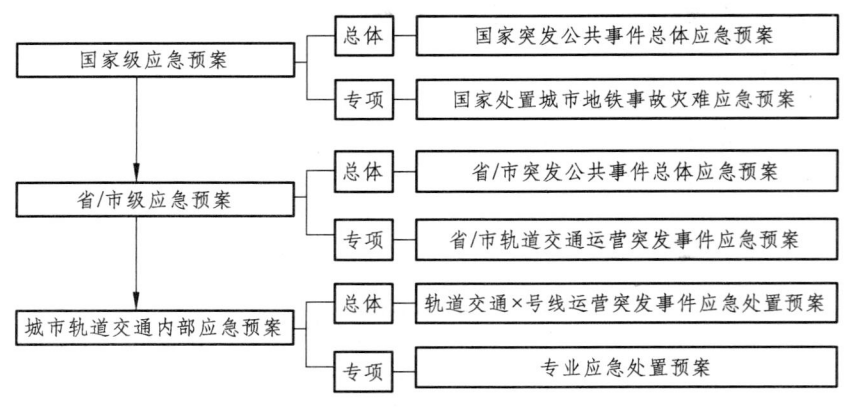

图6-28 城市轨道交通应急预案体系

城市轨道交通内部应急预案的专业应急处置预案中的"专业"主要包括:

行车调度专业、客运专业、车辆专业、供电专业、通信专业、机电设备专业、线路道岔专业等。

## （三）应急预案管理

### 1. 应急预案管理的原则

应急预案管理要遵循统一规划、分类指导、分级负责、动态管理的原则。

### 2. 应急预案管理的内容

应急预案管理的内容主要包括应急预案培训、应急预案演练、应急预案修订、应急预案备案和应急预案实施。生产经营单位应急预案管理的内容如表 6-5 所示，不同形式的预案演练如图 6-29 所示。

表 6-5　生产经营单位应急预案管理的内容

| 序号 | 内容 | 含义 |
| --- | --- | --- |
| 1 | 应急预案培训 | 明确对本单位人员开展的应急预案培训计划、方式和要求，使有关人员了解相关应急预案内容，熟悉应急职责、应急程序和现场处置方案。如果应急预案涉及社区和居民，要做好宣传教育和告知等工作 |
| 2 | 应急预案演练 | 明确生产经营单位不同类型应急预案演练的形式、范围、频次、内容以及演练评估、总结等要求 |
| 3 | 应急预案修订 | 明确应急预案修订的基本要求，并定期进行评审，实现可持续改进 |
| 4 | 应急预案备案 | 明确应急预案的报备部门，并进行备案 |
| 5 | 应急预案实施 | 明确应急预案实施的具体时间、负责制定与解释的部门 |

（a）消防演练

（b）触电演练

图 6-29　预案演练

## 四、应急预案编制

《突发事件应急预案管理办法》（国办发〔2013〕101 号）对应急预案的编制进行了明确规定。

### （一）应急预案编制中要注意的问题

#### 1. 要注重预案的科学性

应急预案的编制从事件或灾情设定、信息收集传输与整合、力量部署、物资调集到实施行动都要讲究科学，必须在科学论证的基础上确定方案，在实战演练中完善方案，在科学决策的基础上采取行动。

**2. 要关注预案的可操作性**

应急预案针对可能发生的事故（件）制定，主要目的是在事故（件）发生后，能按照预案进行力量部署、采取处置对策、组织实施，将灾害损失控制在最低。应急预案的关键在于"能够有效使用"，因此应急预案要具有可操作性。

**3. 要充分认识预案的复杂性**

编制应急预案是一项细致而复杂的工作。从方案的内容上说，应急预案既包括突发性公共事件，又包括自然灾害、事故灾难、公共卫生和社会安全等方面的事件；从方案的制定过程来看，包括收集资料、调查研究、编制方案、演练检验、反复修订等环节；从方案的实施过程来看，由于预案是根据人们对事故设想发生的情景来制定的，因此容易受到制定者认识的局限性、灾害事故发生的不确定性以及事故现场千变万化等因素的影响。

**4. 要明确预案之间的衔接性**

要避免预案内容前后矛盾、应急响应级别与响应行为衔接混乱、部门职责交叉和矛盾等问题。应急预案编制应注重系统性，做到与相关部门和单位的应急预案相互衔接。

## （二）应急预案的编制流程

应急预案的编制流程如图 6-30 所示。

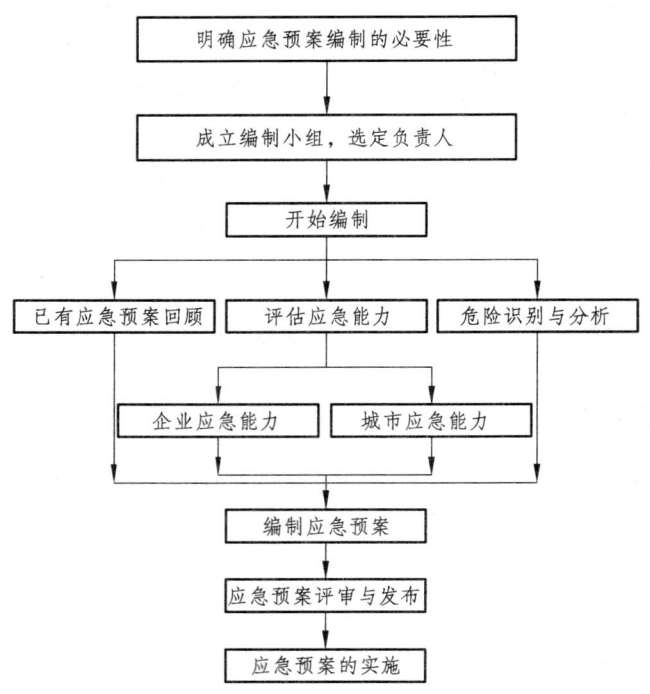

图 6-30　应急预案编制流程

（1）成立应急预案编制小组。包括选择小组领导、选择小组成员、选择组织方式、制定进度计划等。

（2）危险分析与能力评估。包括现有资料的调研、危险分析、应急能力评估、应急事件的分类、应急事件的分级等。

（3）编制应急预案。包括编排格式和条文、确定预案的基本结构等。

（4）应急预案的评审与发布。包括评审的方法、程序、要点等。

（5）应急预案的实施。包括模拟演练、修订完善、应急预案培训等。

应急预案的编制、修订和完善是一个动态的过程，不可能一蹴而就。应急预案的修订和完善要不断贯穿于编制流程的各个方面，要不断提高应急预案的处置效率和水平。

### （三）应急预案的核心要素

应急预案是各级部门应对突发事件的重要参考文件和依据，与各级管理部门和具体执行部门的业务具有紧密的关联。应急预案根据层级和适用范围的不同，其侧重点也各有不同，因此应急方案的内容表述也存在差别。应急预案的核心要素划分如表6-6所示。

表6-6 应急预案核心要素划分

| 序号 | 项目 | 基本内容 | | |
|---|---|---|---|---|
| | | 综合应急预案 | 专项应急预案 | 现场应急预案 |
| 1 | 总则 | 编制目的 | 编制目的 | 编制目的 |
| | | 编制依据 | 编制依据 | 编制依据 |
| | | 适用范围 | 适用范围 | 适用范围 |
| | | 工作原则 | 应急处置基本原则 | — |
| | | 预案体系 | — | — |
| 2 | 风险分析 | 单位概况 | 事故类型与危害程度分析 | 事件特征 |
| | | 风险源与风险分析 | 事故分级 | — |
| | | 突发事件分级 | — | — |
| 3 | 指挥部人员职责 | 应急组织体系 | 应急组织体系 | 应急救援指挥部 |
| | | 应急指挥领导小组主要职责 | 应急指挥领导小组主要职责 | 指挥部人员职责 |
| 4 | 预防与预警 | 危险源监控 | 风险监测 | — |
| | | 预警行动 | 预警发布与预警行动 | — |
| | | 信息报告与处置 | 预警结束 | — |
| | | — | 信息报告 | — |
| 5 | 应急响应 | 响应分级 | 响应分级 | — |
| | | 响应程序 | 响应程序 | — |
| | | 应急处置 | 应急处置 | 应急处置 |
| | | 应急结束 | 应急结束 | 注意事项 |
| 6 | 信息沟通与后期处理 | 信息公开 | — | — |
| | | 后期处置 | 后期处置 | — |

续表

| 序号 | 项目 | 基本内容 | | |
|---|---|---|---|---|
| 7 | 保障措施 | 应急队伍保障 | 应急队伍保障 | — |
| | | 物资装备保障 | 物资装备保障 | — |
| | | 通信与信息保障 | 通信与信息保障 | — |
| | | 经费保障 | 经费保障 | — |
| | | 其他保障 | 其他保障 | — |
| 8 | 培训与演练 | 培训与演练 | 培训与演练 | — |
| 9 | 附则 | 术语和定义 | 术语和定义 | — |
| | | 预案备案 | 预案备案 | — |
| | | 预案修订 | 预案修订 | — |
| | | 制定与解释 | 制定与解释 | — |
| | | 预案实施 | 预案实施 | — |
| 10 | 附件 | 规范化格式文本 | — | — |
| | | 有关部门、机构或人员的联系方式 | — | — |
| | | 应急物资装备名录或清单 | — | — |
| | | 关键的路线、标识和图纸 | — | — |
| | | 有关协议或备忘录 | — | — |
| | | 有关流程 | — | — |

### 思考与练习

1. 简述列车驾驶员站台作业安全准则。
2. 说明接发列车作业惯性事故的种类、原因。
3. 说明调车作业安全的基本要求。
4. 如何进行施工作业防护？
5. 简述施工组织作业流程。
6. 简述线路巡检作业安全要求。
7. 什么是火灾自动报警系统？它由哪些部分组成？各组成部分的功能是什么？
8. 自动灭火系统有哪些种类？工作原理是什么？
9. 火灾自救与逃生的方法有哪些？
10. 简述城市轨道交通电气化线路电气安全要求。
11. 安全电压分哪些等级？如何选用？
12. 简述接触轨区域作业安全要求。
13. 什么是应急管理？应急管理的基本原则是什么？
14. 什么是应急预案？应急预案的重要性有哪些？
15. 简述应急预案编制的流程。

# 项目七 城市轨道交通事故的处理与预防 ▶▶▶

2022年6月4日10时01分，D2809司机杨勇回应列车长："D2809次关门，司机明白。"半小时后，当列车长再次联系杨勇时，已无人应答。这是杨勇生命中的最后一次通话。6月4日10时22分，杨勇同志值乘贵阳北至广州南D2809次动车组旅客列车，运行至贵广线榕江站进站前的月寨隧道口处，发现线路异常，果断采取紧急制动措施。列车撞上突发坍塌侵入线路的泥石流坍体脱轨，在线路挡墙和轨道结构综合防护下避免了颠覆坠落。杨勇同志不幸光荣殉职，年仅46岁。杨勇同志恪尽职守，在千钧一发之际，成为保护动车组列车和旅客生命安全的最后一道闸，用英雄壮举谱写了新时代铁路工作人员的奉献之歌。

图 7-1  脱轨后的列车冲上榕江站站台

随着我国经济的持续发展，大城市人口扩张速度不断加快，"大城市病"日益严重，其中，道路交通拥堵是最主要的表象之一，北京为此甚至开始研究征收"拥堵费"。现如今，建立城市轨道交通是缓解城市交通拥堵、引导城市合理布局、保障城市绿色发展的有效手段之一。为此，我国主要的大城市都开始兴建轨道交通。随着人口聚集速度的持续增长，为了满足群众出行需求，轨道交通建设将不断加快，密度将逐渐加大，速度将逐渐提高。同时，城市轨道交通事故也在不断产生，轨道交通系统一般都存在于地下或高架桥上的半封闭空间，任何一个设备出现问题，小则影响轨道交通局部日常运营作业，大则会引起轨道交通大面积停运，甚至导致人员伤亡，给人民、企业及国家带来巨大损失。

一幕幕触目惊心的轨道交通事故提高了人们对轨道交通安全性的认识。为此，我们该如何在日常工作、生产作业乃至例行检查的过程中预防事故的发生，建立科学有效应急机制，以及在事故发生后如何迅速妥善地处理，争取将事故造成的影响与损失降到最小，是我们研究的重点。在本项目中我们将一起梳理轨道交通事故的预防与处理的相关知识。

# 任务一  事故分类和构成条件

### 任务描述

城市轨道交通作为大容量的公共交通工具，直接关系到广大乘客的生命安全，而安全运营也一直是其完成运输任务的首要目标和基本原则。因此，分析城市轨道交通事故产生的主要因素以及影响程度，制订预防事故相关对策以及突发事故后的救援措施，对于改善城市轨道交通系统的运营安全现状，预防事故的发生和降低事故损失都具有十分重要的意义。

### 任务目标

1. 知识目标

（1）熟悉城市轨道交通事故的含义与分类。
（2）熟悉城市轨道交通事故的判断标准。

2. 能力目标

熟知事故分类和构成条件。

3. 职业素养目标

（1）精益求精、严谨细致、操作规范。
（2）安全意识、协作意识、服务意识。

### 知识储备

一、基本概念

城市轨道交通运营安全事故广义上指的是城市轨道交通运营过程中产生的一切与城市轨

道交通运营安全相关的事件；狭义上指的是城市轨道交通运营所造成的安全事故，即在运营生产过程中凡因违反规章制度、违反劳动纪律、技术设备不良及其他原因，造成人员伤亡、设备损坏、经济损失、影响正常运营生产或危及运营生产安全的，均构成运营事故。

## 二、事故分类和构成条件

站在国家生产安全事故分类的角度看，根据中华人民共和国国务院第493号令《生产安全事故报告和调查处理条例》，结合中华人民共和国国务院第501号令《铁路交通事故应急救援和调查处理条例》和各地方对城市轨道交通突发事件的分类，按照事故（事件）损失及对运营生产造成的影响和危害程度，可分为：特别重大事故、重大事故、较大事故、一般事故、险性事件、一般事件和事件苗头等七大类。

（一）特别重大事故构成条件

在运营生产中，造成下列后果之一的为特别重大事故：
（1）死亡（含失踪）30人以上。
（2）重伤（包括急性工业中毒，下同）100人以上。
（3）直接经济损失1亿元（人民币，下同）以上。
（4）一条或多条线路全线停运48 h以上。

（二）重大事故构成条件

在运营生产中，造成下列后果之一的为重大事故：
（1）死亡10人以上30人以下。
（2）重伤50人以上100人以下。
（3）直接经济损失5 000万元以上1亿元以下。
（4）一条或多条线路全线停运24 h以上48 h以下。

（三）较大事故构成条件

在运营生产中，造成下列后果之一的为较大事故：
（1）死亡3人以上10人以下。
（2）重伤10人以上50人以下。
（3）直接经济损失1 000万元以上5 000万元以下。
（4）一条或多条线路全线停运12 h以上24 h以下。

（四）一般事故构成条件

在运营生产中，造成下列后果之一的为一般事故：
（1）死亡1人以上3人以下。
（2）重伤3人以上10人以下。
（3）直接经济损失100万元以上1 000万元以下。

(4)一条或多条线路全线停运 6 h 以上 12 h 以下。

由于各城市在发展城市轨道交通时采用的设备、管理模式等有所不同，我国目前尚未制定城市轨道交通的统一标准和规范，各城市在城市轨道交通运营事故的分类，特别是对险性事故、一般事故、事故苗子的定性和分类有所不同，所以在此就不对险性事故、一般事故、事故苗子的构成条件予以列举，请大家在实际应用中根据各城市的具体情况加以区分和确定。

从城市轨道交通行业特点和运营特性的角度看，根据城市轨道交通运营组织过程、运营特性和城市轨道交通运营客运服务危险有害因素，结合国内外城市轨道交通运营多发事故案例实际情况，城市轨道交通运营安全事故也可分为：设备设施类事故、行车类事故、客运类事故、自然灾害类事故和其他人为性事故等五大类。

# 任务二　城市轨道交通事故的处理

### 任务描述

随着我国经济的快速发展，传统的地面交通已经不能很好地满足人们的出行需求，"大城市病"越发明显，为此，我国多数大城市开始兴建城市轨道交通。轨道交通虽使我们的生活变得便捷，但发生的重大事故却又触目惊心。为此，在轨道交通事故发生之后如何尽快、妥善地处理事故，使事故的危害降低到最小，是本任务的重点学习内容。

### 任务目标

1．知识目标

（1）了解城市轨道交通事故处理的程序。
（2）熟悉事故调查报告的内容。
（3）了解事故处理的内容。

2．能力目标

熟知事故的应急救援及现场保护。

3．职业素养目标

（1）精益求精、严谨细致、操作规范。
（2）安全意识、协作意识、服务意识。

### 知识储备

## 一、事故报告

**1．事故（事件）汇报的原则**

（1）迅速、准确、真实的原则。

（2）逐级报告的原则。

（3）内部、上级领导及协作单位并举的原则。

（4）行车控制中心是城市轨道交通运营单位的信息收发中心和通信联络中心，负责对信息的收集、整理、分析和处理工作。

## 2. 重要应急信息报告时间要求

对于特别重大事故、重大事故、较大事故、一般事故以及重大治安情况、火灾事故等重要的应急信息，事故现场有关人员应当立即向本单位负责人及相关安全管理部门报告，城市轨道交通运营单位应当于事发 1 h 内向事故发生地人民政府安全生产监督管理部门和负有安全生产监督管理职责的有关部门报告。

安全生产监督管理部门和负有安全生产监督管理职责的有关部门接到事故报告后，应当依照下列规定上报事故情况，并通知公安机关、劳动保障行政部门、工会和人民检察院。

（1）特别重大事故、重大事故逐级上报至国务院安全生产监督管理部门和负有安全生产监督管理职责的有关部门。

（2）较大事故逐级上报至省、自治区、直辖市人民政府安全生产监督管理部门和负有安全生产监督管理职责的有关部门。

（3）一般事故上报至设区的市级人民政府安全生产监督管理部门和负有安全生产监督管理职责的有关部门。

安全生产监督管理部门和负有安全生产监督管理职责的有关部门依照前款规定上报事故情况，应当同时报告本级人民政府。国务院安全生产监督管理部门和负有安全生产监督管理职责的有关部门以及省级人民政府接到发生特别重大事故、重大事故的报告后，应当立即报告国务院。必要时安全生产监督管理部门和负有安全生产监督管理职责的有关部门可以越级上报事故情况。

安全生产监督管理部门和负有安全生产监督管理职责的有关部门逐级上报事故情况，每级上报的时间不得超过 2 h。

## 3. 事故报告的内容

（1）事故发生单位概况。

（2）事故发生的时间、地点以及事故现场情况。

（3）事故的简要经过。

（4）事故已经造成或者可能造成的伤亡人数（包括下落不明的人数）和初步估计的直接经济损失。

（5）已经采取的措施。

（6）其他应当报告的情况。

自事故发生之日起 30 日内，事故造成的伤亡人数发生变化的，应当及时补报。自发生之日起 7 日内，道路交通事故、火灾事故造成的伤亡人数发生变化的，应当及时补报。

## 二、事故的应急救援及现场保护

事故发生单位负责人接到事故报告后，应当立即启动事故相应的应急预案，或者采取有效措施，组织抢救，防止事故扩大，减少人员伤亡和财产损失。事故发生地有关地方人民政府、安全生产监督管理部门和负有安全生产监督管理职责的有关部门接到事故报告后，其负责人应当立即赶赴事故现场，组织事故救援。

事故发生后，有关单位和人员应当妥善保护事故现场以及相关证据，任何单位和个人不得破坏事故现场、毁灭相关证据。因抢救人员、防止事故扩大以及疏通交通等原因，需要移动事故现场物件的，应当做出标志，绘制现场简图并做出书面记录，妥善保存现场重要痕迹、物证。城市轨道交通运营单位安全管理机构应立即组织调查小组，重点做好以下工作：

（1）保护、勘查现场，详细检查车辆、线路及其他设备，做好调查记录、绘制现场示意图、摄影录像，如技术设备破损故障时，应保存其实物。

（2）若事发地点的线路破坏严重，无法检查线路质量，则应对地点前后不少于 50 m 的线路进行测量，以作为衡量事故（事件）地点线路质量的参考依据。

（3）对事故（事件）关系人员分别进行调查，由本人写出书面材料。

（4）检查有关技术文件的编制、填写情况，必要时将抄件附在调查记录内。

（5）提高警惕，注意是否有人为破坏的迹象。

（6）必要时召开调查会。

（7）根据调查结果，初步判定原因及责任，及时向上级部门汇报。

### 三、事故调查

处理事故（事件）要以事实为依据，以规章为准绳，按照"四不放过"原则（事故原因没有查清不放过，事故责任者没有严肃处理不放过，防范措施没有落实不放过，广大员工没有受到教育不放过）处理事故，认真调查分析，查明原因，分清责任，吸取教训，制定对策，防止同类事故（事件）再次发生。

（一）事故调查的组织

特别重大事故由国务院或者国务院授权有关部门组织事故调查组进行调查。

重大事故、较大事故、一般事故分别由事故发生地省级人民政府、设区的市级人民政府、县级人民政府负责调查。省级人民政府、设区的市级人民政府、县级人民政府既可以直接组织事故调查组进行调查，也可以授权或者委托有关部门组织事故调查组进行调查。

未造成人员伤亡的一般事故，县级人民政府也可以委托事故发生单位组织事故调查组进行调查。

发生一般及以上事故的，可由城市轨道交通运营单位安全管理机构负责组织调查处理；若由上级部门组织调查处理的，由城市轨道交通运营单位安全管理机构负责组织相关配合工作。

险性事件由城市轨道交通运营单位安全管理部门负责组织调查处理；若上级部门组织调查处理，由安全管理部门负责组织相关配合工作；若险性事件只涉及一个部门时，安全管理部门可以授权事件部门调查处理，安全管理部门负责监督。

一般事件、事件苗头由事故（事件）发生部门负责调查处理，并将处理情况报城市轨道交通运营单位安全管理部门备案。

## （二）事故调查组的组成

事故调查组的组成应当遵循精简、效能的原则。根据事故的具体情况，事故调查组由有关人民政府、安全生产监督管理部门、负有安全生产监督管理职责的有关部门、监察机关、公安机关以及工会派人组成，并应当邀请人民检察院派人参加。

事故调查组可以聘请有关专家参与调查。事故调查组成员应当具有事故调查所需要的知识和专长，并与所调查的事故没有直接利害关系。

事故调查组组长由负责事故调查的人民政府指定。事故调查组组长主持事故调查组的工作。

## （三）事故调查组的职责

（1）查明事故发生的经过、原因、人员伤亡情况及直接经济损失。
（2）认定事故的性质和事故责任。
（3）提出对事故责任者的处理建议。
（4）总结事故教训，提出防范和整改措施。
（5）提交事故调查报告。

## 四、事故调查报告

事故调查组应当自事故发生之日起 60 日内提交事故调查报告；特殊情况下，经负责事故调查的人民政府批准，提交事故调查报告的期限可以适当延长，但延长的期限最长不超过 60 日。

事故调查报告应当包括下列内容：
（1）事故发生单位概况。
（2）事故发生经过和事故救援情况。
（3）事故造成的人员伤亡和直接经济损失。
（4）事故发生的原因和事故性质。
（5）事故责任的认定以及对事故责任者的处理建议。
（6）事故防范和整改措施。

事故调查报告应当附具有关证据材料。事故调查组成员应当在事故调查报告上签名。事故调查报告报送负责事故调查的人民政府后，事故调查工作即告结束。事故调查的有关资料应当归档保存。

## 五、事故处理

对事故责任者，应根据事故性质和情节，予以批评教育、经济处罚、行政处分直至追究法律责任。事故性质、情节严重的，要按有关规定逐级追究领导责任。

重大事故、较大事故、一般事故，负责事故调查的人民政府应当自收到事故调查报告之日起 15 日内做出批复；特别重大事故，30 日内做出批复，特殊情况下，批复时间可以适当延长，但延长的时间最长不超过 30 日。

有关机关应当按照人民政府的批复，依照法律、行政法规规定的权限和程序，对事故发生单位和有关人员进行行政处罚,对负有事故责任的国家工作人员进行处分。

事故发生单位应当按照负责事故调查的人民政府的批复,对本单位负有事故责任的人员进行处理。负有事故责任的人员涉嫌犯罪的,依法追究刑事责任。

事故发生单位应当认真吸取事故教训,落实防范和整改措施,防止事故再次发生。防范和整改措施的落实情况应当接受工会和职工的监督。安全生产监督管理部门和负有安全生产监督管理职责的有关部门应当对事故发生单位落实防范和整改措施的情况进行监督检查。

事故处理的情况由负责事故调查的人民政府或者其授权的有关部门、机构向社会公布,依法应当保密的除外。

# 任务三　安全事故案例分析

### 任务描述

安全运营是运营组织工作的基本原则和首要目标。因此必须严格按照相关要求组织行车,不得违规操作,以防止事故的发生。一旦不可避免地发生事故,应及时准确地做好事故通报工作及现场应急处置工作,减少事故带来的损失。本次任务选取了一些常见的安全事故案例,通过案例学习,分析事故发生的原因,吸取经验教训,更加深入地掌握安全防护知识。

### 任务目标

1．知识目标

(1)了解事故概况,分析事故原因。

(2)熟悉事故防范措施。

2．能力目标

(1)熟知安全色与安全标志。

(2)学会从事故中得到启示。

3．职业素养目标

(1)精益求精、严谨细致、操作规范。

(2)安全意识、协作意识、服务意识。

### 知识储备

## 一、安全色与安全标志

为了引起人们对不安全因素的注意,预防发生意外事故,国家有关部门以标准或其他形式规定生产经营场所统一使用各类不同颜色及不同图形的标志(即安全色和安全标志)。安全色和安全标志以形象而醒目的信息语言向人们表达了禁止、警告、指令、提示等信息,了解它们表达的安全信息对于在工作、生活中趋利避害、预防事故发生有重要作用。

（一）安全色

**1. 安全色和对比色的定义**

安全色是用来表达禁止、警告、指令、提示等安全信息含义的颜色。其作用是使人们能够迅速注意到影响安全、健康的对象或场所，提醒人们注意，以防事故发生（我们这里所说的安全色不适用于灯光信号、荧光颜色和航空、航海、内河航运以及为其他目的使用的颜色。）

对比色是使安全色更加醒目的反衬色。为了提高安全色的辨别度，在安全色标上一般采用对比色。如红色、蓝色和绿色均用白色作对比色，黑色和白色互作对比色，黄色用黑色作对比色，也可通过红白相间、蓝白相间、黄黑相间条纹表示强化含义。

**2. 安全色和对比色的种类和用途**

（1）安全色的种类和用途。

安全色有红色、蓝色、黄色、绿色4种。其含义和用途如下：

① 红色。其含义为禁止、停止、消防。例如：城市轨道交通列车受电弓的支架部分一般应涂成红色，表示高压危险，禁止触摸；机器、车辆上的紧急停止按钮或手柄，以及禁止人们触动的部位也应涂成红色；灭火器等用来防火，灭火的器具也涂成红色。

② 蓝色。其含义为指令必须遵守的规定。例如：必须佩戴个人防护用具，道路上指引车辆和行人行驶方向的指令等。

③ 黄色。其含义为警告、注意。例如：警告标志、厂内危险机器和坑沟周边的警戒线、行车道中线、安全帽、城市轨道交通站台安全线等。

④ 绿色。其含义为提示、安全状态、通过、允许、工作。例如：提示标志、车间内的安全通道、车辆和行人通过标志、消防设备和其他安全防护设备的位置、"在此工作"标志牌等。

注：蓝色只有与几何图形同时使用时才表示指令。道路上的提示标志采用蓝色不采用绿色，以免与道路两旁的绿色树木混淆。

（2）对比色的种类和用途。

对比色一般有黑、白两种颜色。

黑色用于安全标志的文字、图形符号和警告标志的几何边框。白色既可以用于安全标志红色、蓝色、绿色的背景色，也可以用于文字和图形符号。

安全色与对比色同时使用时一般按照红色、蓝色、绿色与白色，黄色与黑色的原则搭配。另外，黑色和白色互为对比色。

通常使用的相间条纹有红色与白色相间、黄色与黑色相间、蓝色与白色相间、绿色与白色相间4种，其用途为：

① 红白相间：其含义为禁止越入。例如道路上使用的防护栏杆和隔离墩。

② 黄黑相间：其含义为警告注意。例如当心滑跌标志。

③ 蓝白相间：其含义为必须遵守。例如交通导向标志。

④ 绿白相间：其含义为使标志牌更醒目。例如安全标志杆。

（二）安全标志

1. 安全标志的定义

（1）安全标志由安全色、几何图形、图形符号或文字构成，用以表达特定的安全信息。

（2）辅助标志是安全标志的文字说明或补充。辅助标志必须与安全标志同时使用在一个矩形载体上，称为组合标志。在同一矩形载体上含有两个或两个以上安全标志并且有相应辅助标志的标志，称为多重标志。

2. 安全标志的作用

安全标志的作用是引起人们对不安全因素的注意，以达到预防事故发生的目的，但不能代替安全操作规程和安全防护措施。

3. 安全标志的类型

安全标志分为禁止标志、警告标志、指令标志和提示标志4类。这4类标志用4个不同的几何图形来表示。

（1）禁止标志。

禁止标志是禁止人们不安全行为的图形标志。禁止标志的几何图形是带斜杠的圆环，图形符号为黑色，几何图形为红色，背景色为白色。我国规定的禁止标志共有28个，即禁放易燃物、禁止吸烟、禁止通行、禁止乘车、禁止攀登、修理时禁止转动、运转时禁止加油等，如图7-2所示。

图7-2 禁止标志

（2）警告标志。

警告标志是提醒人们注意周围环境、避免可能发生的危险的图形标志，如图7-3所示。警告标志的几何图形是正三角形边框，图形符号、几何图形为黑色，背景色、衬边为黄色。我国规定的警告标志共有30个，即注意安全、当心触电、当心爆炸、当心火灾、当心腐蚀、当心中毒、当心机械伤人、当心伤手、当心吊物、当心扎脚、当心落物、当心坠落、当心车辆、当心弧光、当心冒顶、当心瓦斯、当心塌方、当心坑洞、当心电离辐射、当心裂变物质、当心激光、当心微波、当心滑跌等。

"三角黑色闪电"警告标志，是为预防电击和迅速辨别哪里装有电气元件而设的，应对下列部件贴三角黑色闪电警告标志：

① 电柜和壁龛门或盖板上，如前后双开门电柜，前后门上均应贴标记。

② 接线盒上的盖上应贴标记，穿线盒的盖板上不贴标记。

③ 电柜内，在门打开后仍有带交流 50 V 以上电压的电器，在其绝缘挡板上应贴标记。

④ 从外表上辨别不出哪里装着电器的外壳上，均应有标记。能从外表上一眼就看出来是电器外壳的，如按钮、控制面板等，则不需要贴标记。

图 7-3　警告标志

（3）指令标志。

指令标志是告诉人们必须遵守"指令标志"规定的图形标志，如图 7-4 所示。指令标志的几何图形是圆形边框，图形符号、衬边为白色，背景色为蓝色。指令标志共有 15 个，即必须戴安全帽、必须穿防护鞋、必须系安全带、必须戴防护眼镜、必须戴防毒面具、必需戴护耳器、必须戴防护手套、必须穿防护服等。

图 7-4　指令标志

（4）提示标志。

提示标志是向人们提示某种信息（如标明安全设施或场所等）的图形标志，如图7-5所示。提示标志的几何图形是矩形，图形符号、衬边是白色，背景色是绿色。提示标志共有13个，一般提示标志中，用绿色背景的有6个，包括安全通道、太平门等。消防设备提示标志中，用红色背景的有7个，包括消防警铃、火警电话、地下消火栓、地上消火栓、消防水带、灭火器、消防水泵结合器等。

图7-5　提示标志

（5）辅助标志。

辅助标志是对前述4种标志的补充说明，以防误解，如图7-6所示。

辅助标志分为横写和竖写，横写的为长方形，写在标志下方，可以和标志连在一起，也可以分开；竖写的写在标志杆上部。

辅助标志的颜色：竖写用白底黑字，横写的禁止标志用红底白字，用于警告标志的用白底黑字，用于指令标志的用蓝底白字。

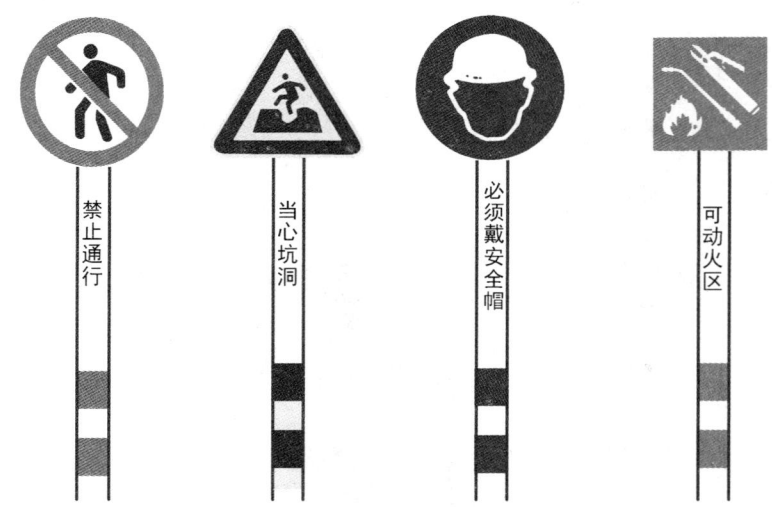

图7-6　标志杆上部竖写的文字辅助标志

（三）其他安全色标志

除了上述的安全色和安全标志外，还有一些色标与安全有关，常见的有气瓶、气体管道和电气设备等的漆色。这些漆色有一定的含义，能使人们一眼就能识别出它提供的信息。这对预防事故、保证安全是有好处的。

1. **气瓶色标**

气瓶色标是指气瓶外表面涂覆的字样内容、色环数目和颜色按充装气体的特性作规定的组合,是识别充装气体的标志。其主要目的是从颜色上迅速地辨别出盛装某种气体的气瓶和瓶内气体的性质(可燃性、毒性),避免错装和错用,同时也可防止气瓶外表面生锈。国家标准对气瓶外表面的颜色和气瓶上字样的颜色做出了规定。

2. **管道色标**

管道色标的习惯用法是:蒸气管道为白色,自来水管道为黑色,压力管道为黄色,消防管道为红色。

3. **电气设备相别的色标**

变电所设备(母线和进出线)和车间配电装置用色标相别,主要用法是:A 相为黄色,B 相为绿色,C 相为红色,地线为黑色,直流正极为红色,直流负极为蓝色。

(四)城市轨道交通常用标志

城市轨道交通常用标志有公里标、百米标、站名标、制动标、圆曲线和缓和曲线始点及终点标、曲线标、竖曲线始点及终点标、水准基点标、警冲标、联锁分界标、预告标、司机鸣笛标、减速地点标、限速标、停车位置标、接触网终点标、降下受电弓标、升起受电弓标等。

隧道内百米标、限速标、位置标应设在行车方向右侧;警冲标应设在两会合线间,其位置应根据设备限界及安全确定,隧道外的标志可按国家现行规定设置。

(五)使用安全标志的一些规定

(1)安全标志都应自带衬底色,采用与安全标志相应的对比色。衬底的边宽最小为 2 mm,最大为 10 mm。

(2)有触电危险的场所,标志牌应使用绝缘材料来制作。

(3)标志杆的条纹颜色应与安全标志相一致。

(4)安全标志应放置在醒目、与安全有关的地方,并使人们在看到后有足够的时间来注意它表示的内容。安全标志不宜设在门、窗、架等可移动的物体上,以防止出现这些物体移动后看不见标志的情况出现。

(5)安全标志应用坚固耐用的材料制作,如金属板、塑料板、木板等,且无毛刺和洞孔,也可直接画在墙壁或机具上。

(6)安全标志牌每年至少要检查一次,发现有变形、破损或图形符号脱落及变色不符合安全色的范围,应及时整修或更换。

(7)装着电气元件的电柜、壁龛和任何地方,当从电柜、壁龛等外部不能辨别其中是否装有电气元件时,必须在门或盖板上装有黑边、黄底、黑字闪电符号的三角形标志。

## 二、安全事故案例分析

### （一）行车安全事故

#### 1．案例1　速度过快导致列车撞击车挡

（1）事故概况。

某日，一列车在试车线北端停稳后，报告信号楼值班员要求开始调试作业。信号楼值班封锁试车线后，回复司机"试车线封锁，司机可以进行调试作业"，于是司机开始调试作业。

列车从北往南进行第一次调试，在制动工况下车组偶尔出现"空转滑行"现象，其他无异常。到达试车线南端停稳换端后，司机以人工模式从南往北动车，并在试车线北端停车点停车。

司机再次采用人工模式由北往南驾驶，在制动工况下车组依然会偶尔出现"空转滑行"现象，其他无异常。列车停稳换端后，司机接到车厂调度的通知：如果列车无故障就可以回库。司机按其指示执行，准备驾驶车组到试车线北端后结束调试申请回库（在以上行车中司机均按要求在"一度停车"标前停车再动车）。

司机以人工模式由南向北动车，没有按要求在"一度停车"标前停车，车辆进入北端最后一个轨道区段时，由于速度过快，虽然司机采取了紧急制动措施，车辆仍然撞击到北端摩擦车挡，撞毁尽头的混凝土车挡，司机立即报告车厂调度员及信号楼值班员。

（2）原因分析。

① 司机严重违反了调试、试验有关安全规定，这是造成本次事故的直接原因。

② 主办部门没有明确调试的内容和要求，没有安排人员跟车指挥调试，对试车工作预想不足。

③ 司机在本次调试过程中没有按要求在"一度停车"标前停车。

④ 列车在试车线运行过程中多次出现"空转滑行"现象，由于司机经验不足，未能给予足够的警觉，并及时采取相应措施。

（3）防范措施。

① 完善试车线使用人工模式驾驶调试的规章制度，调试时要加派一名监控员进行监控。

② 列车上试车线时，主办部门必须派人跟车。试车线两端停车标前要预留 70 m 的停车距离。

③ 对所有车挡的技术状态进行检查，确保车挡的功能良好。

④ 在雨季和异常气候条件下，加强线路、信号、接触网的巡视，保证设备正常交付使用。

#### 2．案例2　未确认信号机列车闯红灯

（1）事故概况。

某日，一列车于 16:19 时进站停稳。接车副司机操作站台 PSL 打开屏蔽门，接车司机则打开司机室侧门进入司机室与到达司机交接。待乘客上下完毕后，副司机关闭屏蔽门，司机通知交班司机关客室门，副司机关好屏蔽门后进入司机室打开主控钥匙，此时对讲机传来"交班司机已下车"的信号，司机复诵后，副司机立即坐到主控台的驾驶座位上打开主控钥匙，没有确认前方信号机，就将方向手柄推向前位，接着推动牵引手柄动车。动车后发现列车走

向不是直向而是侧向，司机和副司机意识到闯了出站信号机显示的红灯，进错了股道，便立即停车。列车在超过前方信号、压道岔约 10 m 后停车。司机没有把情况汇报给车站，而将方向手柄打到"后"位，退行超过信号机后进入站内停车。

（2）原因分析。

① 该机车班组责任心不强，动车前精力不集中，没有确认信号就盲目动车。司机、副司机没有严格执行标准化作业程序和呼唤应答制度，司机没有对副司机进行认真监控从而在作业中失控，没有凭进路防护信号机的信号显示行车，导致事故发生。

② 人员管理问题。当值司机是刚从 1 号线调到 2 号线的第二个班，对 2 号线来说也是新司机，2 号线在事发前的 9 天时间内换了 3 名司机。司机、副司机相互之间了解不够，安排两个新司机配班不妥当。

③ 排班上的问题。该机车班组在 17:55 至次日 0:28 上了一个班，接着在次日 10:10 至 18:05 上了第二个班，在第二个班第五个往返时发生冒进信号事故（当天的交路表是跑 7 个往返共 8.3 h，司机出勤前休息不充分）。

（3）防范措施。

① 加强对客车司机工作责任心的教育，严格履行岗位职责和执行标准化作业程序，动车前和客车运行中要认真确认道岔、进路和信号，严格按信号显示行车。

② 司机应认真执行在信号开放后再关闭客室门的作业程序。

③ 在行车工作中，各岗位员工必须严格执行呼唤应答制度和车务安全联控措施，做到信号不清不动车，未经确认不动车。

④ 科学合理地安排作业人员的班次、人员之间的搭配，防止行车作业人员出现过度疲劳现象和避免人为事故的发生。

（二）施工安全事故

某地 2 号线 A 站作业人员擅自安排设置/撤除防护信号事件的具体内容如下。

**1. 事件概况**

某日凌晨，某地 2 号线 A 站有一项施工作业（作业内容为隧道病害整治施工，作业代码为 2A2-03-07，作业区域为 B 站～A 站下行，作业时间为次日 3:20—4:50）。

0:29，施工负责人到 A 站进行请点并签名。A 站行车值班员启动工作流程，将施工相关资料记入系统并保存在站控中心任务箱。

3:23，A 站行车值班员在未确认 2A2-03-07 工审批状态的情况下主观以为该施工行调已批点，并通知本站值班站长该施工已批点，同时通知 B 站值班站长设置防护。A 站值班站长在未核对施工条件的情况下，签署相关防护设置情况。

3:29，B 站值班站长在未核对施工条件的情况下设置红闪灯防护，并在施工系统上签名确认。

3:32 左右，A 站值班站长在核对施工作业时，发现施工开始时间有异常，且没有施工承认号，同时发现 B 站值班站长已于 3:29 设置防护并已签名。

3:34，A 站值班站长致电 B 站，询问 B 站值班站长该施工防护设置情况，并将具体情况告知行调。

3:36，A 站值班站长向 B 站值班站长说明情况，在未经行调同意的情况下要求 B 站值班站长撤除已设置的防护，B 站值班站长按 A 站值班站长的要求撤除已设置的防护。

3:49，按行调要求，A 站行车值班员提交系统工单进行请点，待行调批准后，A 站值班站长及 B 站值班站长重新设置防护。

**2．原因分析**

（1）A 站行车值班员在进行施工组织过程中未按要求打开施工系统实时请销点列表查看作业请销点状况，未严格执行施工控制表流程办理施工作业，在没有提交请点流程，也未得到施工承认号的情况下，主观认为施工已请点，自控措施执行不到位。

（2）A 站值班站长在监控施工组织办理过程中，未按流程及时确认施工请销点条件和状况，盲目听从行车值班员的安排操作。对当班期间施工组织过程中请销点状态等关键环节未进行重点监控，未做好互控。

（3）B 站值班人员（含行车值班员和值班站长）在请点车站 A 站通知设置防护时未按要求确认施工请销点状况，盲目听从请点车站 A 站的安排操作，未做好他控。

（4）A 站值班站长在发现错误设置防护后，未向行调申请下线路，擅自组织 B 站及本站直接撤除了线路的防护，存在较大的安全隐患。

**3．防范措施**

（1）施工组织请销点各岗位人员在办理施工组织的过程中必须将施工系统实时请销点列表保持常开状态，随时查看作业请销点状况，严格按照施工控制表流程办理施工作业，严禁未完成或未确认上一步情况，就进行下一步操作，严禁事后确认。

（2）防护车站在下线路设置防护信号前，要确认行调已发放施工承认号。

（3）值班站长须全面掌握当班的施工组织工作，及时确认行车值班员防控措施的落实情况，加强对施工组织环节的监控力度，与行车值班员共同确保施工组织安全。

（4）加强员工的业务培训，提高员工的业务技能，确保员工熟悉施工组织的各项安全关键点。

## （三）消防安全事故

**1．事故基本情况**

消防安全

2005 年 8 月 26 日上午 7:23，北京地铁 2 号线一列内环列车由于排风扇电路老化短路，在朝阳门站引发火灾，但列车内没有出现明火。列车驾驶员在调度员的指挥下将列车驶回积水潭车辆段。列车在经过和平门站时出现明火，冒出浓烟，并发出异味，导致内环地铁停运 50 多分钟。此次事故没有造成人员伤亡。

**2．处置措施**

事故发生后，北京市地铁运营公司立即启动应急预案，车站管理人员立即疏散车内乘客，调度命令驾驶员将列车驶回积水潭车辆段。同时，外环列车继续运营，环线各车站发布通告，建议乘客乘坐外环线路或选择地面交通工具，西直门站采取暂时限流措施，13 号线不再发售与 2 号线的联票。车站工作人员持扩音器解释事故原因并指挥乘客有序乘车。7:40 左右，和平门站东南口通风井冒出浓烟。公安、消防和急救人员立即赶到和平门站东南口待命，和平门站的4个入口被封闭。8:30，事故处理完毕，地铁内环恢复运营。

### 3. 教训及启示

存在的问题和漏洞：

（1）车辆本身存在安全隐患。发生故障的列车已运行20多年，车辆上却一直没有火灾探测报警系统，列车驾驶员无法及时掌握火灾信息；列车上也没有有效的火灾传感装置，地铁运营公司无法及时发现此类危险因素，存在一定的安全隐患。

（2）应急预案有待完善。事故发生后调度命令车辆继续行驶至车辆段内，这种应急措施是否合理值得探讨。

（3）乘客疏散存在问题。事故发生后，地面交通不能及时配合乘客转移，造成地面交通发生拥堵。

事故的启示：

① 应建立包括公安、消防、交通及医疗救护等部门的综合应急救援系统。
② 应组织专家对应急预案进行评审，确保应急预案的科学性和可操作性。

事故后的改进措施：

① 对地铁1号线和2号线的陈旧设备进行了改造和更新，提高了设备的安全可靠性。
② 更新了部分车辆，通过维修将车辆分阶段进行升级改造。
③ 实施消除隐患改造工程。
④ 实施对车站环境与设备的综合监控。

### （四）杭州地铁湘湖站坍塌事故

#### 1. 事故概况

2008年11月15日15:00，杭州风情大道地铁施工工地中，正在施工的杭州地铁湘湖站北2基坑现场发生大面积坍塌事故（见图7-7、图7-8），造成21人死亡，24人受伤，直接经济损失达4 962万余元，属重大事故。

图7-7 事故现场图片一

图 7-8 事故现场图片二

**2. 事故简介**

杭州地铁事故基坑，长 107.8 m，宽 21 m，开挖深度为 15.7~16.3 m。设计采用 800 mm 厚地下连续墙结合四道 Φ609 钢管支撑的围护方案。地下连续墙深度为 31.5~34.5 m。基坑西侧紧临风情大道，风情大道交通繁忙，重载车辆多，道路下有较多市政管线穿过，东侧有一河道。

基坑土方开挖共分为 6 个施工段，总体由北向南组织施工。至事故发生前，第 1 施工段完成底板混凝土施工，第 2 施工段完成底板垫层混凝土施工，第 3 施工段完成土方开挖及全部钢支撑施工，第 4 施工段完成土方开挖及 3 道钢支撑施工，开始安装第 4 道钢支撑，第 5、6 施工段已完成 3 道钢支撑施工，正开挖至基底的第 5 层土方。同时，第 1 施工段木工、钢筋工正在作业，第 3 施工段杂工正在进行基坑基底清理，技术人员在安装接地铜条，第 4 施工段正在安装支撑，施加预应力，第 5、6 施工段坑内 2 台挖掘机正在进行第 5 层土方开挖。

事故发生前，出现地裂缝。事故发生过程如下：首先西侧中部地下连续墙横向断裂并倒塌，倒塌长度约 75 m，墙体横向断裂处最大位移约 7.5 m；然后东侧地下连续墙产生严重位移，最大位移约 3.5 m。由于大量淤泥涌入坑内，风情大道随后开始塌陷，塌陷最大深度约 6.5 m。地面塌陷导致地下污水等管道破裂，河水倒灌，造成基坑和地面塌陷处进水，基坑内最大水深约 9 m。

**3. 原因分析**

事故发生后，事故调查组形成了"杭州地铁湘湖站'11·15'基坑坍塌事故技术分析报告"以及"岩土工程勘察调查分析"等 9 项专项调查分析报告，已查明，北 2 基坑坍塌是由于参与项目建设及管理的勘察、设计施工、检测、管理咨询、地铁等单位在工作中存在一些严重缺陷和问题，且没有重视和积极防范整改，多方面因素综合作用最终导致了事故的发生，这是一起重大责任事故。

（1）直接原因。

根据勘查结果对基坑土体破坏滑动面及地下连续墙破坏模式进行了分析，结果如下。

① 西侧地下连续墙静力触探试验表明，在绝对标高 -10~-8 m 处（近基坑底部），$q_c$（贯入锥尖阻力）值为 0.20 MPa（$q_c$ 值仅为原状土的 30%左右），土体受到严重扰动，接近于重塑土强度，证明土体产生侧向流变，存在明显的滑动面。

② 西侧地下连续墙墙底（相对标高-27.0 m 左右），C1 孔静探 $q_c$ 值约为 0.6 MPa（$q_c$ 值为原状土的 70%左右），土体受到较大的扰动，但没有产生明显的侧向流变，其破坏主要是地下连续墙底部产生过大位移所致。

（2）勘察单位的主要问题：不符合规范要求。

① 基坑采取原状土样，相应主要力学试验指标较少，不能完全反映基坑土性的真实情况。

② 勘察单位未考虑薄壁取土器对基坑设计参数的影响，以及未根据当地软土特点综合判断并选用推荐土体力学参数。

③ 勘察报告推荐的直剪试验固结快剪指标 $c$、$\Phi$ 中值采用平均值，未按规范要求采用标准值，数值偏高。

④ 勘察报告提供的 2 层的比例系数 $m$ 值（$m$-2 500 kN/m*）与类似工程经验值差异显著。

⑤ 提供的土体力学参数互相矛盾，不符合土力学基本理论。

  a. 推荐用于设计的主要地层土的三轴 CU 试验指标、UU 试验指标、无侧限抗压强度指标与验证值、类似工程经验值差异显著。

  b. 试验原始记录已遗失，无法判断其数据的真实性。

（3）设计单位出现的问题。

① 设计单位未能根据当地软土特点综合判断、合理选用基坑围护设计参数，力学参数选用偏高，降低了基坑围护结构体系的安全储备。

② 设计中考虑地面超载 20 kPa，但基坑西侧为风情大道，因此设计单位对汽车动荷载的考虑不足。根据实际情况，重载土方车及混凝土泵车对地面超载宜取 30 kPa，与设计方案的 20 kPa 相比，挖土至坑底时第三道支撑的轴力、地下连续墙的最大弯矩及剪力均增加了 4%~5%，也降低了一定的安全储备。

③ 设计单位考虑不周，经验欠缺。

  a. 设计图纸中未提供钢管支撑与地下连续墙的连接节点详图及钢管节点连接大样，没有提出相应的施工安装技术要求，没有提出对钢管支撑与地下连续墙预埋件焊接要求。

  b. 同意取消施工图中的基坑坑底以下 3 m 深土体抽条加固措施，降低了基坑围护结构体系的安全储备。经计算，采取坑底抽条加固措施后，地下连续墙的最大弯矩降低了 20%左右，第三道支撑轴力降低 14%左右，地下连续墙的最大剪力降低 13%左右。由于坑底形成了一道暗撑，抗倾覆安全系数大大降低。

④ 从地质剖面和地下连续墙分布图中可以看出，本工程事故诱发段的地下连续墙插入深度略显不足，对于本工程，应考虑墙底的落底问题。

⑤ 设计提出的监测内容相对于规范少了 3 项必测内容。

（4）施工方面的主要问题。

① 土方超挖。土方开挖未按照设计工况进行，存在严重超挖现象。特别是最后两层土方（第四层、第五层）同时开挖，垂直方向超挖约 8 m，开挖到基底后水平方向多达 26 m 范围内未架设第四道钢支撑，第三施工段和第四施工段开挖土方到基底后约有 43 m 未浇筑混凝土垫层。土方超挖导致地下连续墙侧向变形、墙身弯矩和支撑轴力增大。

② 支撑设计不合理。第三道支撑施加完成后，在没有设置第四道支撑的情况下，直接挖土至坑底，第三道支撑的轴力增加约 43%；作用在围护体上的最大弯矩增加约 48%，最大剪力增加约 38%；超过截面抗弯承载力设计值 1 463 kV/m。

③钢管支撑与地下连续墙预埋件未进行有效连接。钢管支撑与地下连续墙预埋件没有焊接，直接搁置在钢牛腿上，未有效连接可导致支撑钢管在偶发冲击荷载或地下连续墙异常变形情况下丧失支撑功能。

（5）监测问题。

①监测数据不全。计算机中的原始数据被人为删除，通过对监测人员使用的计算机进行数据恢复，发现以下3个问题。

a. 2008年10月9日开始，路面沉降监测点有11个，至11月15日发生事故前最大沉降达316 mm，但监测报表没有相应的记录。

b. 2008年11月1日49号（北端头井东侧地连墙）测斜管18 m深处最大位移达43.7 mm，与监测报表不符。

c. 2008年11月13日CX45号测斜管最大变形量达65 mm，超过报警值（40 mm），与监测报表不符。

通过以上可以发现，计算机中的数据与报表中的数据不一致，实际变形已超过设计报警值而未报警，可以认为监测方有伪造数据或对内对外存在两套数据的可能性。

②专项方案审批、管理混乱，未严格按设计及规范要求监理。

③监理未按规定程序验收，违反监理规范。

④发现存在严重质量安全隐患而未采取进一步措施予以控制。

（6）环境因素。

①经勘探发现，事发路段土壤属于淤泥质黏土，含水量大，流动性强，强度低，变形大。

②事故坍塌所在地点的风情大道来往车流量大，装载量很大的客车、货车也都往返于这条路上，这给基坑西面的承重墙带来太大冲击。

③2008年10月份杭州出现了一次罕见的持续性降雨，使得地基土含水量和流动性进一步加大。

### 4．深基坑安全事故启示

杭州地铁坍塌事故调查结束后，10名责任人被追究法律责任，另有11名责任人受到政纪处分。

本次深基坑安全事故给我们的启示如下。

（1）要认真做好工程地质勘察工作，提供可靠的工程地质勘察报告。地铁车站、线路选择应尽量避开不良地质区段。

（2）施工应严格按经审查的施工组织设计进行，及时安装支撑（钢支撑），及时分段分块浇筑垫层和底板，严禁超挖。基坑围护结构设计应方便施工，基坑工程施工应有合理工期。

（3）基坑工程不确定因素多时，应实施信息化施工。监测点设置应符合规范和设计要求。监测单位应认真进行科学测试，及时、如实报告各项监测数据。项目各方要重视基坑的监测工作，通过监测施工过程中的土体位移、围护结构内力等指标的变化，及时发现隐患，采取相应的补救措施，确保基坑安全。

（4）有多道内支撑的基坑围护体系应加强支撑体系的整体稳定性。对钢支撑体系应改进钢支撑节点连接形式，加强节点构造，确保连接节点满足强度及刚度要求。施工过程中应合理施加钢管支撑预应力。应明确钢支撑的质量检查及安装验收要求，加强对检查和验收工作的监督管理。

（5）施工中应加强基坑工程风险管理，建立基坑工程风险管理制度，落实风险管理责任。每个环节都要重视工程风险管理，要加强技术培训、安全教育和考核，严格执行基坑工程风险管理制度，确保基坑工程安全。

### 思考与练习

1. 城市轨道交通突发事件可以分为几类？构成条件分别是什么？
2. 事故调查报告的内容是什么？
3. 事故处理内容是什么？
4. 该项目中的这些安全事故案例对你有什么启示？

# 下篇 实训篇

# 任务1　室内消火栓的操作方法

## 工单（NO.1）

| 工作任务单 | | | |
|---|---|---|---|
| 工单编号 | NO.1 | 工单名称 | 室内消火栓的操作方法 |
| 面向专业 | 城市轨道交通车辆 | 职业岗位 | 列车驾驶、检修、运维 |
| 实施方式 | 实际操作 | 考核方式 | 结果与过程综合 |
| 工单难度 | 适中 | 前序工单 | 无 |
| 工单分值 | 100 分 | 完成时限 | 2 学时 |
| 单人/分组 | 单人操作 | 组内人数 | 无 |
| 考核点 | 室内消火栓系统的组成、室内消火栓的操作方法 | | |
| 工单简介 | 在熟悉室内消火栓系统的组成基础上，掌握室内消火栓的操作方法 | | |
| 设备环境 | 室内消火栓系统 | | |
| 教学方法 | 采用教师操作示范辅助讲解，学生动手实际操作的方式 | | |
| 用途说明 | 本工单可用于列车运行管理与安全实训课程的教学实训 | | |
| 注意事项 | 1. 在灭火前，要先将室内的电源关闭，以免在灭火中，造成二次火灾。若火场人员较多、火灾情况较为复杂，则在灭火时，动作要迅速有序，要尽量先疏散人员，以免火灾对人员造成更多的危害。<br>2. 在取下水带后，要平整地将它展开，在使用时要注意方向，尽量不要让水带被扭转或弯曲，以免影响到水的流量。<br>3. 若是遇到由汽油、酒精等引发的火灾，在扑灭时，不可直接将水喷射在液面上，需按照由近到远的顺序，进行灭火。<br>4. 水带在用完之后，要先将它平展开，确定没有褶皱、重叠之后，再将它收起来。若是在使用中，水带或水枪出现破损，需在重新更换新的后，再放回消火栓内。<br>5. 消火栓在安装好之后，需做到定期检查，要经常查看它的供水是否正常，各使用部件是否完好无损 | | |
| 参考资料 | 《中华人民共和国消防法》 | | |
| 备注 | 1. 如实填写检修记录并及时在管理信息系统中回填。<br>2. "检"表示质量检查员对作业过程进行检查监控。<br>3. "📷"表示作业人员拍照留存 | | |

## 实施人员信息

| 姓　名 | | 班　级 | | 学　号 | | 电　话 | |
|---|---|---|---|---|---|---|---|
| 隶属组 | | 组　长 | | 岗位分工 | | 伙伴成员 | |

## 任务目标

实施该工单的任务目标如下：

【知识目标】

（1）熟悉室内消火栓系统的组成。

（2）掌握室内消火栓的操作方法。

【能力目标】

能使用室内消火栓进行灭火

【素养目标】

（1）掌握基本的消防灭火知识。

（2）养成仔细观察、认真记录、规范操作和安全文明生产的职业习惯。

（3）通过小组合作学习培养学生团结协作的精神

## 工具清单

| 序号 | 名　称 | 规格型号 | 单位 | 数量 | 备注 |
|---|---|---|---|---|---|
| 1 | 室内消火栓 | | 套 | 2 | |
| 2 | 消防手套 | | 双 | 50 | |
| 3 | 灭火防护服 | | 套 | 10 | |
| 4 | 消防头盔 | | 个 | 10 | |
| 5 | 消防护目镜 | | 个 | 10 | |

## 物料清单

| 序号 | 物料名称 | 物料号 | 单位 | 数量 | 备注 |
|---|---|---|---|---|---|
| 1 | 柴油 | | 升 | 5 | |

## 作业步骤

| 序号 | 作业项目 | 作业内容及标准 |
|---|---|---|
| 1 | 作业准备 | （1）确认训练场所环境空旷，远离无关设备，无其他人员，风力较小适合训练。<br>（2）确认室内消火栓系统配备齐全。<br>（3）按照工具清单和材料清单清点工具和材料 |
| 2.1 | 打开箱门，取出消防水带 | |
| 2.2 | 展开消防水带 | |
| 2.3 | 水带一头接到消防栓接口上 | |
| 2.4 | 另一头接上消防水枪 | |

续表

| 序号 | 作业项目 | 作业内容及标准 |
|---|---|---|
| 2.5 | 另外一人打开消防栓上的水阀开关 | |
| 2.6 | 对准火源根部,进行灭火 | |
| 2.7 | | 灭火后,要把水带洗净晾干,按盘卷或折叠方式放入箱内,再把水枪卡在枪夹内,关好箱门 |
| 3 | 完工确认 | 作业完毕后,应做到"工完、料净、场地清" |
| 4 | 填记纸质记录 | |
| 5 | 填管理信息系统 | |

## 任务扩展

任务实施要求如下:
建筑室内消火栓的设置位置有哪些规定:

1. 教学楼、宿舍室内消火栓应设置在什么位置?(3分)

2. 住宅、商场、车库室内消火栓应设置在什么位置?(2分)

## 质量监控单（教师完成）

工单实施栏目评分表

| 评分项 | 分值 | 作答要求 | 评审规定 | 得分 |
|---|---|---|---|---|
| 任务资讯 | 15 | 回答问题清晰准确，能够紧扣主题，没有明显错误项 | 对照标准答案，错误一项扣5分，扣完为止 | |
| 任务规划 | 15 | 任务规划周密、可实施，没有细节错误 | 参照标准答案，错误一项扣2分，扣完为止 | |
| 任务实施 | 50 | 有具体实施方案，各步骤清晰正确 | A类错误点一次扣3分，B类错误点一次扣2分，C类错误点一次扣1分 | |
| 任务扩展 | 5 | 实施方案清晰正确 | A类错误点一次扣2分，B类错误点一次扣1分 | |
| 其他 | 15 | 日志和问题项目填写详细，能够反映实际工作过程 | 没有填或者填写太过简单，每项扣2分 | |
| 合计得分 | | | | |

职业能力评分表

| 评分项 | 等级 | 作答要求 | 等级 |
|---|---|---|---|
| 知识评价 | A/B/C | A：能够完整准确地回答任务资讯的所有问题，准确率在90%以上。<br>C：对基础知识掌握得非常差，任务资讯和答辩的准确率在50%以下 | |
| 能力评价 | A/B/C | A：熟悉各个环节的实施步骤，完全独立地完成任务，并有能力辅助其他同学完成规定的工作任务，工作实施快速，准确率高（任务规划和任务实施正确率在85%以上）。<br>C：未完成任务或只完成了部分任务，有问题没有积极向老师和其他同学请教，工作实施拖拉，不积极，各个部分的准确率在50%以下 | |
| 态度素养评价 | A/B/C | A：不迟到、不早退，对人有礼貌，善于帮助他人，积极主动地完成规定工作任务，工作台整洁有序，能正确回答老师提问。<br>C：未完成任务或只完成了部分任务，有问题没有积极向老师和其他同学请教，工作实施拖拉不积极，不能准确回答老师提出的问题 | |

注：作答结果介于A、C之间的，等级评定为B。

 教师评语栏

# 任务 2　干粉灭火器的使用方法

## 工单（NO.2）

### 工作任务单

| 工单编号 | NO.2 | 工单名称 | 干粉灭火器的使用方法 |
|---|---|---|---|
| 面向专业 | 城市轨道交通车辆 | 职业岗位 | 列车驾驶、检修、运维 |
| 实施方式 | 实际操作 | 考核方式 | 结果与过程综合 |
| 工单难度 | 适中 | 前序工单 | 无 |
| 工单分值 | 100 分 | 完成时限 | 2 学时 |
| 单人/分组 | 单人操作 | 组内人数 | 无 |
| 考核点 | 干粉灭火器的使用方法、干粉灭火器适用范围 | | |
| 工单简介 | 在熟知干粉灭火器灭火相关知识的基础上，学会正确使用干粉灭火器 | | |
| 设备环境 | 干粉灭火器 | | |
| 教学方法 | 采用教师操作示范辅助讲解，学生动手实际操作的方式 | | |
| 用途说明 | 本工单可用于列车运行管理与安全实训课程的教学实训 | | |
| 注意事项 | 1. 手提式干粉灭火器使用时，一种是将拉环拉起，一种是下压把，我们现在使用的是下压把式，压下压把，这时便有干粉喷出。但应注意，必须首先拔掉保险销，否则不会有干粉喷出。<br>2. 手提式干粉灭火器喷射时间很短，所以使用前要把喷粉胶管对准火焰后，才可打开阀门。手提式干粉灭火器喷射距离也很短，所以使用时，操作人员应在保证自身安全的情况下尽量接近火源。并要根据燃烧范围选择合适规格的灭火器，如果燃烧范围大，灭火器规格小，就会前功尽弃。<br>3. 手提式干粉灭火器不需要颠倒过来使用，但如在使用前将筒体上下颠动几次，使干粉松动，喷射效果会更好。<br>4. 干粉喷射没有集中的射流，喷出后容易散开，所以喷射时，操作人员应站在火源的上风方向。<br>5. 干粉灭火器不能从上面对着火焰喷射，而应对着火焰的根部平射，由近及远，向前平推，左右横扫，不让火焰窜回。<br>6. 在扑救液体火灾时，因干粉灭火器具有较大的冲击力，不可将干粉直接冲击液面，以防把燃烧的液体溅出，扩大火势。<br>7. 干粉灭火器在正常情况下，有效期可达 3～5 年，但每年应检查一次。<br>8. 干粉灭火器要放在取用方便、通风、阴凉、干燥的地方，防止筒体受潮，干粉结块。干粉灭火器不可接触高温，不能放在阳光下曝晒，也不能放在温度低于 −10 ℃ 以下的地方 | | |

| 参考资料 | 《中华人民共和国消防法》 |
|---|---|
| 备注 | 1. 如实填写检修记录并及时在管理信息系统中回填。<br>2. "检" 表示质量检查员对作业过程进行检查监控。<br>3. "📷" 表示作业人员拍照留存 |

## 实施人员信息

| 姓 名 | | 班 级 | | 学 号 | | 电 话 | |
|---|---|---|---|---|---|---|---|
| 隶属组 | | 组 长 | | 岗位分工 | | 伙伴成员 | |

## 任务目标

实施该工单的任务目标如下。

【知识目标】

（1）熟知干粉灭火器的结构、灭火原理。

（2）掌握干粉灭火器的操作方法。

【能力目标】

能使用干粉灭火器进行灭火。

【素养目标】

（1）掌握基本的消防灭火知识。

（2）养成仔细观察、认真记录、规范操作和安全文明生产的职业习惯。

（3）通过小组合作学习培养学生团结协作的精神

## 工具清单

| 序号 | 名 称 | 规格型号 | 单位 | 数量 | 备注 |
|---|---|---|---|---|---|
| 1 | 干粉灭火器 | | 个 | 5 | |
| 2 | 消防手套 | | 双 | 50 | |
| 3 | 灭火防护服 | | 套 | 10 | |
| 4 | 消防头盔 | | 个 | 10 | |
| 5 | 消防护目镜 | | 个 | 10 | |

## 物料清单

| 序号 | 物料名称 | 物料号 | 单位 | 数量 | 备注 |
|---|---|---|---|---|---|
| | | | | | |
| | | | | | |

## 作业步骤

| 序号 | 作业项目 | 作业内容及标准 |
|---|---|---|
| 1 | 作业准备 | （1）确认训练场所环境空旷，远离无关设备，无其他人员，风力较小适合训练。<br>（2）确认干粉灭火器配备齐全。<br>（3）按照工具清单和材料清单清点工具和材料 |
| 2.1 | 上下颠倒摇晃使干粉松动 | |
| 2.2 | 拔掉铅封 | |
| 2.3 | 拉出保险销 | |

续表

| 序号 | 作业项目 | 作业内容及标准 |
|---|---|---|
| 2.4 | | 我们需要站在上风口使用灭火器，因为如果是干粉式灭火器，灰尘烟粉等就会随风飘向我们。使用时，保持安全距离（距离火源约2~3 m），左手扶喷管，喷嘴对准火焰根部，右手用力压下压把，一直按压到火灭掉为止<br><br>喷嘴对准火焰根部 |
| 2.5 | | 灭火完毕之后，我们将安全插销插回灭火器的插销口，并将灭火器归位，以备后续的使用 |
| 2.6 | | 注意：拿到干粉灭火器之后，我们先要查看灭火器上面的气压表盘，看表盘上的指针指向什么颜色区，总共有三个颜色区，指针指向绿色区，说明气压充足，里面的干粉自然也充足；指针指向黄色区，说明气压还有一半，此时可以压出干粉，并用于灭火；指针指向红色区，说明气压很低或者没有气压了，这就说明我们需要再找个有气压的灭火器来用 |
| 3 | 完工确认 | 作业完毕后，应做到"工完、料净、场地清" |
| 4 | 填记纸质记录 | |
| 5 | 填管理信息系统 | |

## 任务扩展

任务实施要求如下：

1. 干粉灭火器适用于什么物体的火灾？（3分）

2. 干粉灭火器虽可以扑灭各种火灾，但是会留下很多干粉，请问这些干粉应如何处理？（2分）

## 质量监控单(教师完成)

### 工单实施栏目评分表

| 评分项 | 分值 | 作答要求 | 评审规定 | 得分 |
|---|---|---|---|---|
| 任务资讯 | 15 | 回答问题清晰准确,能够紧扣主题,没有明显错误项 | 对照标准答案,错误一项扣5分,扣完为止 | |
| 任务规划 | 15 | 任务规划周密、可实施,没有细节错误 | 参照标准答案,错误一项扣2分,扣完为止 | |
| 任务实施 | 50 | 有具体实施方案,各步骤清晰正确 | A类错误点一次扣3分,B类错误点一次扣2分,C类错误点一次扣1分 | |
| 任务扩展 | 5 | 实施方案清晰正确 | A类错误点一次扣2分,B类错误点一次扣1分 | |
| 其 他 | 15 | 日志和问题项目填写详细、能够反映实际工作过程 | 没有填或者填写太过简单,每项扣2分 | |
| 合计得分 | | | | |

### 职业能力评分表

| 评分项 | 等级 | 作答要求 | 等级 |
|---|---|---|---|
| 知识评价 | A/B/C | A:能够完整准确地回答任务资讯的所有问题,准确率在90%以上。<br>C:对基础知识掌握得非常差,任务资讯和答辩的准确率在50%以下 | |
| 能力评价 | A/B/C | A:熟悉各个环节的实施步骤,完全独立地完成任务,并有能力辅助其他同学完成规定的工作任务,工作实施快速,准确率高(任务规划和任务实施正确率在85%以上)。<br>C:未完成任务或只完成了部分任务,有问题没有积极向老师和其他同学请教,工作实施拖拉,不积极,各个部分的准确率在50%以下 | |
| 态度素养评价 | A/B/C | A:不迟到、不早退,对人有礼貌,善于帮助他人,积极主动地完成规定工作任务,工作台整洁有序,能正确回答老师提问。<br>C:未完成任务或只完成了部分任务,有问题没有积极向老师和其他同学请教,工作实施拖拉不积极,不能准确回答老师提出的问题 | |

注:作答结果介于 A、C 之间的,等级评定为 B。

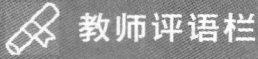 教师评语栏

# 任务 3　心肺复苏操作方法

## 工单（NO.3）

### 工作任务单

| 工单编号 | NO.3 | 工单名称 | 心肺复苏操作方法 |
|---|---|---|---|
| 面向专业 | 城市轨道交通车辆 | 职业岗位 | 列车驾驶、检修、运维 |
| 实施方式 | 实际操作 | 考核方式 | 结果与过程综合 |
| 工单难度 | 适中 | 前序工单 | 无 |
| 工单分值 | 100 分 | 完成时限 | 2 学时 |
| 单人/分组 | 单人操作 | 组内人数 | 无 |
| 考核点 | 心肺复苏操作过程、注意事项 | | |
| 工单简介 | 在熟知心肺复苏相关知识的基础上，学会正确的心肺复苏操作过程 | | |
| 设备环境 | 心肺复苏模拟人 | | |
| 教学方法 | 采用教师操作示范辅助讲解，学生动手实际操作的方式 | | |
| 用途说明 | 本工单可用于列车运行管理与安全实训课程的教学实训 | | |
| 注意事项 | 1. 患者必须要平卧在地上或者床上，但是，如果床垫比较软，必须在背部垫一块硬板，以保证胸外按压的时候受力。<br>2. 注意按压部位在胸骨的下半部分，按压深度为 5~6 cm，按压频率为每分钟至少 100 次。<br>3. 人工呼吸之前必须开放气道，开放气道之前必须要去除口腔异物，如果有假牙，必须要去除假牙才能开放气道。<br>4. 人工呼吸的时候必须每次呼吸都看到有胸廓起伏才算一次有效通气。<br>5. 人工呼吸与胸外按压交替进行，胸外按压与人工呼吸的比例为 30∶2，每操作 30 次胸外按压，再给予 2 次人工呼吸 | | |
| 参考资料 | 《心肺复苏指南》 | | |
| 备注 | 1. 如实填写检修记录并及时在管理信息系统中回填。<br>2. "检" 表示质量检查员对作业过程进行检查监控。<br>3. " " 表示作业人员拍照留存 | | |

## 实施人员信息

| 姓 名 | | 班 级 | | 学 号 | | 电 话 | |
|---|---|---|---|---|---|---|---|
| 隶属组 | | 组 长 | | 岗位分工 | | 伙伴成员 | |

## 任务目标

实施该工单的任务目标如下：

**【知识目标】**
（1）熟知心肺复苏急救知识。
（2）掌握心肺复苏操作方法。

**【能力目标】**
能进行心肺复苏急救作业。

**【素养目标】**
（1）掌握基本的心肺复苏急救知识。
（2）养成仔细观察、认真记录、规范操作和安全文明生产的职业习惯。
（3）通过小组合作学习培养学生团结协作的精神

## 工具清单

| 序号 | 名 称 | 规格型号 | 单位 | 数量 | 备注 |
|---|---|---|---|---|---|
| 1 | 心肺复苏模拟人 | | 个 | 5 | |
| | | | | | |

## 物料清单

| 序号 | 物料名称 | 物料号 | 单位 | 数量 | 备注 |
|---|---|---|---|---|---|
| | | | | | |
| | | | | | |

## 作业步骤

| 序号 | 作业项目 | 作业内容及标准 |
|---|---|---|
| 1 | 作业准备 | 患者必须要平卧在地上或者床上，但是，如果床垫比较软，必须在背部垫一块硬板，以保证胸外按压的时候受力 |
| 2.1 | | 1. 评估环境：若有人晕倒时，应先评估现场环境 |
| 2.2 | | 2. 判断意识：双手轻拍患者肩膀，在耳侧呼唤患者，看是否有反应 |

续表

| 序号 | 作业项目 | 作业内容及标准 |
|---|---|---|
| 2.3 | | 3. 呼叫 120：寻求周围人的帮助，同时拨打 120，报出所在准确地址和联系方式，还要让人帮忙寻找附近的 AED（自动体外除颤器） |
| 2.4 | | 4. 判断呼吸：通过视线与患者身体平视观察胸部有无起伏或用 2～3 根手指按压患者的颈动脉判断有无搏动等来判断患者的呼吸 |
| 2.5 | | 5. 胸外按压：让患者仰卧在平实的硬质平面上，一只手掌压在另一手背上，双手交叉互扣，上身前倾，双臂伸直，垂直向下，用力并有节奏地按压双乳头连线与胸骨交界处 30 次，成年人的按压深度为 5～6 厘米，按压频率为 100～120 次/分钟 |
| 2.6 | | 6. 开放气道：在开放气道前，要先检查口腔有无异物，并及时清理，再使用仰头抬颌法开放气道，但此法不适用于有颈椎疾病的病人 |
| 2.7 | | 7. 人工呼吸：一手置于患者额部并向下压，另一只手放在患者下颌处并向上抬，再捏住患者鼻子，用嘴包住患者的嘴，快速将气体吹入，吹气的量只需按照平时呼吸的量即可，每次吹气持续大约 1 秒，吹气时看到患者胸部有微微起伏即可 |

续表

| 序号 | 作业项目 | 作业内容及标准 |
|---|---|---|
| 2.8 | | 心肺复苏时要按照一定节奏操作，以防乱按导致心律紊乱，其次注意胸外按压和人工呼吸的比例是30∶2。心肺复苏时，一般以30次胸外按压后，再进行2次人工呼吸为一个循环，通常需在2分钟内进行5个循环。进行5次循环后，应立即查看患者的意识、呼吸是否恢复。若并未恢复，还需继续心肺复苏。但需注意的是，在进行心肺复苏前，首先需保证自身处于安全的环境下，且还需及时拨打120，寻求更多的救援，以通过专业救援团队的抢救，提高心肺复苏的质量 |
| 3 | 完工确认 | 作业完毕后，应做到"工完、料净、场地清" |
| 4 | 填记纸质记录 | |
| 5 | 填管理信息系统 | |

## 任务扩展

任务实施要求如下：

1. 什么情况下需要进行心肺复苏？（3分）

2. 心肺复苏七个注意事项是什么？（2分）

## 质量监控单（教师完成）

工单实施栏目评分表

| 评分项 | 分值 | 作答要求 | 评审规定 | 得分 |
|---|---|---|---|---|
| 任务资讯 | 15 | 回答问题清晰准确，能够紧扣主题，没有明显错误项 | 对照标准答案，错误一项扣5分，扣完为止 | |
| 任务规划 | 15 | 任务规划周密、可实施，没有细节错误 | 参照标准答案，错误一项扣2分，扣完为止 | |
| 任务实施 | 50 | 有具体实施方案，各步骤清晰正确 | A类错误点一次扣3分，B类错误点一次扣2分，C类错误点一次扣1分 | |
| 任务扩展 | 5 | 实施方案清晰正确 | A类错误点一次扣2分，B类错误点一次扣1分 | |
| 其他 | 15 | 日志和问题项目填写详细、能够反映实际工作过程 | 没有填写或者填写太过简单，每项扣2分 | |
| 合计得分 | | | | |

## 职业能力评分表

| 评分项 | 等级 | 作答要求 | 等级 |
|---|---|---|---|
| 知识评价 | A/B/C | A：能够完整准确地回答任务资讯的所有问题，准确率在 90% 以上。<br>C：对基础知识掌握得非常差，任务资讯和答辩的准确率在 50% 以下 | |
| 能力评价 | A/B/C | A：熟悉各个环节的实施步骤，完全独立地完成任务，并有能力辅助其他同学完成规定的工作任务，工作实施快速，准确率高（任务规划和任务实施正确率在 85% 以上）。<br>C：未完成任务或只完成了部分任务，有问题没有积极向老师和其他同学请教，工作实施拖拉，不积极，各个部分的准确率在 50% 以下 | |
| 态度素养评价 | A/B/C | A：不迟到、不早退，对人有礼貌，善于帮助他人，积极主动地完成规定工作任务，工作台整洁有序，能正确回答老师提问。<br>C：未完成任务或只完成了部分任务，有问题没有积极向老师和其他同学请教，工作实施拖拉不积极，不能准确回答老师提出的问题 | |

注：作答结果介于 A、C 之间的，等级评定为 B。

 教师评语栏

# 任务 4　信号系统的模拟演练

## 任务实施

在城市轨道交通系统中，信号系统是用于指挥和控制列车运行的设备系统，对于保证行车安全、提高线路通过能力起着至关重要的作用。请根据前面所学的相关知识，完成以下任务：

1. 分组讨论，组员轮流介绍一种常见的信号机，并说明其设置位置及显示意义。
2. 小组成员共同讨论，对常用的听觉信号及常见的信号标志牌进行介绍，各列举两个例子。
3. 小组成员进行角色分工，手持信号旗、信号灯进行演练，轮流显示信号，其他组员辨认信号并说明含义。
4. 各组成员对所学知识进行汇总整理，并撰写心得体会。

## 任务评价

| 序号 | 评价内容 | 评价标准 | 分数 | 评分记录 | | |
|---|---|---|---|---|---|---|
| | | | | 学生自评 | 组间互评 | 教师评分 |
| 1 | 小组计划 | 任务明确、分工合理 | 10 | | | |
| 2 | 信号机介绍 | 位置、显示含义正确 | 20 | | | |
| 3 | 手信号演练 | 动作规范、表达正确 | 30 | | | |
| 4 | 语言表达 | 逻辑清晰、表达清楚 | 20 | | | |
| 5 | 学习总结 | 资料全面、观点明确 | 20 | | | |
| | 总分 | | 100 | | | |

## 任务 5　编制客流计划

### 任务实施

客流是规划轨道交通线网及线路走向、选择轨道交通制式及车辆类型、安排轨道交通项目建设顺序、设计车站规模和确定车站设备容量、进行项目经济评价的依据，也是轨道交通安排运力、编制列车运行计划、组织日常行车和分析运营效果的基础。请根据前面所学的相关知识，完成以下任务：

1. 分组讨论，分别描述客流在时空上分布的不同特征。
2. 小组成员可通过实地考察某条地铁线路，根据 AFC 进出站数据，统计车站到、发客流情况。
3. 根据统计的 OD 数据，编制客流计划，计算车站上下车人数，绘制区间断面客流图。
4. 各组成员对所学知识进行汇总整理，并撰写心得体会。

### 任务评价

| 序号 | 评价内容 | 评价标准 | 分数 | 评分记录 | | |
| --- | --- | --- | --- | --- | --- | --- |
| | | | | 学生自评 | 组间互评 | 教师评分 |
| 1 | 小组计划 | 任务明确、分工合理 | 10 | | | |
| 2 | 客流特征 | 描述详细、全面 | 20 | | | |
| 3 | 客流计划编制 | 方法正确、计算无误 | 30 | | | |
| 4 | 语言表达 | 逻辑清晰、表达清楚 | 20 | | | |
| 5 | 学习总结 | 资料全面、观点明确 | 20 | | | |
| | 总分 | | 100 | | | |

# 任务 6　人工联锁

## 任务实施

联锁是"通过技术方法，使进路、信号和道岔必须按照一定程序并满足一定条件，才能动作或建立起来的相互关系"。联锁系统以电气设备或电子设备实现联锁功能，以信号机、动力转辙机和轨道电路室外三大件来体现联锁功能。

某线路微机联锁设备自排功能出现故障，无法实现行车指挥自动化，需要人工通过联锁设备排列进路。请根据前面所学的相关知识，完成以下任务：

1. 分组讨论，介绍联锁设备的构成及各部分功能。
2. 组员分别模拟车站值班员或行车调度员，通过 LOW 或 C-LOW 工作站进行控制权转换，完成排列进路、道岔、信号机等相关操作。
3. 模拟信号楼值班员利用车辆段联锁设备进行相关操作。
4. 各组成员对所学知识进行汇总整理，并撰写心得体会。

## 任务评价

| 序号 | 评价内容 | 评价标准 | 分数 | 评分记录 | | |
|---|---|---|---|---|---|---|
| | | | | 学生自评 | 组间互评 | 教师评分 |
| 1 | 小组计划 | 任务明确、分工合理 | 10 | | | |
| 2 | 作业准备 | 正确检查设备状态、控制权等 | 10 | | | |
| 3 | 正线联锁设备的操作 | 作业程序规范、操作正确 | 30 | | | |
| 4 | 车辆段联锁设备的操作 | 作业程序规范、操作正确 | 30 | | | |
| 5 | 学习总结 | 资料全面、观点明确 | 20 | | | |
| | 总分 | | 100 | | | |

# 任务 7　正常情况下的行车组织

## 任务实施

正常情况下的行车组织是指信号系统正常，控制中心、车站、列车等按照信号显示的要求组织列车运行。请根据前面所学的相关知识，完成以下任务：

1. 分组讨论，组员轮流介绍 ATC、ATS、ATP、ATO 等系统的功能特征和相互关系。
2. 模拟不同运行场景及故障，让组员进行驾驶模式选择，并说出该模式特征。
3. 模拟不同运营状况，如早晚点、列车故障、大客流等，让组员提出适当的运行调整措施，并具体说明该措施的可行性。
4. 各组成员对所学知识进行汇总整理，并撰写心得体会。

## 任务评价

| 序号 | 评价内容 | 评价标准 | 分数 | 评分记录 | | |
|---|---|---|---|---|---|---|
| | | | | 学生自评 | 组间互评 | 教师评分 |
| 1 | 小组计划 | 任务明确、分工合理 | 10 | | | |
| 2 | ATC 各系统介绍 | 表述正确、各子系统关系明确 | 10 | | | |
| 3 | 驾驶模式 | 应对不同情况，驾驶模式选择正确无误 | 30 | | | |
| 4 | 运行调整措施 | 根据不同情况，运行调整措施选择合理、得当 | 30 | | | |
| 5 | 学习总结 | 资料全面、观点明确 | 20 | | | |
| | 总分 | | 100 | | | |

# 任务 8　非正常情况下的行车组织

### 任务实施

无论是行车指挥自动化、调度集中控制还是调度监督下的自动运行控制或半自动运行控制，均会出现信号控制系统故障导致行车控制权下放的情形，从而转为非正常情况下的行车组织。请根据前面所学的相关知识，完成以下任务：

1. 分组讨论，组员轮流介绍 ATS、ATP、ATO 等系统故障后的处理办法。
2. 模拟不同运行场景，组员依次介绍退行、扣车、反向运行、推进、恶劣天气等特殊情况下的影响及应对措施。
3. 根据给定的现场运行资料（详见案例），当列车故障被迫停在区间后，小组成员商讨并拟定救援方案。
4. 各组成员对所学知识进行汇总整理，并撰写心得体会。

### 任务评价

| 序号 | 评价内容 | 评价标准 | 分数 | 评分记录 | | |
|---|---|---|---|---|---|---|
| | | | | 学生自评 | 组间互评 | 教师评分 |
| 1 | 小组计划 | 任务明确、分工合理 | 10 | | | |
| 2 | ATC 各系统故障处理 | 思路明确、方法得当 | 10 | | | |
| 3 | 特殊情况行车 | 方法正确、处理得当 | 30 | | | |
| 4 | 救援列车开行 | 逻辑清楚、方法正确、方案可行 | 30 | | | |
| 5 | 学习总结 | 资料全面、观点明确 | 20 | | | |
| | 总分 | | 100 | | | |

案例如下：

2019 年 7 月 1 日早高峰时段，某市地铁公司 2 号线 1104 次列车在 D 站至 E 站间运行时，列车走走停停，还多次紧急停车，以致多名乘客摔倒，最终在上行线 11 km+500 m 处被迫停车，列车司机报告行调后，进行简单故障处理后仍不能恢复，请求救援。现场情况如图 1 所示，后续列车 1002 次即将到达 C 站，前行列车 1206 次正从 F 站开往 G 站，沿线各站中 F 站具备存车线。

整个救援工作该如何实施？

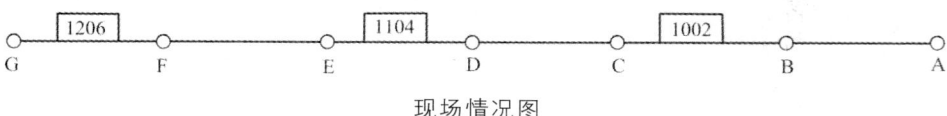

现场情况图